U0534368

广州城市智库丛书

广州建设全球城市的评价体系与战略研判

张强 等◎著

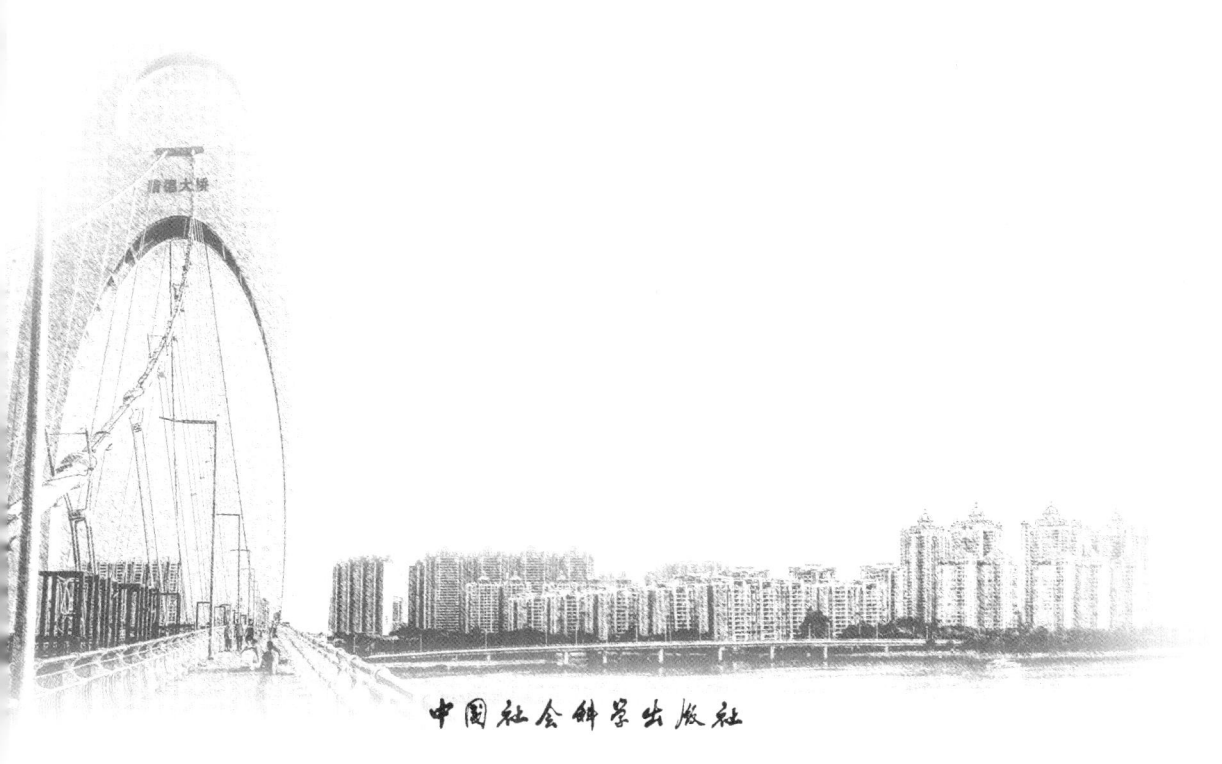

中国社会科学出版社

图书在版编目(CIP)数据

广州建设全球城市的评价体系与战略研判/张强等著.—北京：中国社会科学出版社，2019.12
(广州城市智库丛书)
ISBN 978-7-5203-4711-2

Ⅰ.①广… Ⅱ.①张… Ⅲ.①城市建设—国际化—评价—体系—广州 ②国际化—城市发展战略—研究—广州 Ⅳ.①F299.276.51

中国版本图书馆 CIP 数据核字（2019）第 296350 号

出 版 人	赵剑英
责任编辑	喻 苗
责任校对	王 龙
责任印制	王 超

出　　版	中国社会科学出版社
社　　址	北京鼓楼西大街甲 158 号
邮　　编	100720
网　　址	http://www.csspw.cn
发 行 部	010-84083685
门 市 部	010-84029450
经　　销	新华书店及其他书店
印　　刷	北京明恒达印务有限公司
装　　订	廊坊市广阳区广增装订厂
版　　次	2019 年 12 月第 1 版
印　　次	2019 年 12 月第 1 次印刷
开　　本	710×1000　1/16
印　　张	18
字　　数	242 千字
定　　价	88.00 元

凡购买中国社会科学出版社图书，如有质量问题请与本社营销中心联系调换
电话：010-84083683
版权所有　侵权必究

《广州城市智库丛书》
编审委员会

主　任　张跃国
副主任　朱名宏　杨再高　尹　涛　许　鹏

委　员（按拼音排序）
　　　　白国强　杜家元　郭昂伟　郭艳华　何　江　黄石鼎
　　　　黄　玉　刘碧坚　欧江波　覃　剑　王美怡　伍　庆
　　　　胥东明　杨代友　叶志民　殷　俊　于　静　张　强
　　　　张赛飞　曾德雄　曾俊良

总　　序

　　何谓智库？一般理解，智库是生产思想和传播智慧的专门机构。但是，生产思想产品的机构和行业还有不少，智库因何而存在，它的独特价值和主体功能体现在哪里？再深一层说，同为生产思想产品，每家智库的性质、定位、结构、功能各不相同，一家智库的生产方式、组织形式、产品内容和传播渠道又该如何界定？这些问题看似简单，实际上直接决定着一家智库的立身之本和发展之道，是必须首先回答清楚的根本问题。

　　从属性和功能上说，智库不是一般意义上的学术团体，也不是传统意义上的哲学社会科学研究机构，更不是所谓的"出点子""眉头一皱，计上心来"的术士俱乐部。概括起来，智库应具备三个基本要素：第一，要有明确目标，就是出思想、出成果，影响决策、服务决策，它是奔着决策去的；第二，要有主攻方向，就是某一领域、某个区域的重大理论和现实问题，它是直面重大问题的；第三，要有具体服务对象，就是某个层级、某个方面的决策者和政策制定者，它是择木而栖的。当然，智库的功能具有延展性、价值具有外溢性，但如果背离本质属性、偏离基本航向，智库必然惘然自失，甚至可有可无。因此，推动智库建设，既要遵循智库发展的一般规律，又要突出个体存在的特殊价值。也就是说，智库要区别于搞学科建设和教材体系的大学和一般学术研究机构，它重在综合运用理论和知识分析研判重大问题，这是对智库建设的一般要求；同时，具体到一家智库个体，又要依据自身独一无二的性质、类型和定位，塑造独特个性和鲜明风格，占据真正属于自己的空间和制高点，这是智库独立和自立的根本标志。当前，智库建设的理论和政策不一而足，实践探索也呈现出八仙过海之势，这当然有利于形成智库界的时代标签和身份识别，但在热情高涨、高歌猛进的大时代，也容易盲目跟风、漫天飞舞，以致破坏本就脆弱的智库生态。所以，我们可能还要保持一点冷静，从战略上认真思考智库到底应该怎么建，社科院智库应该怎么建，城市社科院智库又应该怎么建。

广州市社会科学院建院时间不短，在改革发展上也曾历经曲折艰难探索，但对于如何建设一所拿得起、顶得上、叫得响的新型城市智库，仍是一个崭新的时代课题。近几年，我们全面分析研判新型智库发展方向、趋势和规律，认真学习借鉴国内外智库建设的有益经验，对标全球城市未来演变态势和广州重大战略需求，深刻检视自身发展阶段和先天禀赋、后天条件，确定了建成市委市政府用得上、人民群众信得过、具有一定国际影响力和品牌知名度的新型城市智库的战略目标。围绕实现这个目标，边探索边思考、边实践边总结，初步形成了"1122335"的一套工作思路：明确一个立院之本，即坚持研究广州、服务决策的宗旨；明确一个主攻方向，即以决策研究咨询为主攻方向；坚持两个导向，即研究的目标导向和问题导向；提升两个能力，即综合研判能力和战略谋划能力；确立三个定位，即马克思主义重要理论阵地、党的意识形态工作重镇和新型城市智库；瞄准三大发展愿景，即创造战略性思想、构建枢纽型格局和打造国际化平台；发挥五大功能，即咨政建言、理论创新、舆论引导、公众服务、国际交往。很显然，未来，面对世界高度分化又高度整合的时代矛盾，我们跟不上、不适应的感觉将长期存在。由于世界变化的不确定性，没有耐力的人们常会感到身不由己、力不从心，唯有坚信事在人为、功在不舍的自觉自愿者，才会一直追逐梦想直至抵达理想的彼岸。正如习近平总书记在哲学社会科学工作座谈会上的讲话中指出的,"这是一个需要理论而且一定能够产生理论的时代,这是一个需要思想而且一定能够产生思想的时代。我们不能辜负了这个时代"。作为以生产思想和知识自期自许的智库,我们确实应该树立起具有标杆意义的目标,并且为之不懈努力。

智库风采千姿百态,但立足点还是在提高研究质量、推动内容创新上。有组织地开展重大课题研究,是广州市社会科学院提高研究质量、推动内容创新的尝试,也算是一个创举。总的考虑是,加强顶层设计、统筹协调和分类指导,突出优势和特色,形成系统化设计、专业化支撑、特色化配套、集成化创新的重大课题研究体系。这项工作由院统筹组织。在课题选项上,每个研究团队围绕广州城市发展战略需求和经济社会发展中重大理论与现实问题,结合各自业务专长和学术积累,每年初提出一个重大课题项目,经院内外专家三轮论证评析后,院里正式决定立项。在课题管理上,要求从基本逻辑与文字表达、基础理论与实践探索、实地调研与方法集成、综合研判与战略谋划等方面反复打磨锤炼,结项仍然要经过三轮评审,并集中举行重大课题成果发布会。在成果转化应用上,建设"研究专报+刊物发表+成果发布+媒体宣传+著作出版"组合式转化传播平台,形成延伸转化、彼此补充、互相支撑的系列成果。自2016年以来,广州市社会科学院已组织开展40多项重大课题研究,积累了一批具有一定学术价值和应用价值的研究成果,这些成果绝大部分以专报方式呈送市委、市政府作为决策参考,对广州城市发展产生了积极影响,有些内容经媒体宣传报道,也产生了一定的社会影响。我们认为,遴选一些质量较高、符合出版要求的研究成果统一出版,既可以记录我们成长的足迹,也能为关注城市问题和广州实践的各界人士提供一个观察窗口,应该是很有意义的一件事情。因此,我们充满底气地策划出版这套智库丛书,并且希望将这项工作常态化、制度化,在智库建设实践中形成一条兼具地方特色和时代特点的景观带。

感谢同事们的辛勤劳作。他们的执着和奉献不单升华了自我,也点亮了一座城市通向未来的智慧之光。

广州市社会科学院党组书记、院长

张跃国

2018 年 12 月 3 日

前　　言

当前及未来一段时期，新型全球化、全球新一轮科技与产业革命加速重塑世界发展格局。作为全球化的主要推动者，中国不仅在世界经济体系中的地位稳步上升，而且在国际治理体系中的话语权和影响力也不断增强。城市地位系于国运兴衰，中国加速迈向世界中心大舞台，为中国的中心城市走向世界、建设全球城市提供了历史性机遇和条件。与此同时，城市实力托起国家梦想，中国要实现在全球范围内经济崛起、金融崛起、科技崛起、政治崛起和文化崛起，必然需要有一批世界级的城市或城市区域作为引领和支撑。在这样的战略背景下，作为国家中心城市及全国三大区域龙头城市之一的广州，建设全球城市可谓恰逢其时，迎来了绝佳的战略契机。

2018年初，习近平总书记在参加十三届全国人大一次会议时对广东代表团发表重要讲话，要求广东在构建推动经济高质量发展的体制机制、建设现代化经济体系、形成全面开放新格局、营造共建共治共享社会治理格局上走在全国前列，为实现中华民族伟大复兴做出新的更大贡献。2018年底，习近平总书记在广州视察时进一步提出"实现老城市、新活力，着力在综合城市功能、文化综合实力、现代服务业、现代化国际化营商环境方面出新出彩"的重要指示。作为国家重要中心城市，广州在建设社会主义现代化征程上应走在全国前列，其目标就是建设全球城市。由此，近期的广州市委十一届四次全会及广州新一轮城市总体规划（草案）均明确提出：展望2035年，广州要奋力建成社会主义现代化先行区，到21世纪中叶，全面建成中国特色社会主义引领型全球城市。在这一背景下，我们从国际视野出发，深入开展关于广州迈向全球城市的比较研究，在明确功能特征、衡量标准及价值导向的基础上，探索建立相应的评价体系及相关专项指数。然后，将广州置于全球城市体系框架中，从不同维度进行国际比较分析，明确广州发展的强项与优长，查找短板与差距，深入分析突出问题，探析未来战略方向，为广州建设全球城市提供借鉴与决策参考。

本书是在2018年广州市社会科学院广州城市战略研究院完成的重大课题成果基础上进一步修改完善而成。为完成好这一研究任务，广州城市战略研究院几乎动员了全员力量成立了专门课题组，张强为课题组组长，负责总体框架设计、方法指导、总体统筹把关以及第一章、第四章、第九章等各章的撰写；肖路遥、陈旭佳、邹小华、闫志攀、王芹娟、姬煜彤、揭昊等分别负责第二章、第三章、第五章、第六章、第七章、第八章、第十章、第十一章等各章节的撰写。

全书在研究立项和写作过程中得到了院领导、院学术委员、科研处的大力支持和帮助，广州市社会科学院副院长、广州城市战略院院长尹涛在本书研究及体例编排上给予了重要指导，在此一并表示感谢。

由于写作水平有限和时间仓促，书中难免有失误和错漏之处，恳请各位读者批评指正。

目 录

第一章 全球城市的内涵、功能与发展趋势 …………（1）
    一 全球城市的内涵特征 ……………………………（1）
    二 全球城市具备的条件 ……………………………（4）
    三 全球城市的功能定位 ……………………………（8）
    四 全球城市的体系划分 ……………………………（10）
    五 全球城市的发展趋势 ……………………………（14）
    六 中西方全球城市的路径差异 ……………………（23）

第二章 全球城市的概念模型与评价指标体系 ………（27）
    一 全球城市概念模型 ………………………………（27）
    二 全球城市评价指标体系 …………………………（28）
    三 全球城市专项指数的编制 ………………………（44）

第三章 广州建设全球城市的国际比较 ………………（46）
    一 比较与评价之一：总体水平 ……………………（46）
    二 比较与评价之二：分项要素 ……………………（54）

第四章 对广州建设全球城市的深度分析与战略研判 ……（110）
    一 城市基底：对广州城市特质的基本判断 ………（110）
    二 风险识别：广州面向 2035 所面临的重大
       隐忧 …………………………………………………（117）

三　对广州未来建设全球城市的若干战略判断 …… （125）

第五章　广州全球联系度指数的构建与评价 ………… （130）
　　一　引言 …………………………………………… （130）
　　二　城市全球联系的内涵与指标体系构建 ………… （131）
　　三　全球联系中的广州：广州全球联系度对比
　　　　分析 ……………………………………………（134）
　　四　广州提升全球联系度需注意的问题 ………… （142）
　　五　结论与思考 ………………………………… （144）

第六章　广州全球城市宜居指数的构建与评价 ……… （150）
　　一　引言 …………………………………………… （150）
　　二　全球城市宜居指数评价体系构建 …………… （151）
　　三　广州全球城市宜居指数的国际比较 ………… （154）
　　四　结论与启示 ………………………………… （164）

第七章　广州全球城市活力指数的构建与评价 ……… （169）
　　一　引言 …………………………………………… （169）
　　二　全球活力城市内涵特征与评价指标体系 …… （170）
　　三　广州建设全球活力城市的国际比较 ………… （171）
　　四　启示与思考 ………………………………… （184）

第八章　广州全球城市魅力指数的构建与评价 ……… （188）
　　一　城市魅力的内涵构成与全球城市魅力指标
　　　　体系构建 ……………………………………… （188）
　　二　广州全球城市魅力指数的国际比较 ………… （191）
　　三　广州全球城市魅力的优势与短板 …………… （197）
　　四　经验与启示 ………………………………… （203）

第九章　广州城市国际传播力指数的构建与评价 …………（208）
- 一　引言 ……………………………………………………（208）
- 二　全球城市国际传播力的内涵界定与评价体系
  构建 ………………………………………………………（209）
- 三　广州城市国际传播力的国际比较 ……………………（210）
- 四　启示与建议 ……………………………………………（225）

第十章　广州全球城市智慧指数的构建与评价 …………（231）
- 一　引言 ……………………………………………………（231）
- 二　全球城市与选择 ………………………………………（231）
- 三　衡量智慧城市发展水平的五个维度 …………………（232）
- 四　广州智慧城市建设总体水平的国际比较 ……………（233）
- 五　战略与启示 ……………………………………………（246）

第十一章　广州加快建设引领型全球城市的
对策思考 ……………………………………………（250）
- 一　重视网络连接，提升全球联系 ………………………（250）
- 二　创新驱动发展，构建智慧城市 ………………………（252）
- 三　增强经济控制力，激发城市活力 ……………………（254）
- 四　提升文化软实力，增强城市魅力 ……………………（257）
- 五　对标全球一流，打造宜商宜居环境 …………………（260）
- 六　扩大对外交往，探索国际传播新路 …………………（262）
- 七　加快区域协同，发挥核心增长极作用 ………………（265）

参考文献 ……………………………………………………（268）

第一章 全球城市的内涵、功能与发展趋势

一 全球城市的内涵特征

全球城市或世界城市①的概念最早由英国城市规划师格迪斯在1915年所著《进化的城市》中提出。1966年，英国著名学者彼得·霍尔出版《世界城市》，开启了现代全球城市研究之先河。此后，来自美国的两位著名学者弗里德曼和沙森教授分别从不同角度对全球城市研究做出了突破性贡献，使全球城市理论臻于完善。在国内，来自上海的周振华教授是最早引入西方全球城市理论并将之再创新并成功应用于城市战略规划实践的先驱（见表1-1）。

国内外学者虽因研究视角不同而对全球城市的界定有所差异，但它们均揭示了全球城市的两大基本功能属性：联结与控制。其中，联结是基础和前提，控制是结果和标志。此外，国内外研究还进一步揭示出：全球城市集中体现为对全球经济、科技、政治、文化具有极强的控制力与影响力，其中，控制力是"硬实力"，影响力是"软实力"，全球城市不仅是全球战略性资源、战略性产业和战略性通道的控制中心，也是世界文明

---

① 世界城市、全球城市的概念名称虽有所差异，但在学术界绝大多数学者认为二者含义基本相同，均指在世界城市体系中居于较高层次、具有重要地位的国际中心城市，本书采用这一看法。

2 广州建设全球城市的评价体系与战略研判

表1-1　　　　国内外知名学者关于全球城市的定义及特征

代表学者	研究视角	概念界定	基本特征
彼得·霍尔	城市功能的视角	是那些已对全球或大多数国家产生经济、政治、文化影响力的国际一流大都市	1. 国际政治中心 2. 国际交通枢纽与商业中心 3. 国际金融中心 4. 世界文化、传媒与科技中心 5. 巨大的人口集聚地
弗里德曼	城市等级体系的分析框架	是全球经济一体化背景下的产物,是全球经济系统的中枢或组织节点,集中了控制和指挥世界经济的各种战略性功能	1. 国际金融中心 2. 跨国公司总部 3. 国际组织所在地 4. 商务服务部门的高速增长 5. 重要的制造中心 6. 主要交通枢纽 7. 较大的人口规模 8. 人口迁移目的地
沙森	城市网络关系的研究视角	是能够高效管理、服务于全球经济并在全球经济运行过程中具备高度控制力的城市,本质上是全球资本服务地或全球价值链管控中心	1. 国际经济的治理中心 2. 金融及专业服务的主要所在地 3. 新兴产业集聚地 4. 创新创意的策源地及主要市场
周振华	全球化和信息化的角度	是在经济、文化及创新方面最具实力,在全球经济协调与组织中扮演超越国家界限的关键角色,成为全球资源要素配置的基本节点城市	1. 世界经济协调与组织中心 2. 全球经济体系的连接点 3. 全球资本、信息、人才等要素的汇聚地和流动地 4. 引领全球创新思想、创意行为、创业模式的主要策源地 5. 融入全球城市区域的核心城市

融合交流的多元文化中心和国际政治外交事务的协调管理中心。综合国内外研究成果，笔者认为，全球城市是城市发展的最高级形态，是一个在国际经济及产业链上有控制力、在国际事务及标准制定中有话语权、在全球思想及文化时尚上有引领力的融国际经济决策、战略管控、文化引领、国际交往等高端功能为一体的世界重要节点城市。

进一步分析表明，与一般的国际城市相比，全球城市具有三个方面的核心特征。

一是广泛的全球联系度。全球城市的形成是一个不断连续融入全球城市网络的过程，本质上表现为在全球网络中的广泛连通性。全球城市之所以被称为全球城市，其逻辑起点就是构筑形成了这个全球性网络，这个网络为其提供了更大范围、更有效率地实施资源配置的可能性空间，拓宽了城市可利用资源的渠道。当然，这种网络联系不仅是指全球性交通、信息联系，也包括人文联系。一般而言，城市能级取决于其对外联系度，一个城市对外联系越广泛，就越有可能获得全球性信息、知识和资源流，其节点能级也越高。

二是超强的经济控制力。全球城市往往都是经济实力超群的城市，这种经济实力不仅仅是指庞大的经济总量，更在于其内在结构特质所形成的对全球经济的强大控制力，即成为全球经济系统的中枢或组织节点，集中了控制和指挥世界经济的各种战略性功能。这种控制力主要来源于三个方面：国际金融中心所形成的资本控制力、总部经济集聚所形成的资源配置力以及持续创新活力所支撑的经济话语权。

三是巨大的国际影响力。全球城市应具有全球知名度和国际影响力，这种知名度或影响力不仅仅来自经济硬实力，而更多地来源于其强大的全球政治、文化软实力。真正的全球城市，不仅仅表现在跨国商务活动中的主导、支配作用，更体现在国际政治及全球文化塑造中的协调、引领作用。所以我们看到，尽管洛杉矶在经济实力上表现卓越，但其国际影响力却明显不及巴黎、北京、新加坡、布鲁塞尔等更多卷入全球治理及国际事务协调的大都市。

二 全球城市具备的条件

从上述分析看，仅仅从某一维度去定义或衡量全球城市是片面的。全球城市是一个涵括经济、政治、科技、文化、国际交往等多维功能的复杂系统，这些多维功能的集成决定了城市在全球城市网络中的能级与位势。本书认为，作为全球城市，一般应具备如下基本条件。

一是经济实力雄厚。作为全球城市，首先必须具备雄厚的经济实力，这既表现在巨大的经济总量上，更体现于较高的人均经济水平上。一个城市只有具备强大的经济实力，才有能力为跨国界资源配置活动提供所需的枢纽性交通设施、通信系统以及各类配置平台，也才能吸引到足够的高端资源要素。从国际实践看，当今那些公认的全球资源配置中心，无论是位处金字塔尖的纽约、伦敦和东京，还是第二梯队的巴黎、新加坡、香港、洛杉矶等，均是全球GDP和人均GDP排名比较靠前的世界一线城市（见表1-2）。总之，雄厚经济实力是上升为全球城市的首要前提条件。

表1-2　　　　　　2016年全球城市GDP排名情况

城市	GDP（亿美元）	排名	人均GDP（万美元）	排名
东京	9473	1	7.01	2
纽约	9007	2	10.8	1
洛杉矶	7531	3	5.74	4
巴黎	7351	4	6.93	3
伦敦	5188	5	5.30	5

续表

城市	GDP（亿美元）	排名	人均GDP（万美元）	排名
上海	4066	7	1.68	—
香港	3156	23	4.36	12
新加坡	3106	25	5.29	6

注：这里的全球城市为GaWC所界定的排名前40位的世界一线城市。

资料来源：世界银行公布的全球城市2016年数据。

二是金融功能突出。发达的金融业是全球城市的标配。从实证经验看，当今那些世界公认的重量级全球城市，如伦敦、纽约、东京、香港、新加坡、法兰克福等，无一例外地也是当今著名的国际金融中心。根据英国Z/Yen集团发布的最新全球金融中心指数报告，伦敦、纽约、香港、新加坡、东京、上海等世界高能级枢纽节点城市，其全球金融中心排名也基本位居前十之列（见表1-3）。

表1-3　　国内外"全球金融中心指数"城市排名状况

国际城市前8名			国内城市前8名		
城市	得分	排名	城市	得分	排名
伦敦	780	1	香港	744	3
纽约	756	2	上海	711	6
香港	744	3	北京	703	10
新加坡	742	4	深圳	689	20
东京	725	5	台北	677	27
上海	711	6	广州	668	32
多伦多	710	7	青岛	635	47
悉尼	707	8	成都	604	86

资料来源：英国Z/Yen集团发布的第22期全球金融中心指数报告。

三是总部经济强大。作为全球城市,必须具备超强的全球资源配置功能及经济控制力,而这种功能实现离不开跨国公司、企业总部、国际组织等高能级功能主体的核心驱动作用。当今一些典型全球城市,大都拥有十分发达的总部经济。2017年《财富》世界500强榜单显示,纽约、伦敦、巴黎、东京、北京等这五座城市分别拥有世界500强18家、17家、19家、43家和55家,合计占全球500强的1/3强;此外,世界顶尖的高端专业服务机构,如安达信、普华永道、毕马威、德勤等总部也大多分布于这几个全球城市中。

四是创新能力出众。作为全球城市,其全球资源配置功能不仅仅体现为对资源流量的集聚与扩散,更重要的是能对资源要素进行创新与整合,使流经的资源要素实现价值增值,并由此为城市带来领导力和控制力。从国际实证看,全球城市的创新能力也多居于世界前列(见表1-4),这不仅体现在技术创新这一基本层面上,还体现在业态、模式乃至理论、制度、管理、文化等多维创新上。例如,纽约的产业结构以知识服务业为主,其金融创新与服务创新引领了世界潮流。伦敦执全球科学中心、创意中心之牛耳。巴黎以其独特的文化享誉世界,文化创新成就了"世界时尚之都"的地位。

表1-4　　2016—2017年度全球创新城市指数前20位排名

城市	得分	排名	城市	得分	排名
伦敦	60	1	首尔	53	11
纽约	59	2	阿姆斯特丹	53	12
东京	56	3	巴塞罗那	53	13
旧金山	56	4	悉尼	53	14
波士顿	56	5	慕尼黑	53	15
洛杉矶	55	6	达拉斯沃思堡	52	16
新加坡	54	7	柏林	52	17

续表

城市	得分	排名	城市	得分	排名
多伦多	54	8	亚特兰大	51	18
巴黎	54	9	蒙特利尔	51	19
维也纳	53	10	芝加哥	51	20

资料来源：2thinknow 发布的全球创新城市指数 ICI（Innovation Cities Index）。

五是枢纽设施完善。首先，作为全球城市，负有连接国内外市场和实现国际交流的重要使命，为此，它须拥有先进的对外交通体系，拥有包括空港、海港、高铁等在内的现代化、立体化的国际交通枢纽设施及相关平台、网络。其次，要对资源流量在全球范围内进行精准高效配置，也离不开发达的信息基础设施及大数据、云计算、物联网等有力支撑。此外，作为全球城市，还须拥有品类齐全的国际交往设施，如知名大学、会展中心、使领馆区、星级酒店等。

六是流量经济发达。所谓流量经济，是指一个中心城市以相应的平台和条件，吸引区域外的货物、资金、人才、技术、信息等资源要素向区域内集聚，通过强大的创新整合力来促进和带动相关产业的发展，并把形成和扩大的经济能量向周边乃至全球进行辐射的经济模式。美国著名城市社会学者喀斯特尔认为：一个城市的竞争力，不在于这个城市占据了多少资源，而在于有多少资源从这座城市流过或可供支配。当今主要的全球城市如伦敦、纽约、东京等，当年依托其区位和港口优势都曾拥有巨大的贸易流、物流等。今天，这些城市的实物流虽已大幅下降，但仍以其发达的航运服务、规则及标准制定权而控制着全球贸易流向，更为重要的是，它们早已成为信息流、数据流、技术流等高端资源的控制中枢。而作为第二梯队的香港、新加坡等迄今仍保有巨量实物流。

七是国际交往频繁。国际交往日益成为全球城市的重要功能，它涉及全球资源配置功能实现至为关键的环节和方面：人员交流、信息沟通以及文化融合。作为全球城市，纽约是联合国总部所在地，吸引了大批政府与非政府间国际组织总部落户，这种独特优势使纽约成为无可争议的国际决策与控制中心。作为英国的政治、经济、文化中心，伦敦目前拥有常住外籍人口高达 208 万人，约占全市总人口的 1/4，庞大的外籍人口形成了遍及全球的人际网络，也同时带来了海量的国际交流交易活动。作为欧洲首位城市，巴黎也成为全球著名的国际活动聚集之都。根据国际大会及会议协会（ICCA）公布的《2014 年度国际协会会议市场年度报告》，巴黎举办顶级国际会议 214 个，排名全球第一，年接待游客 3700 万人次和参观者 8200 万人次，促进了其对外经贸、政治、文化、教育、体育等领域的国际合作和交流，这些国际活动和人员往来对全球城市的发展起着"血液"一样的重大作用。

三　全球城市的功能定位

全球城市具有一般中心城市的功能，如集散功能等，但同时又具有明显高于一般城市的全球性组织、协调、管控功能。通过对国内外研究的梳理，结合前述定义，本书认为全球城市一般应具备五大标志性功能（见图 1-1）。

一是全球网络联结功能。作为全球城市，往往是高度开放之城，是全球城市网络的重要节点，是联系国内外的重要门户，具备最高的全球联系度，不仅拥有高可达性的全球交通网络、发达的信息网络以及遍布全球的经贸网络，而且拥有全球性人文网络，成为重要的国际交往中心，拥有庞大的外籍人口和国际游客，是国际人文交流枢纽。

二是全球资源配置功能。全球城市是国家生产力布局的中心，也是国际经济的重要控制节点，其首要职能是对流经全球

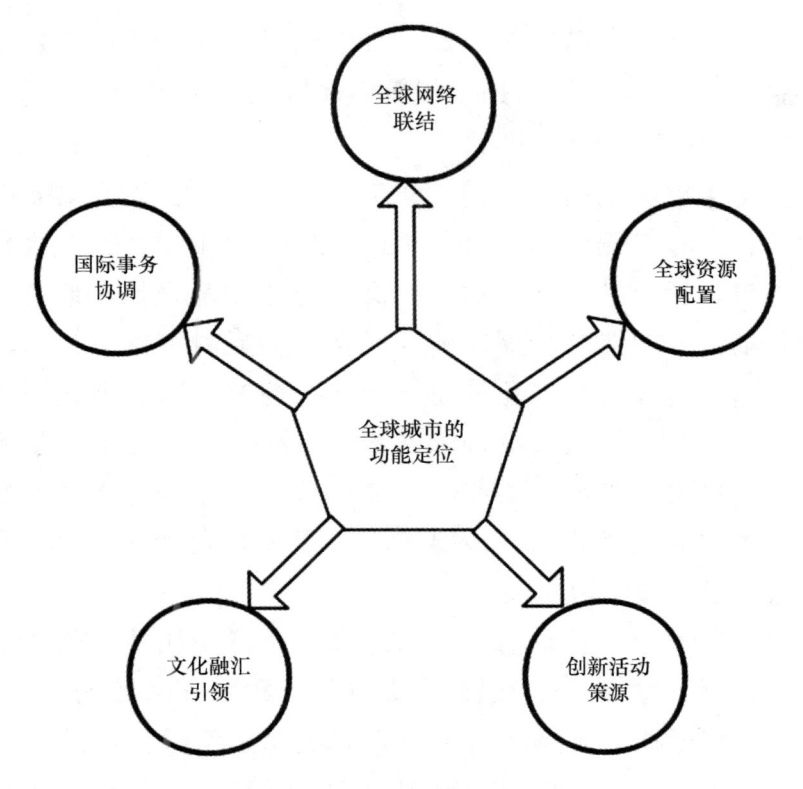

图 1-1 全球城市的功能定位

网络的资源流量进行跨界高效配置，包括对战略性资源、战略性产业、战略性通道的控制与整合，从而在全球经济中获得较强定价权和规则制定权。这种配置功能所配置的主要是高端要素和资源，如战略性产业资本、关键性前沿技术、稀缺性高端人才、高端性决策信息、权威性标准品牌等；配置手段以市场化方式为主导；主要通过跨国公司、金融机构和高度专业化服务商的协作来共同完成，其功能实质是对全球价值链的管控。

三是创新活动策源功能。从国际实践看，许多城市都有很强的技术创新能力，如深圳、硅谷、新竹、特拉维夫等，但世界的核心竞争力却更多地体现为创新之源头——知识创新。作为全球城市，必须承担最顶端的知识创新使命，具备较强的原始创新和基础研究功能。此外，全球城市不一定要产生众多技术成果，但应在创新活动的策划、发动以及技术方向的控制上具有强大的引领作用。诚如沙森等学者所言，全球城市应成为"创新创意的策源地"。

　　四是文化融汇引领功能。作为全球城市，首先应具有开放包容性，拥有多元国际社群，由此保有文化多样性，成为世界多元人口、社群的聚居地和多元文化交流的汇聚地，形成强大的文化汇聚、塑造与传播功能。在文化多元融汇的基础上，通过实施适宜的文化全球化战略，形成并拥有全球著名的文化设施、富有感召力的城市精神、发达的文化产业、知名的学术研究机构、强大的传媒集团和令人神往的文化品牌等，逐步发展为全球重要的文化艺术和传媒中心，普遍成为全球文化时尚的策源地、引领者和风向标。

　　五是国际事务协调功能。除强大的经济功能外，全球城市还是国际政治、治理、交流活动的重要舞台。从纽约、伦敦、东京、巴黎等顶级全球城市看，它们不仅是跨国公司总部或地区总部的集聚地，更是国际组织与机构云集之地，具有强大的国际事务协调功能，往往通过国际会议、国际展览、国际赛事等的发起，不断提升其组织协调功能；同时，还具有与国际非政府组织、国际交流项目的合作，以及发起具有国际影响力和公认度的国际报告的功能。

四　全球城市的体系划分

　　近年来，随着世界的发展变化，传统全球城市的概念已被颠覆，全球经济不再仅仅受纽约、伦敦、东京等少数几个国际金融中心驱动，许多新兴城市开始以其专业职能深度参与到商品、服务、人力、资本、思想的国际流动中，也为全球经济做出了巨大贡献，这些次级节点城市中也诞生了一批全球城市。因此，全球城市存在明显的能级差异。

如何对全球城市体系进行等级划分，学界有很多不同的观点和标准（见表1-5）。科恩（Cohen）在1981年最早提出全球城市等级体系，他主要根据"跨国指数"和"跨国银行指数"将全球的城市划分为全国性中心城市、国际性中心城市和世界城市。斯蒂芬·海莫则把跨国公司总部作为判别城市所处层级或位序的重要指标，认为一个城市拥有跨国公司总部层级越高、数量越多，在世界城市等级体系中的地位越高。GaWC则主要依据顶级生产服务业跨国公司总部及其分支机构在世界主要城市的分布情况，将世界城市划分为Alpha、Beta、Gamma、Sufficiency等4级12档，其中"4级"分别对应世界一线城市、二线城市、三线城市和非国际性城市，其中位于Alpha级的世界一线城市可界定为全球城市。科尔尼公司则根据商业活动、人力资本、信息交流、文化体验、政治参与5个维度的相关指标合成"全球城市指数"，并根据该指数测算结果大小将全球城市划分为全球精英城市和全球其他城市。

表1-5　　　　　国际上关于全球城市体系及其划分标准

代表	划分标准	城市分类	主要城市
弗里德曼（Friedmann）	衡量世界城市的7项标准：（1）主要金融中心；（2）跨国公司总部所在地；（3）国际性机构集中地；（4）第三产业高度增长；（5）主要制造中心；（6）世界交通重要枢纽；（7）城市人口达到一定标准	第一层次	纽约、东京、伦敦
		第二层次	迈阿密、洛杉矶、法兰克福、阿姆斯特丹、新加坡、巴黎、苏黎世、马德里、墨西哥城、圣保罗、首尔、悉尼
		第三层次	大阪—神户、旧金山、西雅图、休斯敦、芝加哥、波士顿、温哥华、多伦多、蒙特利尔、香港、米兰、里昂、巴塞罗那、慕尼黑、莱茵—鲁尔

续表

代表	划分标准	城市分类	主要城市
英国拉夫堡大学全球化与世界城市研究小组（Globalization and World City，GaWC）	根据175家顶级的生产性服务业跨国公司企业总部与分支机构在世界526个重要城市的分布情况，将世界城市体系划分为Alpha、Beta、Gamma、Sufficiency 4个级别及12个副级别（Alpha++、Alpha+、Alpha、Alpha-、Beta+、Beta、Beta-、Gamma+、Gamma、Gamma-、Sufficiency+、Sufficiency），其中Alpha级的城市为全球城市	Alpha++级	伦敦、纽约
		Alpha+级	新加坡、香港、巴黎、北京、东京、迪拜、上海
		Alpha级	悉尼、洛杉矶、芝加哥、圣保罗、米兰、莫斯科、墨西哥城、法兰克福、马德里、华沙、约翰内斯堡、多伦多、首尔、伊斯坦布尔、吉隆坡、雅加达、孟买、阿姆斯特丹、布鲁塞尔
		Alpha-级	都柏林、墨尔本、华盛顿、新德里、曼谷、苏黎世、维也纳、台北、布宜诺斯艾利斯、斯德哥尔摩、旧金山、广州（列全球排序第40位）、马尼拉、圣菲波哥大、迈阿密、卢森堡市、利雅得、圣地亚哥、巴塞罗那、特拉维夫、里斯本
科尔尼全球城市指数（Kearney Global Cities Index，GCI）	根据商业活动、人力资本、信息交流、文化体验和政治参与等5个维度的27个指标，对128个重要国际性城市进行排序	全球精英城市	纽约、伦敦、巴黎、东京、香港、新加坡、芝加哥、洛杉矶、北京、华盛顿、布鲁塞尔、首尔、马德里、柏林、墨尔本、多伦多、悉尼、莫斯科、上海、维也纳等20个城市
		全球其他城市	巴塞罗那、孟买、广州（列全球排序第71位）等111个城市

续表

代表	划分标准	城市分类	主要城市
科恩（Cohen）	根据"跨国指数"和"跨国银行指数"两大指标将全球重要城市进行等级划分	世界城市	伦敦、纽约、东京、巴黎
		国际性中心城市	香港、新加坡、洛杉矶、悉尼等
		全国性中心城市	莫斯科、北京、上海、新德里、孟买、墨西哥城、里约热内卢等

综合各权威学者的研究成果，结合 GaWC、科尔尼等国际权威机构对全球城市等级划分及排名状况，本书尝试对全球城市体系进行了划分。其划分依据是：一是以上文提出的全球城市七大衡量标准为基本评估框架；二是按照各城市在七大标准的核心指标上的表现（或水平值），利用加权平均法对各城市进行总分集成。在这一测算结果基础上，本书将全球城市划分为世界性顶级城市、洲际性全球城市、区域性全球城市三个层级（见表1-6）。

世界性顶级城市：全球城市第一序列，主要包括代表北美、欧洲、亚太等世界三大经济发达洲际板块的龙头城市，即纽约、伦敦、东京三个世界顶级城市，均具有全球影响力，是当今无可争议的居于金字塔尖的全球城市。

洲际性全球城市：全球城市第二序列，主要包括发达国家和地区的一些全球联系度较广的首都或首位城市，如巴黎、香港、新加坡、洛杉矶、芝加哥、首尔、莫斯科等，也包括中国这样超大新兴经济体的首都或首位城市北京与上海。这一等级城市一般具有强大的洲际影响力。

区域性全球城市：全球城市第三序列，主要包括次发达国家或较小发达国家的首都或首位城市，也包括一些重要发展中国家或新兴经济体的首都或其重量级城市，如巴塞罗那、罗马、斯德哥尔摩、大阪、圣保罗、墨西哥城、开罗、迪拜、广州、雅加达、吉隆坡、曼谷等，它们仅具相邻区域（如东南亚、西欧、中东、北欧等）的国际影响力。

表1-6　　　　　　　　　　全球城市等级体系

全球城市层级	城市能级	主要代表性城市
第一层级	世界性顶级城市	纽约、伦敦、东京
第二层级	洲际性全球城市	巴黎、香港、新加坡、洛杉矶、芝加哥、北京、上海、华盛顿、波士顿、首尔、多伦多、悉尼、柏林、莫斯科、孟买、法兰克福、布鲁塞尔、墨尔本、旧金山、阿姆斯特丹等
第三层级	区域性全球城市	罗马、巴塞罗那、迪拜、伊斯坦布尔、慕尼黑、蒙特利尔、亚特兰大、休斯敦、苏黎世、日内瓦、大阪、斯德哥尔摩、圣保罗、墨西哥城、台北、温哥华、开罗、雅加达、吉隆坡、里约热内卢、约翰内斯堡、布宜诺斯艾利斯、新德里等

五　全球城市的发展趋势

随着全球经济和政治格局重大调整，国际产业分工格局和贸易格局变化，全球新一轮科技革命的兴起，世界城市体系组成不断丰富，亚太地区与新兴经济体的城市地位迅速提升，中等层级的全球城市数量显著增加。从当今全球城市的最新发展动向，并结合一些典型城市的战略规划（见表1-7）所释放的信息看，全球城市呈现一系列新的发展趋势与特征。

表1-7 世界城市主要规划

城市	城市发展远景规划或战略	规划目标或内容
纽约	到2030年的可持续发展战略	应对人口继续增长、设施老化、环境压力加剧等问题，促进纽约可持续发展
东京	东京构想2000	2015年的发展目标：舒适的东京，富有个性和能力的人才，多彩的社会，高水平的信息化，完善的社会基础设施，不断提升的城市控制力和地位
伦敦	竞争的首都：加强伦敦竞争力的政府战略（1996年制定）；继续保持伦敦优势（2003年制定）	1996年战略目标是保证伦敦在世界城市顶级圈子中的坚定地位；2003年规划制定了生命科学、创意产业、制造业、文化产业的发展战略与行动计划
悉尼	悉尼大都市区战略2030	战略定位：全球化悉尼；发展目标：增强宜居性、强化经济竞争力、保障公平、保护环境和推进治理
香港	香港2030：规划远景与策略	战略目标：建设"亚洲国际都会"；重点：提升香港作为中枢的功能；进一步发展成为华南地区的创新科技中心；继续成为亚太地区的主要旅游目的地
新加坡	新加坡全岛发展的空间战略规划	战略目标：维持经济增长、提升新加坡国际竞争力，将新加坡发展成为一个繁荣兴旺的、21世纪的世界级城市
首尔	国际金融中心计划	2012年前以韩国的资产管理优势和东北亚地区开发金融的需求为基础，建立地区特色化金融中心；2020年前谋求成为亚洲金融中心，积极吸引大型国际金融机构在首尔设立亚洲总部

续表

城市	城市发展远景规划或战略	规划目标或内容
北京	北京城市总体规划（2016—2030年）	战略定位是4个"中心"，即政治中心、文化中心、国际交往中心、科技创新中心。建设国际一流的和谐宜居之都
上海	上海市城市总体规划（2017—2035年）	国际经济、金融、贸易、航运、科技创新中心和文化大都市，国家历史文化名城，并将建设成为卓越的全球城市

（一）全球城市的价值取向：从经济价值到多元价值

一般而言，全球城市的崛起首先基于其强大经济实力和经贸网络，所以，早期阶段的全球城市也称为国际经济中心城市，经济价值大多成为城市追求的首要目标，构成全球城市价值的基础。然而，近年来，越来越多的全球城市在价值取向上发生了变化，其主流趋势是逐步由高度聚焦经济价值转向关注多元价值。首先，伴随绿色城市主义从欧陆逐渐兴起，生态环保日益成为全球城市的重要价值追求，即便曾经高耗能的美国城市如纽约，也都在2009年推出《纽约城市规划：更绿色更美好的纽约》。全球城市的转型多借助"绿色东风"，将低碳、环保、节能作为未来发展的主攻方向，以促进超大城市的可持续发展，应对人口激增、城市无序扩张、环境污染、资源加剧等一系列难题。同时，人文精神价值得到更多尊重和彰显。当今许多的全球城市同时也标榜自己是文化都市，如伦敦号称全球创意之都，巴黎为世界文化艺术之都，香港也宣称要建成国际文化大都市。此外，随着超大城市社会礼仪与矛盾的日趋激化，全球城市也愈加关注公平、分享、平衡、包容、幸福等社会价值。如新加坡提出建设高品质生活之城，纽约提出规划强大而公正的全球城市等。总之，今天的全球城市已不仅仅立志成为一个全球化城市，更希望成为一个美好城市。

（二）全球城市的功能取向：综合多样与高端控制

全球城市的功能取向与价值取向的变化是一致的。早期对全球城市的认识，主要是从经济角度、经济功能来定义的。且不少城市的实践者，更依据某些权威学者主要运用生产者服务业分布来揭示全球城市内涵，就片面认为全球城市的经济功能就是生产者服务，而忽视了消费性服务业和高科技制造业的地位，导致城市经济多样性和竞争力下降。近年来，城市实践越来越清楚地表明，单纯依赖某一单项的全球性功能，并不能成为全球城市的充分条件，除生产服务业外，新型制造业也需要在全球城市功能中得到强调；除单一经济功能外，政治、文化功能也相当重要。作为真正的全球城市，不仅需要在跨国商务活动中起指挥、控制作用，更要在国际事务和全球文化塑造中起协调、引领作用。当然，强调全球城市的综合功能趋向，不代表每个全球城市都必然成为综合型城市，某些体量较小的国际城市也可以发展为主导功能突出的专业性全球城市，如国际会议中心维也纳、国际会展中心法兰克福等，亦能够凭借其全球领先的功能特长成为全球城市体系不可或缺的一员。

此外，全球城市的功能还日趋高端化。国际实践表明，全球城市的主导功能一般经历了"国际航运与贸易中心—国际制造业中心—国际金融中心＋国际文化与信息传播中心—国际决策与控制中心"这样一个演变轨迹，早期的全球城市主要聚焦于对物流、人流、资金流等流量经济的控制与集散，而当今的纽约、伦敦、东京、巴黎等首屈一指的全球城市，其主导功能则逐步转向制定国际规则（标准）、设置国际议程及生产金融、信息和文化产品等，以此实现和支撑国际决策与控制中心的功能。

(三) 全球城市的动力取向：创新驱动与智慧引领日益强化

当前，人类社会正处在一个大发展大变革大调整时代，能否把握新科技革命发展趋势强化创新驱动能力，直接决定了全球城市的兴衰。当今全球城市的一个重大变化特征就是加速从过去的"全球生产网络"向"全球创新网络"升级，从资源、资本、商品的流量枢纽、控制节点向知识、信息、人才的流量枢纽、控制节点升级。从实践上看，国际金融危机的发生，加速了全球竞争从资本竞争向创新竞争的转变，也导致了全球城市体系的分化与洗牌，一批高端枢纽城市出现停滞乃至相对衰落，如香港、芝加哥等，而一批以创新见长的城市脱颖而出呈现引领发展的能力，如旧金山—硅谷、深圳、波士顿等；原来的金融中心相对衰落，但这些中心都在转型，如纽约、伦敦等城市，其科技人员数、科技服务业比例近年来都在大幅上升。科技创新正成为全球城市发展的新动向，早在 2004 年，伦敦即启动了建设科学城战略，英国三所顶级大学在伦敦市中心共同建设生物科技园，目前已取得重大发展；2011 年，纽约宣称其战略目标之一是成为"全球科技创新的领袖"，打造"21 世纪城市创新集群"，并开始在曼哈顿以东地区创建一个可与硅谷相抗衡的科技园区。东京、巴黎也纷纷出现了这种趋势。从总体上看，正如倪鹏飞教授所作判断，在全球城市体系中，"科技 + 金融"型的新兴全球城市正加速崛起。

此外，在信息化和互联网时代，以大数据、云计算、物联网、人工智能等为代表的新技术、新业态也对城市形态及管理模式产生了巨大影响。我们看到，许多世界发达城市乃至某些发展中国家的城市都提出了"智慧城市"的发展计划或建设方案，智能交通、智慧医疗、智慧社区、智慧旅游等专项行动计划也纷纷推出，引领着全球城市向更加智能、高效、精准、共享的方向发展。

(四) 全球城市的空间取向：从单体中心城市走向网络化的巨型城市区域[①]

城市空间一般包括内部空间和外部空间。从内部空间发展趋势看，随着城市中心区承载负荷达到一定饱和度，大城市在空间结构上一般都会趋向多中心，空间布局由单中心结构向多中心结构演化，即在城市辖区内规划形成多个特色各异的副中心或郊区新城。然而，对更为成熟的全球城市而言，这种多中心结构会进一步演进为"网络化"，这种"网络化"的形成，不仅依赖于区内交通、通信等基础设施网络，还包括由跨国公司、金融机构、GNO、高级生产服务业联系所产生的功能网络。依据控制能力大小和相互之间的功能差异，全球城市得以形成复杂的网络体系。此外，对全球城市而言，不仅需要副中心来充分承载全球性协调管理的功能，而且在全球城市周边还会衍生出一批中小特色专业型城市，它们可能绕过中心城市进行各种相互交换，从而形成更加复杂的都市网络化结构。

从外部空间发展趋势看，全球城市由单体中心城市迈向巨型城市区域。世界城市网络（WCN）理论的首倡者泰勒教授认为，"即使是那些在世界城市体系顶端运行的城市，其所行使的全球性职能也是通过跨区域联系或泛区域化方式实现的"。也就是说，全球城市的功能必须借助区域力量来实现，这个区域力量就是正在形成中的巨型城市区域。进入 21 世纪以来，全球化、区域化和信息化交互推进，城市的发展跨越了自身界限而与周边区域开始空间重构，由此形成了巨型城市区域。过去，

---

① 巨型城市区域（The Mega-City Region）的概念于 1999 年由彼得·霍尔（P. Hall）首先提出，是中心大城市向新的或邻近的较小城市极度扩散后所形成的 21 世纪初正在出现的新城市模式，其概念强调区域在全球化中的作用，并认为城市间高级生产性服务业产生的联系与区域的多中心结构相关联。联合国的一份报告称，世界上的一些大城市开始"合并"形成更大规模的"巨型城市区域"，世界上首个"巨型城市区域"诞生，由香港、深圳和广州组成，生活着 6000 多万人口。

一些老牌的全球城市如伦敦、巴黎、新加坡等还可以借助国家力量单独崛起，但今天放眼世界，几乎每个全球城市背后都有一个有强大影响力的超级城市区域。巨型城市区域的概念与以前的大都市圈、超级都市区和都市连绵区等既有联系又有区别，其概念更为强调区域全球化功能，这种超级区域通过专业化分工形成功能互补，促进制造、金融、科技、服务和社会等功能链网分工合作，支撑了全球城市的发展。全球城市的形成开始强烈依赖全球城市区域的崛起，如上海之于长三角、广州之于粤港澳大湾区等巨型城市区域，而不可能再出现像伦敦、巴黎、新加坡、北京那样单独崛起的全球城市。

最后，机场的网络功能得到全球城市的高度关注。经济越发达、政治文化影响力越大的城市，其航空网络也越发达。航空枢纽发达程度是衡量城市竞争力的重要指标。《全球机场城市报告》提出，机场将如同18世纪的海港、19世纪的铁路、20世纪的高速公路一样决定产业的选址，机场不仅是全球连接门户，也是大都市间竞争合作的新载体，以机场为产业集聚的中心区域，将可能形成新兴城市形态和产业功能区。此外，国际大都市均有多个机场，是重要的航空货运枢纽，国际旅客流量大，人流、物流集聚能力和辐射带动周边能力突出。对全球城市而言，最具战略性的交通资产将可能是机场，而非港口或铁路。

（五）全球城市的经济取向：从产业链扩散走向价值链集聚

全球化导致世界城市经济体系的转型，即以产业链为特征的空间经济结构，正在转变成为以价值链为特征的空间经济结构。以前研究或谋划一个地区的产业体系，更多是着眼于全球产业分工背景下主导产业的选择及其产业链的完善，聚焦于产业集群、块状经济的打造，这主要是对低能级中小城市而言的。而对于全球城市，则更加关注的是价值链集聚。从全球经济一体化趋势看，伴随着经济活动低附加值区段（制造和装配）的空间扩散，更需要的是经济活动高附加值区段（管理和控制）的空间集聚，而作为巨型城市区域的核心增长极，全球城市正日益承担这种全球价值链集聚与管控的功能。从全球价值链角度看，这种集聚和管控功能，主要依赖跨国公司、金融机构及高度专业服务机构的协力支撑，也依赖于全球一流创新资源的汇集与整合，形成所谓"总部经济""平台经济"和"智慧经济"，所以我们看到在大多数全球城市纷纷涌现出超级CBD、金融城、科学城、文化创意园等一批价值创新园区。

需要强调的是，全球城市经济活动越来越倚重全球网络体系中的资源流量，但这种资源流量结构也是随着全球范围内对价值链关注的不断提高而变化的。比如，早期世界流量当中占主导地位的是港口物流和商流，所以充当门户的枢纽型城市往往率先成长为全球城市。随着对外投资活动的大规模兴起，金融流在全球资源流量中的地位上升，所以纽约、伦敦、香港的地位曾快速提高。而今天，一个新的显著变化是以数据、信息为代表的知识流增长非常快，成为全球资源流量构成中日益重要的部分，也成为全球价值链管控功能实现的重要基础和手段。而作为全球城市，将更多地去承载、创造和输出知识、信息资源。从整体看，当前知识资源流量不仅占到全球流量的50%以上，并以高于资本和物质流量1.3倍以上的速度快速增长。

（六）全球城市的文化取向：文化多样性、开放性、创新性胜于历史文化

过去，全球著名的顶级城市，如纽约、伦敦、东京、香港等，无不以国际金融中心为标签，而今天这些城市已成为文化大都市的重要代表，当今城市之间的竞争，一个重要方面就是城市文化软实力的竞争。世界一流城市在城市战略中普遍优先考虑文化因素，无不高度重视文化在城市竞争中的地位和作用，

无不千方百计抢占文化软实力这一城市竞争的制高点。城市文化向产业、科技、社会、城市治理等领域不断渗透，已成为全球城市功能发挥的"黏合剂"与"倍增器"。当下的纽约、伦敦、巴黎乃至后起的香港、新加坡等全球杰出城市之所以能在激烈的城市竞争中脱颖而出，成为全球化时代城市发展的典范，不仅是由于这些城市紧紧把握住了经济全球化的先机，还因为这些城市高度重视文化的作用，适时推出了文化战略。可以说，文化软实力在全球城市中占据越来越重要的地位。

然而，文化软实力涉及诸多方面，全球城市的文化战略重心又与一般城市有所不同。从实践中我们看到，虽然开罗、罗马、西安等历史名城的文化底蕴深厚得多，但其文化软实力却远不及后起的伦敦、纽约、香港、上海等新兴大都市。由此可以看出，在全球城市的发展中，能够体现城市文化软实力的，并不主要是城市的历史文化、传统文化，虽然这些文化能够彰显城市的魅力与特色，也是构成文化软实力的必要要素，但真正能够生成与体现城市强大对外影响力和吸引力的，主要还是城市文化的开放性、多样性和创新性，比如当年纽约、上海的崛起等。所以，在文化战略上，当今主要的全球城市普遍采取鼓励文化多样性和包容不同文化群体的政策，同时，也都十分注重文化产品的创新、文化时尚的引领以及创意产业的发展。

（七）全球城市的社会取向：更趋开放包容

全球城市虽始于经济全球化，但不限于经济功能，当今的全球城市已是经济、政治、社会、文化全球化的产物。特别在社会发展与治理上，全球城市都具有极大的开放包容性，它既为高收入群体提供了事业乃至创业空间，也为弱势劳工阶层的就业生活及归属感塑造了可能性。同时，全球城市基于其功能辐射范围超越行政边界，其服务人群不再限于市民，国际企业、国际机构、非市民常住人口、周边腹地居民、国内外游客也在政策框架上成为全球城市的利益相关者。未来的全球城市治理，将更加注重承认利益相关者多元化的利益诉求及其权益保障。

（八）全球城市的联系特征取向：由硬联系为主转变为软联系主导

全球城市的基本功能和活力之源，就在于广泛的全球联系。一个城市的对外联系越广泛，就越有可能获得全球性信息、知识和资源流，其节点能级也越高。过去的全球城市主要以交通枢纽、经贸网络、金融中心的功能连接等硬联系为主，并以此发挥其全球网络的节点功能。近年来，随着世界经济结构的软化、服务贸易的兴起、国际交流活动的增多和信息科技的广泛应用等，软联系日益成为全球城市外部联系的基本特征。在这一趋势下，全球城市的联系进一步呈现如下特征：一是软联系正改变和主导世界城市体系，那些注重发展软联系的城市，如法兰克福、新加坡、日内瓦等，在全球网络中的节点能级明显上升。二是信息科技和特大城市主导全球软联系，信息科技推动全球城市联系由间接联系变为直接联系，由个别联系变为全面联系，由松散联系变为紧密联系，由慢速联系变为瞬时联系，从高成本联系变为低成本联系。由此，抓住了IT产业发展机遇的城市，全球城市地位上升更快，如深圳、旧金山等。三是软联系相对于硬联系更广泛、更不平衡、分化更明显，而同等层级、同等功能城市间的联系更为紧密和广泛。

六　中西方全球城市的路径差异

社会主义现代化全球城市，除具有全球城市的联结、控制等基本功能属性和创新、开放等普适价值导向的性质外，与西方的全球城市相比，中国的全球城市必须有四个明显特质性因素：一是与时俱进的现代化因素。近代中国落后于西方国家，中国作为现代化的后来者，实现社会主义现代化就是要在追赶中创新，在创新中超越，最大限度地吸收现代化要素，利用现代知识、科技、教育、信息，创造财富，提高生产力，是一条从模仿到追赶、从追赶到超越、从超越到领跑的路径。二是与时俱进的社会主义因素。中国社会主义是初级阶段—中级阶段—高级阶段不断演进的过程。当前中国仍处于社会主义初级阶段，现代化程度和综合国力已大幅跃升，具备了与世界发达经济体相似的特征。社会主义现代化建设，需要充分发挥社会主义制度优势和政治优势，在党的领导下凝聚"13亿多中国人民聚合的磅礴之力"，办好国家大事和民生大事，实现全体人民共同发展、共同分享、共同富裕。三是与时俱进的社会主义核心价值观和中华优秀文化因素。我们走的中国特色社会主义现代化道路，既"吸吮着5000多年中华民族漫长奋斗积累的文化养分""具有无比深厚的历史底蕴"，又植根于社会主义建设实践，是弘扬社会主义核心价值观，促进中华文化大发展、大繁荣、大复兴的道路。四是与时俱进的生态文明因素。社会主义现代化道路是一种可持续发展的绿色发展模式，实现生态文明的现代化，为后代人提供生态财富，保留生态空间，为全球提供生态安全。

与"以资本为中心"的西方全球城市建设路径不同，中国特色社会主义全球城市的成长路径具有独特性，这主要体现在以下三个方面。

在全球城市建设的统筹组织上，必须坚持党的领导。中国特色社会主义最本质的特征是中国共产党领导，中国特色社会主义制度的最大优势是中国共产党领导。党是最高政治领导力量，是一切工作的领导。中国的全球城市建设必须在党的领导下开展，这是社会主义现代化建设的核心要求，也是实现更高水平社会主义政治文明的重要内容。广州奋力推进引领型全球城市建设，要紧紧围绕党中央的总体部署，在省委、省政府的领导下,充分发挥党委总览全局、协调各方的作用,团结和带领全市广大人民群众,开拓进取,形成政府、市场和社会三方合力,提升有效治理能力效率,积极探索广州建设社会主义现代化的道路,奋力谱写社会主义现代化新征程的壮丽篇章。

在推进全球城市的建设路径上,必须坚持践行新发展理念。新发展理念是新时代"发展才是硬道理"这一简单真理的更为深刻、更为全面的拓展。社会主义现代化强国建设践行五大发展理念,统筹推进新时代"五位一体"总体布局,蕴含了中国特色社会主义现代化建设的一般规律和基本路径。广州建设社会主义现代化引领型全球城市,要以践行新发展理念为主线,提高发展的全面性、协调性和可持续性。坚持创新发展,注重解决现代化建设的动力问题,推动转变经济发展方式;坚持协调发展,注重解决现代化建设中的不平衡问题,着力增强发展的整体性;坚持绿色发展,注重解决现代化建设中人与自然的和谐问题,建设绿水青山的美丽广州;坚持开放发展,注重解决现代化建设的内外联动问题,发展更高层次的开放型经济;坚持共享发展,注重解决现代化建设的社会公平正义问题,维护社会和谐稳定、长治久安,保证全体市民在共建共享中有更多获得感。

在全球城市建设的本质要求上,必须坚持以人民为中心的基本理念。与西方"见物不见人"的发展理念不同,建设中国特色社会主义全球城市,内在规定和体现了必须坚持以人民为中心的思想,主要体现以下方面。

(1)突出以人为本。在现代化进程中,人作为社会活动的主体,人的需要、主体意识和能力,人的生存和发展方式及其作用发挥,既受到社会现代化的影响,也影响着社会现代化。党的十九大报告强调"必须坚持人民主体地位",坚持"人民为中心的发展思想",人既是推动发展的主体,也是发展的目的。要尊重人的发展主体地位,发挥群众首创精神,最大限度发挥人的聪明才智，也要强调保证全体人民在共建共享发展中有更多获得感，不断促进人的自由全面发展。

（2）重视人文现代化。在西方现代化过程中，曾出现拜金主义、贫富差距、精神危机等，导致人的现代化和城市现代化的对立。为此，必须吸取西方城市的教训，在全球城市建设中更加关注居民文化、健康、法制、科学、道德等素质的同步提高，重视个体"思想、观念和意识的现代化，素质能力的现代化，行为方式的现代化乃至社会关系的现代化"，注重实现人的全面发展。

（3）满足人的高层次需求。全球城市意味着进入世界高收入地区行列，居民需求层次呈现高级化特征，逐渐由温饱生存型向发展享受型转变，人们对食品安全、环境保护、医疗健康、文化教育、休闲娱乐等方面提出了更高要求；同时，物质需求比重逐步下降，精神文化、政治权利需求比重上升，越来越多的人开始关注社会民主、司法公正、信息对称、贫富差距、政府廉洁、舆论自由等方面。社会主义全球城市建设，必须充分考虑人们对公平竞争环境、公正司法环境、透明政务环境、自由舆论环境、健康精神环境等的高层次需求。

第二章 全球城市的概念模型与评价指标体系

一　全球城市概念模型

根据前述对全球城市内涵特征、条件、功能定位等的界定，我们可从两个层面来确定关于全球城市的评估框架。第一个层面是全球城市的功能体现，包括全球网络联结、全球资源配置、创新活动策源、文化融汇引领、国际事务协调等五大功能，主要用于衡量全球城市的综合实力能级，是全球城市综合实力能级高低的直接体现。第二个层面是全球城市的保障条件，包括城市规模、基础设施、人的现代化、生态宜居、营商环境、区域协同等六大保障要素。这些保障要素往往并不直接用来评价全球城市的效果和能级，却是保障、支撑全球城市形成与发展必不可少的重要条件，也是五大功能背后的重要支撑，对五大功能要素的强弱及其发挥效果产生重要影响。基于上述考虑，这些保障性指数也应纳入全球城市评价体系中。在这种逻辑框架下，从功能性要素我们能够比较全球城市综合能级的高低水平，从保障性要素我们能把握全球城市综合功能强弱的原因。由此，"全球城市"的评估框架可以从功能性要素和保障性要素两个方面加以考察，特形成全球城市概念模型（见图2-1）。

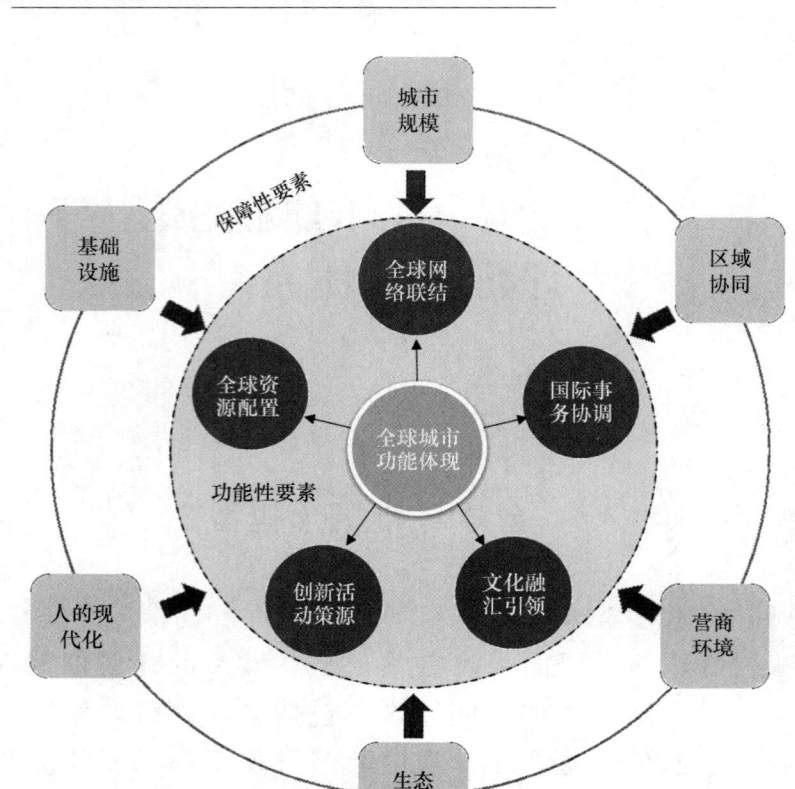

图 2-1 全球城市概念模型

二 全球城市评价指标体系

（一）评价指标体系构建原则

1. 科学性原则

全球城市评价指标体系必须以全球城市内涵特征、条件、功能定位等理论为构建依据，选取的指标必须是能够通过观察、测算、评议等方式得出明确结论的定性或定量指标，应采用科学的方法和手段，对指标选取的理论与现实依据进行反复论证，统筹兼顾，确保指标体系的科学性。指标必须目的明确、定义准确，能够真实地反映全球城市的特征与内涵，能够客观地反映各指标之间的真实关系。

2. 系统性原则

构建全球城市评价指标体系，必须遵循系统性原则。全球城市是一个典型的、开放的复杂巨系统，这就要求所建立的评价指标体系具有足够的涵盖面，能够充分反映全球城市的系统性特征。评价指标体系不是评价指标的简单堆积，要综合考虑指标之间的关联性，按照指标层次的高低和作用的大小进行合理分层，指标之间既要相互独立，又要彼此联系，共同构成一个有机统整体。同时，还要体现指标体系各层次间的递进关系，准确反映指标间的支配关系。

3. 可操作性原则

在遵循科学性和系统性原则的基础上，指标体系的设计应坚持可操作性的原则，主要包括：一是数据资料的可获得性，数据资料应尽可能直接取自政府发布的官方数据或公开出版物数据；二是数据资料可量化，定量指标数据要保证真实、可靠和有效，而定性指标和经验指标尽量少用，或尽量选取能够通过专家赋值或测算予以转化为定量数据的定性指标；三是建立的指标体系应该简明清晰，评价指标不宜过多和繁杂。

4. 可比性原则

构建全球城市评价指标体系，必须明确指标体系中每一个指标的含义、统计口径、适用范围，还必须确定指标的权重以及适宜的评价方法，以确保评价结果能够进行横向与纵向比较。所构建的指标体系必须与评估对象的内涵结构相符合，以便更好地了解和把握不同城市的实际水平。

（二）评价指标的理论预选

根据全球城市概念模型，从全球城市的功能体现和保障条件两方面构建指标体系。功能性指标主要包括全球城市的全球网络联结功能、全球资源配置功能、全球创新策源功能、全球文化引领功能以及国际事务协调功能；保障性指标包括城市规模、基础设施、人的现代化、生态宜居、营商环境、区域协同六个方面。初步构建的全球城市评价指标体系共包含11个一级指标以及64个二级指标。

1. 功能性指标

全球网络联结功能。随着全球化进程的持续深入推进，全球网络格局将不断扩展并进入越来越多的领域，全球城市评价和等级划分更加关注全球城市体系中各城市的相互联系和影响，城市全球网络联结功能的重要性持续增强，网络联结能力的强弱决定了全球城市的地位和能级。全球城市的全球网络联结功能的衡量，主要从城市的交通网络、信息网络、传媒网络、人际网络等维度来考虑。交通网络选取国际航空客运量、国际航线数量、港口货物吞吐量、港口集装箱吞吐量来衡量；信息网络选取网络连接便利度、网络就绪指数来衡量；传媒网络选取新媒体发展指数和广告、媒体跨国公司数量来衡量；人际网络选取国际游客数量来衡量。

全球资源配置功能。一个城市的全球资源配置功能，是指该城市在全球范围内吸纳、凝聚、配置、激活、控制城市经济社会发展所需战略性资源的能力，是这个城市在全球城市网络中获得较高位势的关键。全球资源配置能力涉及配置主体、配置平台等关键要素。配置主体是全球价值链治理结构中的关键行为主体，从实践上看，配置主体主要体现为总部企业，主要选取世界500强总部数量、大型银行总部数量来衡量。配置平台是指一个城市在世界范围内对各类资源要素进行汇集、整合、交易、创新、分配乃至激活的场所，主要选取全球金融中心指数、金融市场品种齐全度、大宗商品话语权、服务贸易发展指数、技术市场交易额、国际大会数量等指标来衡量。

全球创新策源功能。创新是全球城市发展的灵魂和驱动力。当今，国际学者和机构纷纷将城市创新能力作为全球城市的重大功能，并作为重要的评价维度。随着创新型经济在全球兴起，创新与城市功能发展的耦合互动越发紧密，全球城市竞争力与城市创新能力高度正相关，创新正成为城市功能的重要方面。对创新能力的衡量，一般不外乎创新主体、创新投入、创新产出、创新环境等维度。创新主体选取著名实验室和科研中心指数、独角兽企业数量来衡量；创新投入选取研发投资、风险投资额、每万人科技人员数量等来衡量；创新产出采用PCT专利指数、知识服务业占第三产业增加值比重来衡量；创新环境采用智慧经济指数来衡量。

全球文化引领功能。一座全球城市的崛起必然有其特定的历史背景和文化因素，必然有其自身文化的优势和特质，从而形成能够影响全球思维模式和价值取向的文化引领能力。放眼世界，从纽约、巴黎到东京，几乎所有的全球城市都具有强大的全球文化引领功能。要想成为全球城市，必须要有强大的文化生产能力和文化传播能力，同时这种文化生产能力和传播能力的形成必须依托丰富的文化主体、完善的文化基础设施等。这里主要从文化主体、文化基础设施、文化传播等方面对于全球文化引领功能进行衡量，选取的主要指标有全球声誉指数、全球声誉排名、博物馆数量、文化和艺术机构数量、大学实力指数、学术刊物指数。

国际事务协调功能。全球城市必然是具有深远的国际影响力以及国际公认的话语权的城市，能够在社会、经济、文化以及政治层面深度参与、直接影响全球事务，是具有强大国际事务协调功能的城市。作为全球治理重要参与者，全球城市能够发挥国际合作交流的服务协调功能，在高标准国际投资贸易规则的对接与制定过程中，承担更多协同治理和制度创新功能，在技术标准权、规则制定权、要素定价权、信息发布权等方面具有核心影响地位。考虑到指标数据的可获取性，这里主要选取外国使领馆数量、国际组织总部数量、大型体育赛事举办次数来衡量全球城市的国际事务协调能力。

2. 保障性指标

城市规模。选取GDP总量和人口数量来反映城市规模。GDP总量能够反映一个城市经济规模的大小，从国际实践经验看，国际上公认的全球城市，无论是位处金字塔尖的纽约、伦敦和东京，还是第二梯队的巴黎、新加坡、香港等，一般都具有雄厚的经济实力。人口数量也是反映城市规模的重要指标，一般来说，城市规模划分标准通常以城区常住人口为统计口径，国际公认的全球城市往往能够凭借其优质的社会公共资源和良好的就业机会吸引更多的人口集聚。

基础设施。全球城市是流动关系的空间载体，网络流动日益信息化和非物质化，逐渐脱离地方空间，但同时又日益依赖物理基础设施。因此，选取陆路指数、海运指数以及航空指数来衡量城市对外交通基础设施水平；选取地铁长度、地铁可达时间、城市交通指数来衡量城市内部交通基础设施水平；选取互联网服务器指数来反映城市信息基础设施水平。

人的现代化。城市服务于人，也依赖于人，全球城市的建设，离不开人的现代化。人的现代化主线是以人为本，倡导人文精神，深切关注人的发展、健康和幸福，其主要内容包括提高居民生活质量、延长人口寿命、提高人口文化素质等方面。因此，选取的人的现代化相关指标主要包括人类发展指数、平均预期寿命、平均受教育年限以及居民幸福指数。

生态宜居。当前，建设生态宜居城市已经成为主要全球城市制订未来发展计划的共同目标。可持续、安全、健康、便利、舒适、包容是生态宜居城市的核心特质，优良的生态、生活环境则是城市宜居的集中体现。因此，主要从生态环境优良、社会安全和谐、公共服务完善、出行高效便捷以及生活轻松舒适这五个方面来选取相关指标，选取的指标有PM 2.5、气候指数、空气污染程度、安全指数、社会犯罪率、医疗保障水平、教育水平、世界500强大学数量、平均通勤时间以及生活成本。

营商环境。从国际经验看，构建一个高度市场化、法治化、便利化、国际化的营商环境，全面实行国际通行的制度、规则、惯例及标准，是城市顺畅、高效、无障碍开展全球性资源配置活动的必要前提，这将增强资源持者及投资者的信心和预期，亦将大幅降低资源配置的成本。影响营商环境的因素主要有市场环境、政务环境、国际化环境等，因此，主要选取营商便利指数、经济自由度、知识产权保护、对外开放程度、办事效率等指标对各个城市的营商环境进行评价。

区域协同。超级城市区域是城市发展的重要支撑力，几乎每个全球城市背后都有一个有强大影响力的超级城市区域作为支撑。在区域城市网络中，通过专业化分工形成功能互补，促进制造、金融、科技、服务和社会等功能链网分工合作，由此产生的网络正外部性已经成为全球城市发展的重要动力。这里主要从都市圈人口规模和区域协同水平两方面来设置区域协同的评价指标。

（三）评价指标相关性分析

在上述构建的第一轮指标体系中，各项指标通常会存在一定的相关性，这种相关性通过相关指标的重复赋权，导致被评价对象信息的重复使用，降低了评价的科学性与合理性。相关性分析是通过对各个评价指标间的相关分析，删除一些相关系数较高的评价指标，消除评价指标所反映的信息重复对评价结果的影响。评价指标相关性分析通常包括3个步骤。

第一，由于评价指标的量纲不同，通常要采取一定方法对原始数据进行指标正向化和无量纲化处理。这里采用倒数法进行正向化处理，采取标准化方法进行无量纲化处理。计算公式为：

$$Y_i = \frac{1}{X_i}$$

$$Z_i = \frac{X_i - \bar{X}}{S_i}$$

第二，计算各个评价指标之间的简单相关系数。计算公式为：

$$R_{ij} = \frac{\sum_{k=1}^{n}(Z_{ki} - \bar{Z}_i)(Z_{ki} - \bar{Z}_j)}{\sqrt{(Z_{ki} - \bar{Z}_i)^2 (Z_{ki} - \bar{Z}_j)^2}}$$

第三，规定一个临界值，如果相关系数大于临界值，则可以删除其中一个指标。如果相关系数小于临界值，则可以保留这两个指标。

根据上述原理，共搜集10个城市第一轮指标体系中的64个指标的相关数据，运用SPSS软件，对这些指标进行相关性分析，得到相关系数矩阵。如果给定临界值为0.7，在相关系数中共有5对评价指标的相关系数大于该临界值（见表2-1）。最终，删除了其中5个指标，保留了59个指标。

表2-1　　　　　　　相关系数大于临界值的指标

保留的评价指标	删除的评价指标	两者相关系数
港口货物吞吐量	港口集装箱吞吐量	0.891
全球声誉指数	全球声誉排名	0.784
PM2.5	空气污染程度	0.843
安全指数	社会犯罪率	0.720
教育水平	世界500强大学数量	0.719

（四）评价指标鉴别力分析

在构建指标体系中所遇到的一个不可回避的问题就是评价

指标的鉴别能力。所谓指标的鉴别能力是指评价指标区分所评价对象的特征差异的能力。全球城市评价指标体系的鉴别能力则是评价指标区别不同城市全球城市功能强弱的能力。在所构建的评价指标体系中，如果所有被评价的城市在某个评价指标上几乎一致地呈现很高或很低的得分，那么就可以认为这个指标几乎没有鉴别能力。相反，如果被评价的城市在某个指标上的得分出现明显的不同，则表明这个评价指标具有较高的鉴别能力。通常把指标的特征曲线的斜率作为评价指标的鉴别力参数，斜率越大，其鉴别能力也就越强。但是由于描述特征曲线需要获取较多的实际资料，这是一件有相当难度的事情。在实际应用中，通常采用变差系数来描述评价指标的鉴别能力，公式如下：

$$V_i = \frac{S_i}{\bar{X}}$$

其中，$\bar{X}$ 为各个城市在某一指标上的平均值；S_i 为各个城市在某一指标上的标准差。变差系数越大，该指标的鉴别能力越强；反之，鉴别能力越弱。可以根据实际情况，删除部分变差系数相对较小的评价指标。

根据上述原理，运用 SPSS 软件对这些评价指标进行变差系数分析，根据分析结果，删除了网络就绪指数、地铁可达时间指数 2 个变差系数较小的评价指标，保留其余 57 个指标。

（五）评价指标的最终确定

理论初选的评价指标经过相关分析和鉴别力分析之后，构成了最终的全球城市评价指标体系（见表 2-2）。该指标体系由 11 个一级指标以及 57 个二级指标组成，指标体系简明清晰，容易操作，能够比较客观和全面地反映全球城市的内涵特征与功能定位。

表 2-2　　　　　　　　　　　全球城市评价指标体系

类型	一级指标	二级指标
功能性指标	全球网络联结功能	国际航空客运量
		国际航线数量
		港口货物吞吐量
		网络连接便利度
		新媒体发展指数
		国际游客数
	全球资源配置功能	广告、媒体跨国公司数量
		世界 500 强总部数量
		大型银行总部数量
		全球金融中心指数
		服务贸易发展指数
		金融市场品种齐全度
		大宗商品价格话语权
		国际大会数量
		技术市场交易额
	全球创新策源功能	研发投资
		PCT 专利指数
		智慧经济指数
		独角兽企业数量
		风险投资额
		每万人科技人员数量
		著名实验室和科研中心
		知识服务业占第三产业增加值比重
	全球文化引领功能	全球声誉排名
		博物馆数量
		文化和艺术机构数量
		大学实力指数
		学术刊物指数
	国际事务协调功能	外国使领馆数量
		国际组织总部数量
		大型体育赛事举办次数

续表

类型	一级指标	二级指标
保障性指标	城市规模	GDP 总量
		人口数量
	基础设施	陆路指数
		海运指数
		航空指数
		地铁长度
		城市交通指数
		互联网服务器指数
	人的现代化	人类发展指数
		平均预期寿命
		平均受教育年限
		居民幸福指数
	生态宜居	PM 2.5
		气候指数
		安全指数
		医疗保障水平
		教育水平
		平均通勤时间
		生活成本
	营商环境	知识产权保护
		经济自由度
		营商便利指数
		对外开放程度
		办事效率
	区域协同	都市圈人口规模
		区域协同水平

（六）指标权重确定

采用专家打分法和均分法相结合的方法确定各指标权重。首先，采用专家打分法确定功能性指标和保障性指标的权重比例，即通过邀请15位相关专业专家组成专家评分小组，最终确定功能性指标权重占比70%，保障性指标权重占比30%；其次，采用均分法，分别对一级指标和二级指标进行赋权。

指标的权重总和设定为100%，功能性指标权重之和为70%，保障性指标权重之和为30%。一级指标赋权结果如下：全球网络联结功能权重为14%；全球资源配置功能权重为14%；全球创新策源功能权重为14%；全球文化引领功能权重为14%；国际事务协调功能权重为14%；城市规模权重为5%；基础设施权重为5%；人的现代化权重为5%；生态宜居权重为5%；营商环境权重为5%；区域协同权重为5%（见图2-2、表2-3）。

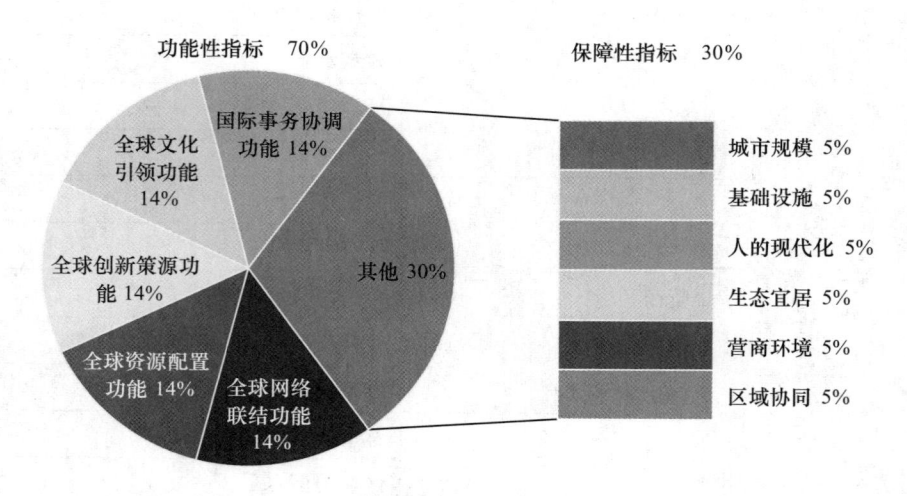

图2-2 全球城市指标评价体系权重分布

表 2-3　全球城市指标评价体系权重

类型	权重(%)	构成要素	权重(%)	指标名称	权重(%)
功能性指标	70	全球网络联结功能	14	国际航空客运量	2.00
				国际航线数量	2.00
				港口货物吞吐量	2.00
				网络连接便利度	2.00
				新媒体发展指数	2.00
				国际游客数	2.00
				广告、媒体跨国公司数量	2.00
		全球资源配置功能	14	世界500强总部数量	1.75
				大型银行总部数量	1.75
				全球金融中心指数	1.75
				服务贸易发展指数	1.75
				金融市场品种齐全度	1.75
				大宗商品价格话语权	1.75
				国际大会数量	1.75
				技术市场交易额	1.75
		全球创新策源功能	14	研发投资	1.75
				PCT专利指数	1.75
				智慧经济指数	1.75
				独角兽企业数量	1.75
				风险投资额	1.75
				每万人科技人员数量	1.75
				著名实验室和科研中心	1.75
				知识服务业占第三产业增加值比重	1.75
		全球文化引领功能	14	全球声誉排名	2.80
				博物馆数量	2.80
				文化和艺术机构数量	2.80
				大学实力指数	2.80
				学术刊物指数	2.80
		国际事务协调功能	14	外国使领馆数量	4.67
				国际组织总部数量	4.67
				大型体育赛事举办次数	4.67

续表

类型	权重(%)	构成要素	权重(%)	指标名称	权重(%)
保障性指标	30	城市规模	5	GDP总量	2.50
				人口数量	2.50
		基础设施	5	陆路指数	0.83
				海运指数	0.83
				航空指数	0.83
				地铁长度	0.83
				城市交通指数	0.83
				互联网服务器指数	0.83
		人的现代化	5	人类发展指数	1.25
				平均预期寿命	1.25
				平均受教育年限	1.25
				居民幸福指数	1.25
		生态宜居	5	PM 2.5	0.71
				气候指数	0.71
				安全指数	0.71
				医疗保障水平	0.71
				教育水平	0.71
				平均通勤时间	0.71
				生活成本	0.71
		营商环境	5	知识产权保护	1.00
				经济自由度	1.00
				营商便利指数	1.00
				对外开放程度	1.00
				办事效率	1.00
		区域协同	5	都市圈人口规模	2.50
				区域协同水平	2.50

（七）样本城市选取

在选取全球城市评价指标体系的样本城市时，主要以城市能级为选择依据，充分考虑 GaWC 发布的世界级城市排名和科尔尼发布的全球城市指数，结合全球城市相关专家的专业评价意见。前者为主，后者为辅，定性与定量相结合。具体选择流程如下。

充分梳理和归纳全球城市已有研究成果，并结合领域相关专家的专业性评价建议，以初选池样本为基础，对可能存在的如下类别全球城市通过投票表决方式，形成样本精选池：首先，对于部分进入初选池的样本，尽管 GaWC 公布的世界级城市排名相对靠前，但全球城市指数相对靠后，拟由专家委员会投票决定是否剔除；其次，对于未进入初选池的一些全球城市，尽管 GaWC 的城市级排名相对靠后，但这些城市的全球城市指数相对靠前，拟由专家委员会投票决定是否纳入样本；最后，经过以上两步筛选机制，最终形成全球城市样本城市，并根据年度数据进行动态调整。

基于以上选择流程，我们将遴选如下城市作为全球城市评价指标体系的样本城市。

第一，确定公认的位于全球城市体系顶端的城市。20 世纪八九十年代至今，纽约、伦敦两个城市在世界城市网络体系中一直处于第一梯队。不管是在 GaWC 公布的最新世界城市分级排名中还是在科尔尼发布的《2018 全球城市指数》报告中，纽约和伦敦都稳居前两名的地位，是当之无愧的全球城市。

第二，在科尔尼发布的《2018 全球城市指数》报告中，巴黎、东京和香港分别排名第三位、第四位和第五位，是仅次于纽约和伦敦的城市；在 GaWC 公布的最新世界城市分级排名中，巴黎、东京、香港也均属于 Alpah + 等级的城市，因此本书将巴黎、东京、香港纳入样本城市范围。

第三，尽管新加坡在科尔尼发布的《2018全球城市指数》报告中排名第七位，但是在GaWC公布的最新世界城市分级排名中仍然为Alpah+梯队里排名第三位的城市，因此本书将新加坡也纳入样本城市范围。

第四，选取中国内地公认的最具全球竞争力的北京、上海、广州、深圳四个一线城市为样本（见图2-3、表2-4）。

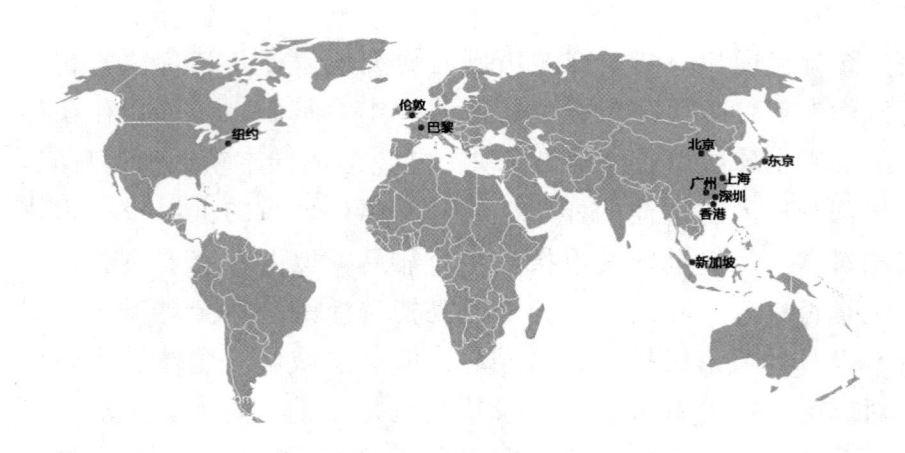

图2-3 样本城市位置

表2-4 样本城市在《2018全球城市指数》及GaWC中的排名

样本城市	科尔尼《2018全球城市指数》排名	GaWC等级及排名
纽约	1	Alpah++等级第2位
伦敦	2	Alpah++等级第1位
巴黎	3	Alpah+等级第6位
东京	4	Alpah+等级第8位
香港	5	Alpah+等级第1位
新加坡	7	Alpah+等级第3位
北京	9	Alpah+等级第2位
上海	19	Alpah+等级第4位
广州	71	Alpah等级第17位
深圳	79	Alpah-等级第22位

(八) 数据来源说明

在所建立的指标体系中，使用的数据一般直接取自政府发布的官方数据或公开出版物数据，而类似对外开放程度、占比等相对指标，则是对原始数据进一步处理得来的。从总体上讲，指标体系大体上分成三种数据源：一是各个城市的统计年鉴、统计公报、专业年鉴和政府网站、著名智库报告等；二是各大研究机构出版的调研或评价报告；三是对一些不可获得性指标，采用专家评分法进行量化。

对于直接的数据来源而言，具体包括以下数据来源：各个城市统计年鉴、政府网站、世界银行网站、世界城市文化论坛网站、联合国官方网站、世界经济论坛网站、国际机场协会网站、全球城市投资监测网站、Alexa 网站、世界城市关系数据网站、全球指数网站、福布斯网站、Numbeo 数据库网站、GaWc 官方网站、GUCP 全球组城市竞争力研究、OECD Statistics、Global Power City Index、《全球营商环境报告》、《2016 全球城市综合实力指数》（*Global Power Cites Index，GPCI*）、《2016 年全球城市报告》《全球金融中心指数（Global Financial Centres Index，CFCI）指数》《世界城市文化报告》、《全球贸易促进报告》（*WEF Global Enabling Trade Report*）、《2016 城市可持续发展指数》等。

对于专家打分法而言，共收集了 15 位权威专家的打分数据，具有一定的科学性、代表性和权威性。具体而言，专家打分法通过匿名方式征询有关专家的意见，选择评价内容和范围，并且保证每位专家评价的内容、范围是唯一确定的。向专家提供背景资料，让专家对各项标准打分，然后对专家意见进行统计、处理、分析和归纳，客观地综合多数专家经验与主观判断，经过多轮意见征询、反馈和调整后，完成对目标对象的评估。该方法计算简便、直观性强，可以对大量难以采用技术方法进行定量分析的因素做出合理估算。

(九) 评价方法确定

1. 指标的标准化

（1）指标正向化

$$Y_i = \frac{C}{X_i}$$

对逆指标采用倒数法进行正向化处理。其中，Y_i 为正向化后的指标，X_i 为逆指标，C 为正常数，通常取 C = 1。

（2）指标无量纲化

$$U_i = \frac{X_i - X_{\min}}{X_{\max} - X_{\min}}$$

采用极值法，对指标进行无量纲化处理。其中，U_i 为无量纲化后的指标，X_i 为指标原始数据（或逆指标正向化后数据），$X_{\min}$ 为该指标最小值，$X_{\max}$ 为该指标最大值。

2. 评分计算公式

$$F = \sum_{i=1}^{n} W_i U_i$$

采用综合线性加权法计算全球城市的综合评分。其中，F 为全球城市综合评分，U_i 为无量纲化后的指标值，W_i 为权重值，i 为评价城市个数，n 为评价指标个数。

三 全球城市专项指数的编制

全球城市对全球经济、文化、科技、政治等各方面都有着较大影响力和控制力，在世界城市网络体系中处于节点位置。每当世界经济中心发生转移时，全球要素流动的方向及其规模都会有重大改变，导致网络结构中城市节点的功能及其地位变化。为长期跟踪观测当今全球城市在一些关键维度上的动态变化以及广州在全球城市体系中的地位变化，本书将在全球城市

第二章　全球城市的概念模型与评价指标体系　45

指标体系的基础上，进一步衍生编制形成全球城市六大专项指数——全球城市联系度指数、全球城市宜居指数、全球城市活力指数、全球城市魅力指数、全球城市国际传播力指数、全球城市智慧指数（见图2-4），并据此对广州在这些指数上的表现进行分析和评判。具体内容详见第五章至第十章。

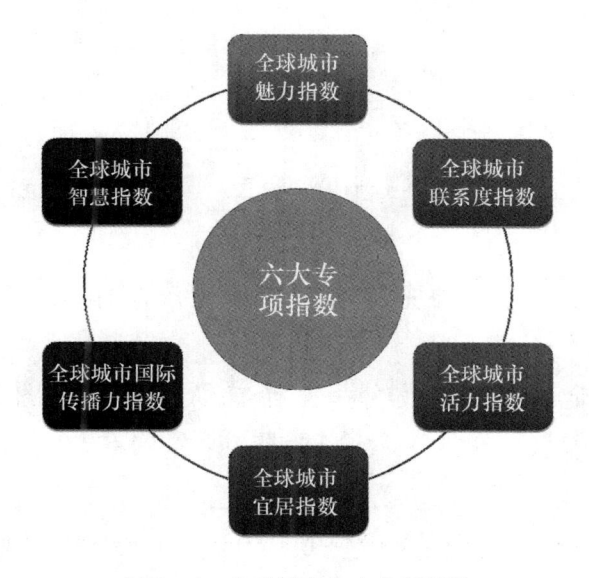

图2-4　全球城市六大专项指数

第三章 广州建设全球城市的国际比较

一 比较与评价之一：总体水平

通过广州与国内外主要对标全球城市总体能力的比较可以看出：

第一，全球城市总得分呈三个梯队分布（见图3-1）。其中，伦敦、东京、纽约三大全球城市评分均在60分以上，远高于其他各城市，可列为第一梯队；巴黎、北京、上海、香港、新加坡五个城市得分基本在30—60分，列为第二梯队；而广州、深圳两个城市得分均在30分以下，位处第三梯队。

第二，广州目前尚处于全球城市的第三梯队，与当今顶尖的全球城市差距明显。测评结果表明，广州全球城市总得分仅相当于伦敦、东京、纽约的30%，为第二梯队城市的45%左右。尽管广州经济实力和城市规模实际上已逼近甚至超过香港、新加坡等洲际型城市，但在各种功能性指标上远远落后于全球城市，表明广州在迈向世界顶级全球城市的过程中，仍有很长的路要走。

第三，从各构成要素的表现看，广州在城市规模、基础设施、生态宜居、区域协同等指标上与世界城市的差距相对较小，但在全球网络联结功能、全球资源配置功能、全球创新策源功能、全球文化引领功能、国际事务协调功能、人的现代化、营

第三章　广州建设全球城市的国际比较　47

商环境等指标上差距较大，表明广州与世界顶级全球城市的差距主要体现在功能性指标上，这将构成广州未来迈向全球城市的短板（见表3-1）。

表3-1　全球城市总得分情况

城市	全球网络联结功能	全球资源配置功能	全球创新策源功能	全球文化引领功能	国际事务协调功能	城市规模	基础设施	人的现代化	生态宜居	营商环境	区域协同	总得分
伦敦	7.5	9.5	8.9	8.9	6.3	2.7	3.8	3.4	2.9	2.5	3.9	60.2
东京	10.5	10.5	6.9	9.7	9.8	1.2	4.1	4.7	2.8	3.5	2.6	66.4
巴黎	6.1	4.8	7.2	12.0	8.8	2.4	3.0	3.1	2.7	2.0	2.8	54.9
纽约	6.1	8.4	7.3	9.5	9.9	3.6	3.5	3.0	3.2	2.7	3.4	60.5
北京	7.4	5.0	4.3	3.2	3.5	0.5	1.7	1.7	2.5	3.7	0.0	33.6
上海	8.3	5.0	2.5	2.4	3.1	0.3	2.2	1.3	2.5	3.8	2.7	34.2
香港	5.3	6.1	3.1	2.5	4.7	2.9	2.6	1.3	1.8	1.0	3.5	34.9
新加坡	3.0	8.9	8.2	2.9	8.3	2.5	2.4	1.7	1.4	1.0	3.1	43.4
广州	3.5	0.4	1.2	1.1	2.3	1.2	1.8	1.4	2.3	1.1	2.7	19.0
深圳	2.0	2.2	2.5	0.6	0.6	0.9	1.2	2.3	2.2	1.0	2.7	18.3

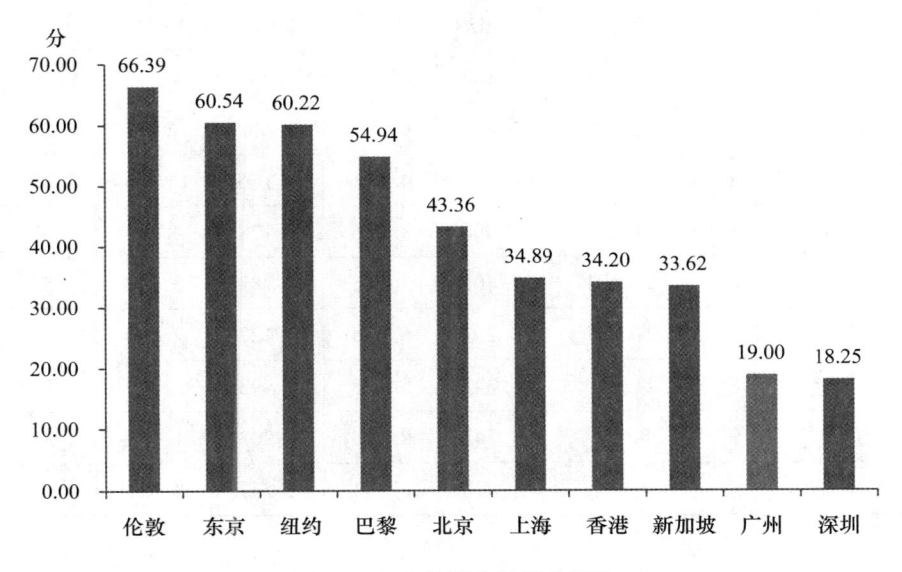

图3-1　全球城市总得分情况

进一步从各样本城市功能性指标与保障性指标的具体表现看，广州及各样本城市在上述两方面又呈现不同的差异化特征。

（一）功能性指标

从各城市功能性指标的得分看，伦敦、东京、纽约、巴黎、北京五个城市具有绝对优势，位居全球资源配置城市的第一方阵。新加坡、上海、香港三个城市居第二方阵。而广州、深圳两个城市居第三方阵。其中，北京在各项功能性指标上的表现十分突出，虽然与纽约、伦敦相比尚有一定差距，却大大优于国内其他城市，在得分上甚至高于新加坡、香港等亚洲新兴全球城市（见表3-2、图3-2）。

表3-2　　全球城市功能性指标得分情况

城市	排名	功能性指标总得分	全球网络联结功能	全球资源配置功能	全球创新策源功能	全球文化引领功能	国际事务协调功能
伦敦	1	47.530	10.539	10.515	6.929	9.742	9.805
东京	2	41.185	6.127	8.375	7.287	9.493	9.904
纽约	3	40.987	7.457	9.463	8.862	8.932	6.273
巴黎	4	38.897	6.092	4.811	7.166	11.990	8.839
北京	5	31.266	2.990	8.886	8.178	2.883	8.328
新加坡	6	23.491	7.408	5.036	4.283	3.222	3.541
上海	7	21.757	5.291	6.096	3.127	2.494	4.749
香港	8	21.359	8.342	5.026	2.493	2.375	3.123
广州	9	8.526	3.543	0.400	1.203	1.061	2.319
深圳	10	7.932	1.978	2.184	2.547	0.611	0.613

在全球资源配置功能方面，北京因其独特的首都优势成为

世界500强集聚之地，同时众多国内外大型银行总部也落户于此，在全球资源配置功能上的得分甚至高于巴黎、新加坡和香港。

在全球创新策源功能方面，根据全球知名风投调研机构CB Insights 公布的2018年全球独角兽企业榜单，北京拥有了滴滴、VIPKID、知乎、途家等一批在共享经济领域中占据前沿地位的企业，近年来备受国际风投创投资金青睐，在全球创新策源功能上甚至要高于伦敦、东京、巴黎等老牌的全球城市。

在国际事务协调功能方面，作为日益重要的国际政治中心，北京在吸引国际机构上占据独特优势，特别是在引进外国使领馆上遥遥领先，在国际事务协调功能方面的得分甚至是超过了香港、新加坡，与国内其他城市相比其优势也十分明显。

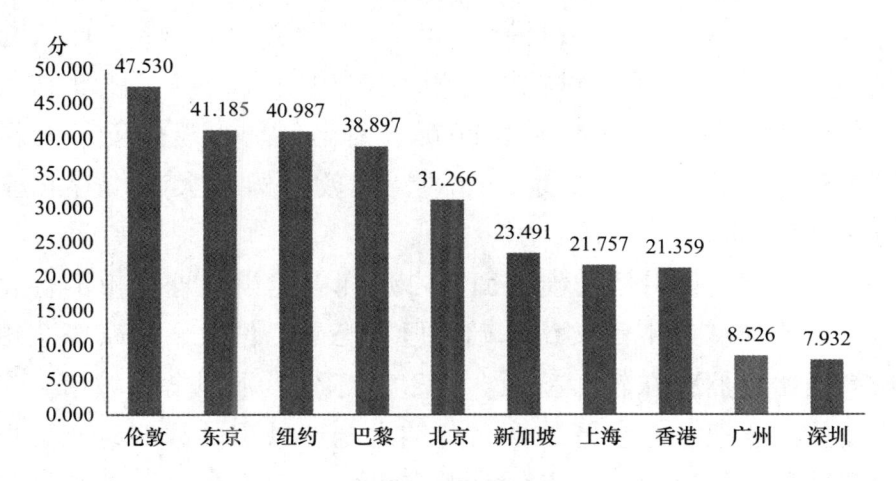

图3-2 全球城市功能性指标得分情况

从广州的情况看，广州在功能性指标方面的评分排名几乎全方位落后于所有样本城市。

在全球网络联结功能方面，目前广州的全球联系度还比较低，在国际权威机构的城市排名中，广州的这项指标大致排到40位以后。尽管广州海、陆、空、铁枢纽设施已达国际一流，但在全球联系中的经贸、企业、NGO、文化、旅游、信息、城市外交等全球联系网络还很不充分、不完善。在软联系正改变和主导世界城市体系的大背景下，广州的全球硬联系相对较好，在全球软联系上还需要下大功夫加以拓展、改善。

在全球资源配置功能方面，广州近年来新建了一批新型市场交易平台（如航交所、广交所等），呈现出资源交易平台不断增多、交易品类日益扩大的发展趋势，但广州仍缺乏金融、知识产权等全球化的权益性交易平台，旅游、文化、医疗健康等新兴消费交易平台发展相对滞后，同时缺乏具有全球影响力的要素交易平台，导致在全球资源配置功能方面要落后于顶级全球城市。

在全球创新策源功能方面，从科尔尼等全球城市评价结果看，科技创新中心城市与新兴经济体中心城市开始打破固有全球城市格局，进入最具城市竞争力行列。但广州全球文化创新策源功能在所有对标的全球城市中垫底，不仅体现在科技创新上，而且体现在制度创新、文化创新、模式创新乃至理论创新上，广州与东京、纽约、伦敦等国际大都市存在全方位差距。

在全球文化引领功能方面，广州拥有建设全球城市的优良历史传统和良好市民文化基础，但与巴黎、伦敦、东京等全球城市相比依然存在较大差距。今后，打造引领型全球城市，广州还要注意把二三十万外籍人口纳入全球城市的战略谋划、形象塑造和文化建构中，充分展现广州作为新兴全球城市文化多样性以及多元、包容、开放的国际形象。

在国际事务协调功能方面，国际机构近年来在国际事务协调中所起的作用也愈加凸显。从实践上看，广州虽然在2014年在引进、培育国际组织方面实现了零的突破，即成为世界大都会协会（Metropolis）亚太地区总部所在地，但其与巴黎、日内瓦、伦敦、纽约、东京、北京等国际一流城市的国际组织数仍相差甚远。

（二）保障性指标

从各城市保障性指标的得分情况看，东京、纽约、伦敦三个城市据有绝对优势，得分均在 18 分以上，位居第一方阵；巴黎、上海、香港、北京等四城市得分均在 12—18 分，处于第二方阵；而广州、深圳、新加坡三个城市得分在 12 分以下，属于第三方阵（见表 3-3、图 3-3）。

从城市规模的比较看，东京、纽约、巴黎三个城市名列前茅，这些城市均具备雄厚的经济实力，既表现在巨大的经济总量上，更体现于较高人均经济水平。根据世界银行公布的全球城市 2017 年数据，这三个城市均是全球 GDP 和人均 GDP 排名均比较靠前的世界一线城市。

从城市基础设置的比较看，伦敦、东京、纽约不仅拥有世界级的机场、港口等交通枢纽，也同时拥有众多世界级大学及完备的信息基础设施，通过这些完善的基础设置，对资源流量在全球范围内进行精准、高效配置。

在人的现代化方面，根据联合国开发计划署公布的《2017年全球城市可持续发展报告》，伦敦、东京、纽约三个城市在人类发展指数、人均预期寿命、人均受教育年限等指标上遥遥领先于其他全球城市，综合实力十分突出。

在生态宜居方面，根据英国知名杂志 MONOCLE 在 2017 年宜居城市的 TOP 25 调研报告，东京获世界最宜居城市排行榜第一位，伦敦、纽约等城市排名紧随其后，这些城市成为当今世界上注重环境质量、宜居宜业的顶级全球城市。

在营商环境方面，东京、纽约、伦敦、香港、新加坡等城市具有绝对优势，其得分不相上下且大幅领先于其他几个城市，这与其高度国际化、市场化、法治化环境及水平密切相关。

在区域协同方面，东京、纽约、伦敦、巴黎等国际大都市，十分重视与腹地的战略协同与联系，全球城市与其腹地是相互依赖的发展共同体,巩固和拓展腹地资源是全球城市功能不断增强的必要基础。

表 3-3　　　　　　　全球城市保障性指标得分情况

城市	排名	保障性指标总得分	城市规模	基础设施	人的现代化	生态宜居	营商环境	区域协同
东京	1	19.358	3.562	3.454	2.983	3.245	2.697	3.417
纽约	2	19.237	2.713	3.807	3.437	2.867	2.490	3.922
伦敦	3	18.859	1.233	4.063	4.736	2.753	3.459	2.615
巴黎	4	16.039	2.420	2.990	3.107	2.684	1.995	2.842
上海	5	13.135	2.948	2.614	1.285	1.791	1.023	3.475
香港	6	12.844	0.345	2.226	1.260	2.501	3.835	2.677
北京	7	12.093	2.474	2.371	1.732	1.374	1.018	3.125
广州	8	10.473	1.202	1.848	1.392	2.303	1.051	2.677
深圳	9	10.322	0.930	1.211	2.269	2.189	1.046	2.677
新加坡	10	10.128	0.462	1.742	1.747	2.494	3.684	0.000

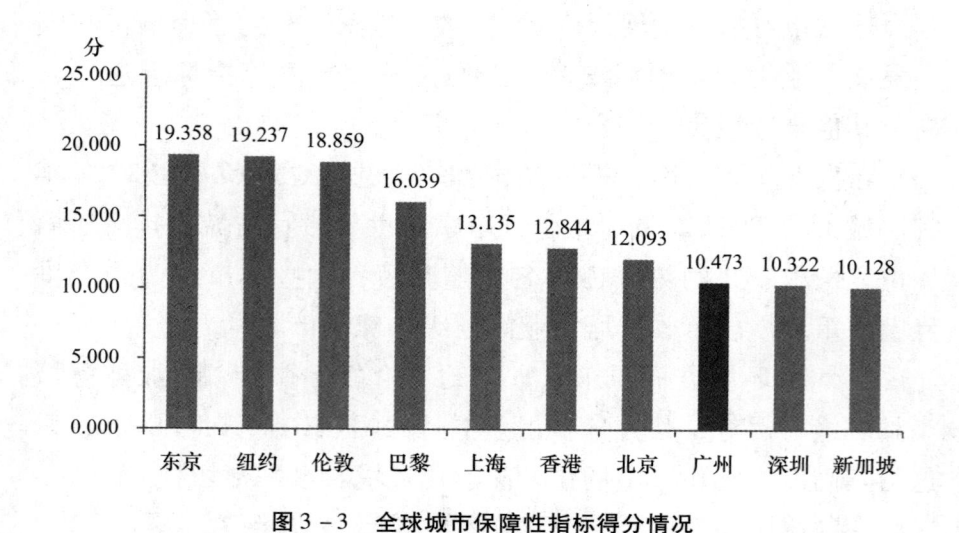

图 3-3　全球城市保障性指标得分情况

从广州保障性指标测评结果看,广州虽然在得分上高于深圳、新加坡等城市,但与纽约、伦敦、东京等顶级全球城市的差距依然巨大。

在城市规模方面,根据世界银行公布的全球城市GDP排名,广州经济总量迈入全球城市TOP 20行列,初步具备成为全球城市的经济基础,但人均GDP发展水平与国际先进城市明显仍有一定差距,人均GDP仅为榜首城市纽约的19.4%,与香港、新加坡等亚洲城市相比,也不到其50%的水平。

在城市基础设施方面,广州虽然被国家定位于综合性门户城市,拥有海、陆、空、铁等较齐全的立体交通方式及完备的国际航线网络,但在具有战略意义的国际航线资源方面,在全球网络拓展方面相对不足,与纽约、伦敦、巴黎等全球城市相差依然较大。

在人的现代化方面,广州的人类发展指数在全国35个大中城市中居首位,各项指标均保持在全国领先地位,但无论是和纽约、伦敦、巴黎等欧美城市对比,还是与东京、新加坡、香港等亚洲城市相比,广州在人类发展、预期寿命、教育水平、生活质量等反映人类综合发展的指标上,仍与这些城市保持有一定距离。

在生态宜居方面,根据国际知名咨询公司麦肯锡发布的 *Sustainable Cities Index 2016* 报告,广州的空气污染程度虽然低于北京、上海等国内一线城市,但依然高于纽约、伦敦、洛杉矶、巴黎等注重环境治理的发达国家城市,与这些全球城市相比差距依然较大。

在营商环境方面,广州与发展中国家城市一样处于弱营商环境的行列中,无论是国际市场便利度,还是经济自由度,与纽约、伦敦、巴黎等世界先进城市相比,广州依然存在较为明显的差距。

在区域协同方面,与纽约、伦敦、东京、洛杉矶等全球城市在其腹地的绝对龙头地位有所不同，作为广州最核心的腹地，粤港澳大湾区本就狭小，而即使在这狭小的区域内，还同时存在着香港、广州、深圳三个重量级全球城市的同位竞争。广州在粤港澳大湾区中的龙头带动地位远未形成，龙头核能受到较大程度的削弱。

二　比较与评价之二：分项要素

全球城市对全球经济、文化、科技、政治等各方面都有着较大的影响力和控制力，在世界城市网络体系中处于节点位置。每当世界经济中心发生转移时，全球要素流动的方向及其规模都会有重大改变，导致网络结构中城市阶段的功能及其地位变化。在世界经济重心东移和中国崛起的背景下，广州在加快引领型全球城市建设的过程中，应当进一步明确广州与对标全球城市之间的差距，以所对标的全球城市作为重要参考依据，深入研究和积极探索具有借鉴意义的发展路径，实施具有针对性的发展战略，加快广州建设全球城市的步伐，确保广州从当前全球城市体系追随者向比肩者变化。

（一）网络联结：枢纽设施全球网络连通性相对较弱，资源要素自由流动受较大限制

"城市"已经不再单纯作为一种场所、地点，更将被视为"流动的空间"。当今，在经济全球化与信息化的交互作用的背景下，各种资源要素全球流动的增长，大批量国家的界限，城市之间的经济网络开始主宰着全球经济命脉，越来越多的城市通过相互连接而进入全球网络，成为节点城市。因此，全球城市评价和等级划分更加关注全球城市体系中各城市间的相互联系和影响，全球网络平台的连通性及流量配置能力将越来越重要。全球城市通过广泛联通性和大规模资源要素流动及其配置

功能，指挥和控制世界经济。在全球城市网络体系中，全球城市联系性的强弱决定了不同城市的能级（见表3-4）。香港、新加坡虽然总部指数较低，但由于具备较高的全球联通性和大规模的经济流量，仍然拥有较强全球影响力。

表3-4　　全球城市福布斯总部指数和网络指数排名比较

城市	总部指数（福布斯）	网络指数（GaWC）排名
伦敦	3	1
纽约	2	2
香港	16	4
巴黎	4	5
新加坡	—	3
东京	1	7
上海	—	9
北京	9	6
广州	—	40

资料来源：总部指数来源于福布斯全球企业2000强；网络指数（GaWC）排名来源于拉夫堡大学GaWC团队网站。

相对而言，东京的世界500强企业总部数量近年来一直位列全球第二位，但跨国指数不高，即跨国公司还未投资占总投资的比重不高，在GaWC公布的世界城市网络分级中也只能排在第7位，落后于香港和新加坡等亚太地区金融中心。当前，纽约、伦敦在全球城市网络中仍处于第一梯队。广州的全球城市网络联系度日益提高，处于世界网络体系中的第三梯队。GaWC小组的研究显示，2010—2016年，广州的网络联系度由第70位上升至第40位，排名提升较快，与其他全球城市间的联系日益密切。

作为中国华南地区主要物资集散地和最大的国际贸易中枢港，广州具有辐射东南亚，连通世界各地的海、陆、空、邮等强大综合交通网络，但城市网络连通性与对标城市相比差距十分明显，在 GaWC 的世界网络体系排名不仅大幅低于新加坡（第 3 名）、香港（第 4 名）等，也低于芝加哥（第 13 名）、法兰克福（第 17 名）、洛杉矶（第 28 名）等。主要是由于广州缺乏足够的具有战略意义的国际航线资源，旅客吞吐量、集装箱吞吐量和货物吞吐量与世界级的"空港""海港"城市相比存在一定差距（见表 3-5），也存在制约航运能力提升的短板因素。

表 3-5　广州与对标全球城市空港、海港基础设施水平比较

指标 城市	空港		海港	
	国际航线指数	旅客吞吐量（万人次）	集装箱吞吐量（万 TEU）	货物吞吐量（万吨）
新加坡	0.4569	6222	3367	581268
香港	0.3756	7286	2076	297737
洛杉矶	0.3152	8456	934	55355
上海	0.5510	7000	4023	678376
北京	0.1962	9579	0	0
广州	0.0823	6584	2037	500975
深圳	0.0823	4561	2521	192093

资料来源：《全球城市竞争力报告（2017—2018）》《全球城市竞争力报告（2009—2010）》《WORLD PORTRANKINGS-2016》公布数据。

一是航空枢纽全球排名相对靠后。从航运枢纽地位来说，2017 年广州白云国际机场货邮吞吐量全球排名第 18 位（178 万吨），大幅低于香港国际机场（第 1 位，505 万吨）、法兰克福国际机场（第 11 位，219.4 万吨）、新加坡樟宜国际机场（第 12 位，216.5 万吨）、洛杉矶国际机场（第 12 位，215.8 万吨），在国际货邮吞吐量方面甚至没有进入全球前 20 位。在客流方面，广州白云国际机场全球排名虽然由 2016 年的第 15 位提升到 2017 年的第 13 位（6584 万人次），但依然落后于洛杉矶国

际机场（第5名，8456万人次）、芝加哥奥黑尔国际机场（第6名，7980万人次）、香港国际机场（第8名，7286万人次）。在国际客运量方面，2017年广州白云国际机场国际及地区旅客吞吐量占比为24.14%，与香港国际机场近80%的比例存在较大差距，表明广州白云国际机场与世界排名靠前的机场相比，国际化程度依然不高。

二是国际航运服务功能有待提升。从海运枢纽地位来看，广州港的海港总运输量和集装箱运量已双双列入世界前十大港口行列（2017年集装箱吞吐量为2037万TEU，全球排名第7；2017年第一季度港口货物吞吐量为12578万吨，全球排名第6），但在"新华—波罗的海指数2017"中全球排名仅为第27位。现阶段，广州的港口生产和运输能力已经达到了世界级水平，航运硬实力优势显著，但在软实力方面还存在明显的不足，国际航运中心城市的航运服务综合排名没有进入全球前10名，在航运经纪公司数量、海事仲裁员数量、海事律师事务所、港口航运公司数量、百强散货公司分支机构数量等方面均落后于全球排名前十的国际航运中心城市（见表3-6）。今后，广州建设国际航运中心过程中，应注重兼顾软硬实力之间的平衡发展。

三是互联网基础设施全球联系度不强。城市网络连通性的发挥要充分利用互联网信息基础设施，以实现区域及全球的科技创新资源的紧密联系。其中，良好的信息通信技术设施是实现知识在全球城市有效传播的重要载体。普华永道关于技术成熟度的考核指标综合考虑了学校网络接入、宽带质量、数字经济和多媒体应用四个指标，从而评判一个城市在技术硬件方面对网络连通方面的支撑能力。综合普华永道"机遇之都8"和"机遇之城2018"的评价结果，广州的技术成熟度得分不仅低于新加坡、香港等排名靠前的城市，同时也要低于芝加哥、洛杉矶等对标城市。著名财经媒体Business Insider选出了2018年通信技术较为发达的全球TOP 20高科技城市，包括洛杉矶（第4

表 3-6　国际航运中心及航运服务各项指标排名情况

排名	"新华—波罗的海指数 2017"排名前 10 城市	航运服务综合排名前 10 城市	航运经济公司数量排名前 10 城市	海事仲裁员数量排名前 10 城市	海事律师事务所排名前 10 城市	港口航运公司数量排名前 10 城市	百强散货公司分支机构数量排名前 10 城市
1	新加坡	伦敦	伦敦	伦敦	伦敦	伦敦	新加坡
2	伦敦	新加坡	新加坡	新加坡	纽约	雅典	伦敦
3	香港	香港	雅典	纽约	新加坡	休斯敦	上海
4	汉堡	上海	上海	香港	香港	厦门	孟买
5	上海	雅典	香港	上海	哥本哈根	汉堡	香港
6	迪拜	迪拜	迪拜	汉堡	上海	上海	东京
7	纽约—新泽西	汉堡	东京	纽卡斯尔	奥斯陆	香港	墨尔本
8	鹿特丹	纽约	孟买	奥斯陆	休斯敦	新加坡	雅典
9	东京	孟买	纽约	孟买	东京	迪拜	休斯敦
10	雅典	东京	休斯敦	迪拜	迪拜	孟买	里约热内卢

位)、新加坡（第8位）、芝加哥（第10位）等对标全球城市均榜上有名，但广州未列入此项排名中。未来广州应该进一步加快互联网基础设施建设，并以此为纽带，加强创新要素的全球联系，进而提升广州在全球创新网络中的地位。

（二）资源配置：跨国公司总部经济集聚度偏低，金融辐射力远不如世界顶级金融中心城市

在全球化的作用下，全球城市的主导产业分布到全球产业链的不同环节。处在产业链高端的投资、管理和研发等功能性总部不断地集聚，使跨国企业具有全球性的控制功能，逐渐对全球经济进行控制与协调。产业革命推动世界经济重心转移，引发国际分工格局变化，总部经济的聚集让城市的国际地位迅速提升，为其从中心城市向全球城市迈进提供坚实支撑。当今一些世界顶尖的资源配置中心城市，如东京、纽约、伦敦等都拥有十分发达的总部经济。

纽约和伦敦作为全球顶级城市，长期处于全球城市经济实力前三位，竞争优势和独特魅力来自这些城市在银行、证券、保险、外贸、咨询、工程、港口、新闻、广告、会计等领域为全球提供的优质服务及其由此奠定的难以取代的国际地位。这些城市不仅云集了全球相当数量的金融机构，特别是外国银行及从事金融交易的其他公司，而且也是世界最大跨国公司总部最为集中之地。根据2017年《财富》世界500强榜单，纽约、伦敦、巴黎、东京、北京等这五座城市分别拥有世界500强18家、17家、19家、43家和55家，它们合计占全球500强的1/3强；此外，世界顶尖的高端专业服务机构，如普华永道、毕马威、德勤等总部也大多分布于这几个全球城市中。全球城市的企业总部首位集聚度也非常高，如日本的上市企业总部约有一半集中于东京，而居次席的大阪则不到10%。

当前，全球500强企业的分布格局出现明显的"重心东移"

演化特征。无论是"财富世界500强企业"还是"福布斯全球500强企业",亚洲在入选城市的数量以及企业总数上都大幅攀升,欧美尤其是北美则呈现大幅下降的趋势。例如,从"福布斯全球500强企业"来看,2005年500强企业数量前10位城市中,亚洲城市占有2席(合计85家),欧洲占有3席(合计167家),北美占有5席(合计232家),而2014年《福布斯》"全球500强企业"中,亚洲企业数量占比上升至27.4%,欧洲企业数量占比下降为29.8%,北美企业数量占比更是降为38.2%(见表3-7)。在跨国公司总部"东移"的总体趋势下,近年来广州的跨国公司总部机构数量呈现迅速增加势态,但与纽约、伦敦、香港、新加坡等相比差距较大,主要表现为以下几点。

表3-7　　　　　福布斯全球500强企业总部区域分布情况

区域	2005年	2008年	2011年	2014年
北美	232(46.4%)	191(38.2%)	190(38.0%)	191(38.2%)
欧洲	167(33.4%)	187(37.4%)	170(34.0%)	149(29.8%)
亚洲	85(17.0%)	99(19.8%)	117(23.4%)	137(27.4%)
金砖五国	29(5.8%)	48(9.6%)	66(13.2%)	71(14.2%)
中国	11(2.2%)	23(4.6%)	37(7.4%)	100(20.0%)

资料来源:根据"福布斯全球500强企业"整理所得。

一是跨国公司总部数量较少。广州近年来提出成为全球企业投资兴业的首选地,着力打造全球最优的营商环境,连续5次被《福布斯》评为"中国大陆最佳商业城市"第一名,在引进总部方面取得明显成效,但跨国公司总部仍不及上海、香港、新加坡等城市(见表3-8)。截至2017年底,297家世界500强企业已在广州设立921个项目,吸引了全球130多个国家和地区的投资者前来投资创业,累计有3万家外商投资企业在广州落户,实际利用外资总额超过850亿美元。但是2017年,广州世界500强企业总部数量仅为2家,低于东京的38家、巴黎的17家、纽约的16家、伦敦的14家,更低于北京的56家、上海的8家以及深圳的7家。在高端服务业方面,广州至今尚未有1家企业入榜《财富》杂志发布的全球500强,落后于东京、纽约、伦敦、香港等全球城市。中国500强企业中,2017年广州市有南方电网、广汽、雪松控股、保利、南方航空等5家千亿元级企业,深圳有11家千亿元级企业。中国民营500强企业中,广州仅有14家,少于杭州(44家)、深圳(25家)、苏州(19家)。

表3-8 广州、上海、香港、新加坡跨国公司地区总部数量比较

年份	广州 进驻广州世界500强企业数量(家)	广州 进驻广州世界500强企业设立投资项目数量(个)	上海 跨国公司地区总部数量(家)	上海 外资总部经济项目数量(个)	香港 驻港地区总部数量(家)	香港 驻港地区办事处数量(家)	新加坡
2003	115	204	56	252	966	2241	2017年约4200家跨国公司在新加坡设计地区总部
2005	140	289	124	424	1167	2631	
2007	160	348	184	573	1246	2644	
2009	170	394	260	755	1252	2323	
2011	217	563	353	927	1340	2412	
2016	288	797	573	—	1379	2352	
2017	297	921	634	—	1413	2339	

资料来源:各城市统计信息网。

二是总部企业规模实力较弱。广州跨国公司企业总部多为地区总部,影响力巨大的全球总部数量偏少。从企业营业收入及利润等指标来看,广州市世界500强户均营业收入和利润仅分别为深圳的72.7%和31.3%,而中国500强、制造业500强、服务业500强户均营业收入均不足深圳的60%。从结构上来看,

广州市认定的370家总部企业中，超过100家是在广州设立的地区性、职能型机构，以及仅在本地生产经营的企业，其他总部企业中也有一部分只是省属、市属企业，真正在全球布局经营、建立分支机构的跨国性总部企业相对较少，与东京、纽约、伦敦、香港等全球城市相比总部企业的全球影响力相对较弱。

三是总部企业联系度相对较低。广州始终缺乏一批具有战略引领能力和核心竞争力的总部企业，在全球产业和要素市场中的定价权、决策权、信息发布权、技术标准权、市场引领权和规则制定权相对较弱。以生产性服务总部企业为例，根据2017年GaWC175高端生产性服务业公司总部数据（见表3-9），纽约（47家）和伦敦（28家）是GaWC175公司总部最多的城市，其次是巴黎（14家）和东京（13家），再次是芝加哥（9家）、北京（7家）、波士顿（5家）、慕尼黑（3家）和苏黎世（3家），阿姆斯特丹等5个城市有2家GaWC175公司总部，法兰克福、旧金山、新加坡、上海、深圳等28个城市也拥有1家GaWC175公司总部，而广州至今仍未有1家公司入选，表明广州在高端生产性服务业领域总部企业的全球联系度相对较低。

表3-9　2017年GaWC175高端生产性服务业公司总部集聚度

公司总部数量	城市
47	纽约
28	伦敦
14	巴黎
13	东京
9	芝加哥
7	北京
5	波士顿
3	慕尼黑、苏黎世
2	阿姆斯特丹、多伦多、华盛顿、米兰、墨尔本

续表

公司总部数量	城市
1	阿蒙克市、艾塞克斯郡、爱丁堡、奥马哈、奥萨斯库、巴西利亚、布鲁塞尔、大阪、丹佛、德卢斯、都柏林、杜塞尔多夫、法兰克福、海牙、剑桥市、旧金山、马德里、马赛、麦克莱恩、孟买、莫斯科、桑坦德、上海、深圳、悉尼、新加坡、新泽西、休斯敦

资料来源：根据 GaWC 官方网页整理。

另外，全球金融中心作为全球资本要素流动、交易、配置的枢纽型功能节点，通过资金融通和资本交易运作的定价权、话语权，形成对全球经济、贸易、航运、创新、资源、能源等多领域的控制力和支配力，是全球城市资源配置过程中不可或缺的重要功能。纽约和伦敦这两个公认的顶级全球城市同时也是全球金融的"两极"。

伴随着世界经济重心东移、国际货币体系变革，全球金融多极化格局更显凸显，一方面，纽约、伦敦等顶级全球城市凭借着高度发达的金融系统、全面渗透的金融网络、集聚高效的金融市场、成熟完善的金融制度，其金融中心地位难以撼动；另一方面，在金融全球化以及全球生产布局网络化趋势下，集中化的全球金融中心功能布局逐渐向网络化方向发展，新兴经济体金融中心获得崛起机遇。

在这种趋势下，广州近年来以构建"现代金融服务体系"为目标，在金融中心布局与产业发展上取得了较大成效。2017年3月广州首次进入全球金融中心指数的榜单，在2018年度公布的第23期"全球金融中心指数"（GFCI）中排名进一步上升，由最开始的第37名一跃上升到第28名，首次超过了台北、都柏林等新兴金融中心城市，金融国际影响力和辐射力进一步提升。

尽管广州金融影响力在稳步上升，但与国际上其他金融中心相比，还存在以下问题。

一是金融业规模和实力较弱。2017年广州金融业增加值1999亿元，占GDP的8.6%，总量和占比不仅远远落后于纽约（2113亿美元、14.4%）、伦敦（978亿美元、18.6%）、香港（446亿美元、16.5%）、新加坡（332亿美元、11.2%）等，同时也低于上海（5331亿元、17.7%）、北京（4635亿元、16.6%）、深圳（3060亿元、13.6%）等，与国际性的金融中心依然存在较大差距。之所以会出现这种状况，与广州金融决策管理层级过低，缺乏金融政策自主权，缺乏全国性金融交易平台，与香港、深圳同处于珠三角的不利竞争格局有关，这些不利因素直接影响了广州对国内外金融机构总部的吸引力、金融资源流量的控制力、金融产品与业态的创新力以及对区域金融活动的辐射力，使得广州金融服务功能依然局限于服务国内，还远没有成为全亚洲乃至全球的融资和交易平台。

二是上市企业数量较少，直接融资能力有限。作为资本市场的基础功能之一，股票发行上市是企业直接融资的主要方式，是资本市场合理配置资源的重要手段，但广州由于缺乏具有国际影响力、市场化的金融平台，金融辐射力与全球顶尖金融中心相比差距较大。

无论是上市公司数量，还是上市公司总市值，广州几乎在所有对标线城市中都处于垫底位置。2017年，广州市拥有境内外上市公司共151家，仅为香港（2096家）的7.2%、北京（518家）的29.2%、上海（379家）的39.8%、深圳（350家）的43.14%，而与纽约（5480家）、法兰克福（3769家）、东京（2292家）等成熟金融中心城市相比，差距就更大了。

在企业直接融资方面，广州市上市公司市值为2.89万亿元，仅为香港（27.93万亿元）的10.35%、北京（23.59万亿元）的12.25%、上海（7.5万亿元）的38.53%、深圳（10.04万亿元）的28.78%，远不及纽约（25.94万亿美元）、东京（4.91万亿美元）、伦敦（3.27万亿美元）、巴黎（3.38

万亿美元）等全球性国际金融中心（见表3-10）。

表3-10 广州与主要全球金融中心城市上市公司数量及市值比较

城市 指标	上市公司数量（家）	上市公司市值
纽约	5480	25.94（万亿美元）
伦敦	1257	3.27（万亿美元）
东京	2292	4.91（万亿美元）
巴黎	1299	3.38（万亿美元）
新加坡	755	0.64（万亿美元）
香港	2096	27.93（万亿元人民币）
法兰克福	3769	1.74（万亿美元）
北京	518	23.59（万亿元人民币）
上海	379	7.5（万亿元人民币）
广州	151	2.89（万亿元人民币）
深圳	350	10.04（万亿元人民币）

资料来源：上市公司数量、上市公司市值数据来源于Visual Capitalist公司公布数据，包括各城市A股、港股、美股在内的各城市股票总市值情况。

三是风投创投活跃度不足。根据美国马丁繁荣度研究所（Martin Prosperity Institute）发布的《全球创业城市的崛起》报告统计，在全球风险投资活跃度排名前20的城市中（见表3-11），美国包揽了前六名，包括旧金山、圣何塞、波士顿、纽约、洛杉矶和圣迭戈，在全球风险投资中占比约为44.5%，美国两个超大型都市圈：旧金山湾区和波士顿—纽约—华盛顿走廊在全球风投总额中的占比超过40%。中国仅有北京、上海两个城市入选，广州并未入选其中。近年来，广州虽然提出打造"全球风险投资之都"，全市创业及股权投资机构数量在2017年激增近3000家，管理资金规模增长116%，但是在风险投资活跃度方面，与国际知名风投创投中心城市相比，差距依然显而易见。

表 3-11　　　　全球风险投资总额 20 强城市

排名	城市	风险投资额（百万美元）	在全球范围内占比
1	旧金山	6471	15.4%
2	圣何塞	4175	9.9%
3	波士顿	3144	7.5%
4	纽约	2106	5.0%
5	洛杉矶	1450	3.4%
6	圣迭戈	1410	3.3%
7	伦敦	842	2.0%
8	华盛顿	835	2.0%
9	北京	758	1.8%
10	西雅图	727	1.7%
11	上海	510	1.2%
12	多伦多	628	1.5%
13	奥斯汀	626	1.5%
14	上海	510	1.2%
15	孟买	497	1.2%
16	巴黎	449	1.1%
17	班加罗尔	419	1.0%
18	费城	413	1.0%
19	凤凰城	325	0.8%
20	莫斯科	318	0.8%

资料来源：美国马丁繁荣度研究所（Martin Prosperity Institute）发布的《全球创业城市的崛起》报告。

广州在中国证券投资基金业协会备案的私募基金管理人有478家，与北京（3464家）、上海（3942家）、深圳（3477家）等城市相比存在较大差距。相对于深圳大规模引入社会资本、金融服务等多样化融资渠道，广州市以自有资金或银行借贷等为主的资金获取方式相对单一，风险投资、融资担保、小额贷款等金融机构支持科技创新动力不足，资本来源有限，资本结构单一，个人资本、机构投资者基金、大公司资本以及民间和国外风险投资较少，未能形成涵盖个人、企业、金融或非金融机构等潜在投资力量的有机的风险投资网络,在很大程度上制约了创新型企业的发展壮大。

四是金融机构实力偏弱。金融机构是金融中心的支柱,是城市核心竞争力所在,金融总部机构对外地资金吸纳力也是最强的。截至2016年底,广州全市共有各类金融机构929家(含法人金融机构、分支机构及金融中介结构),仅为深圳(3271家)的28.4%、上海(1473家)的63%,同时与伦敦、纽约、东京等世界级国际金融中心城市相比,在金融机构的规模和实力上差距甚远。

在银行机构方面,根据《福布斯》2017年公布的排名,全球排名前二十的银行,纽约拥有5家(摩根大通银行、美国银行、花旗银行、富国银行、高盛集团),北京拥有4家(中国工商银行、中国建设银行、中国银行、中国农业银行),伦敦拥有3家(汇丰银行、巴克莱、苏格兰皇家银行),巴黎拥有3家(法国巴黎银行、法国农业信贷银行、法国BPCE银行集团),东京拥有2家(三菱UFJ金融集团、三井住友金融集团),上海拥有1家(交通银行),法兰克福拥有1家(德意志银行),马德里拥有1家(桑坦得银行),而广州拥有的银行机构总部没有一家入选。目前,广州拥有的银行机构总部为广州银行、广州农商银行,而这两家银行只是区域性的金融机构,难以对国际上的资金形成有效吸纳。此外,这些全球排名前二十的银行总部并未全部在广州设立分支机构,表明广州在国际银行业的影响力和辐射力,依然不能与世界级金融中心相提并论。

在证券公司方面,从全球市值排名前十的证券公司来看,纽约拥有2家(高盛集团、摩根士丹利),深圳拥有2家(中信证券、招商证券),苏黎世拥有1家(UBS Group AG),法兰克福拥有1家(德意志银行),上海拥有1家(海通证券),广州拥有1家(广发证券),南京拥有1家(华泰证券),东京拥有1家(野村控股)。广发证券虽然入选全球市值排名前十位的券商，但其市值仅为高盛集团的33%，摩根士丹利的38%，UBS集团的40%，因此无论在国际知名度还是资产规模、综合实力等方面，都远不能与这些国际顶级的券商相比。

在保险公司方面，从全球市值排名前十位保险公司来看，纽约拥有2家（伯克希尔—哈撒韦公司、联合健康集团），北京拥有2家（中国平安保险集团、中国人寿保险集团），伦敦拥有2家（英国法通保险公司、英国保诚集团），巴黎拥有1家（安盛集团），东京拥有1家（日本邮政控股公司），法兰克福拥有1家（安联保险集团），罗马拥有1家（意大利忠利保险公司）。自中英人寿和中意人寿两个外资保险总部从广州搬到北京后，广州至今仍未有1家保险公司总部入驻，而华康、泛华等保险中介也纷纷从广州搬迁到深圳，表明广州与世界排名靠前的金融中心相比差距相当大。

五是金融平台建设相对滞后。拥有发达的金融市场交易平台是全球性金融中心的显著特征之一，通过金融平台实现对全球范围金融资源优化配置，能够有效为全球经济提供全方位的金融服务。随着经济全球化的持续推进，世界主要金融中心的发展重点逐步转到跨国金融交易平台的建设上，几乎每一个全球金融中心都拥有较强的金融资源配置能力。

从表3-12可以看出，作为全球最重要的国际金融中心之一，纽约拥有了纽约证券交易所、纳斯达克、美国证券交易所等证券交易平台，为世界各地的公司及投资者提供了一个资金融通的渠道，具有十分强大的国际金融资源配置能力。通过证券交易平台，纽约2016年证券市场年交易额居全球金融中心城市的首位，其在一定程度上控制了国际资本的流动、定价与交易等，在资本市场领域取得了主动权，提升了纽约国际金融中心的辐射力与影响力。

在全球金融资源配置方面，伦敦是目前世界上最大的国际外汇市场，每年的外汇成交总额可达到3万亿英镑，全球大约

31%的货币业务在伦敦交易。此外,伦敦还是世界上最重要的证券交易中心之一,功能强大的金融交易平台为伦敦成为全球性金融中心城市提供有力保障。

随着日本经济的起飞及世界经济重心向亚太地区转移,20世纪80年代东京迅速崛起,拥有活跃于世界股票市场的东京股票交易所,一度支撑着东京成为仅次于纽约、伦敦的世界第三大国际金融中心,2016年的证券年交易额超过了伦敦、香港、巴黎、法兰克福等金融中心城市(表3-12)。

表3-12　　　　　广州与对标全球城市证券市场比较

指标 城市	金融中心指数	城市拥有证券市场2016年年交易额(万亿美元)	拥有证券交易所
纽约	756	27.47	纽约证券交易所、纳斯达克、美国证券交易
伦敦	780	1.18	伦敦证券交易所
巴黎	680	1.93	泛欧交易所
东京	725	5.11	东京证券交易所
新加坡	742	—	新加坡证券交易所
香港	744	2.02	香港证券交易所
上海	711	20.22	上海证券交易所
北京	703	—	—
广州	668	—	—
深圳	689	17.92	深圳证券交易所
法兰克福	701	1.45	德意志证券交易所

资料来源:金融中心指数得分和排名来源于《第22期全球金融中心指数》(GFCI 22);证券市场总市值、证券市场年度交易额来源于Visual Capitalist公司公布数据。

反观国内金融中心城市,由于上海和深圳两座城市拥有证券交易所,这种全国性交易平台能够带来大量的金融资源,使这两个城市的金融实力出现跃升。随着中国A股纳入MSCI新兴市场指数，以及正在推动的"沪港通"与"深港通"业务，这将有助于资本市场的双向开放，提升这两个金融中心的国际辐射力与影响力。广州一直在努力发展市场交易平台，目前拥有广州股权交易中心、广州碳排放权交易所、广州金融资产交易中心等区域性市场交易平台，但还没有一家全国性的市场交易平台，在资本、期货市场等主流品种上的资源配置力因缺乏全国性交易平台而难有大的作为。

六是金融业从业人员规模较小。与世界级金融中心的金融人才规模相比，广州仍有较大的差距。从绝对数而言（表3-13），伦敦和纽约的金融从业人数曾经分别达到40万人和80万人，远高于广州。尽管近些年由于金融危机的影响，伦敦和纽约的就业人数分别降至2017年的24.95万人和25.41万人。但是从金融从业人员人数占总就业人数的比重这一相对数来看，纽约和伦敦约为12%，新加坡为7.5%，香港基本维持在6.2%左右，上海为3.1%，均高于广州的1.4%。而且，广州金融人才国际化水平相对滞后，国际金融高级经营管理人才尤其缺乏，能够通晓国际金融、外语、法律、电子商务的复合型人才更是凤毛麟角。

表3-13　广州与国际金融中心城市金融从业人员人数情况

城市	金融从业人员人数（万人）	金融从业人员人数占总就业人数的比重（%）
伦敦	24.95	12.0
纽约	25.41	12.0
香港	21.10	6.2
新加坡	21.00	7.5
上海	29.29	3.1
广州	11.77	1.4

资料来源：根据各城市统计网站公布数据。

（三）创新策源：创新资源未能充分转化为产业竞争力，离全球科技创新创意创业重要策源地的建设目标相对较远

自20世纪末和21世纪初以来，世界开始迈入信息时代。现代信息技术发展迅猛、全球化不断加深和知识的创新运用，极大地推动着每个全球城市的发展。由于信息技术的扩散和渗透作用，全球城市的功能将进一步提升，在产业创新和辐射、技术创新和扩散、制度创新和控制、信息创新和传播、文化创新和引领等方面发挥更加高端的集散和控制作用。当今世界主要全球城市的核心竞争力和持续发展能力，越来越体现在创新能力方面，特别注重全球城市源头创新、原始创新的能力。

领先的创新能力是全球城市保持全球性影响力的关键因素。创新功能的注入，有利于全球城市进一步强化对于全球经济、社会、文化、环境发展的表率、影响和控制作用。科技创新中心的形成，是城市拥有的科技创新资源、具有的科技创新能力和营造的科技创新环境良性互动的结果。通常将科技创新中心界定为科技创新资源密集区、科技创新能力雄厚区、科技创新环境营造区、科技创新服务领先区以及科技创新成果辐射区。一般具有以下几个特征：充沛的科技创新资源、强大的研发能力、良好的科技创新环境、高端的科技创新服务、丰富的科技创新成果。

面向未来，广州将建成具有全球影响力的科技产业创新中心，成为具有全球影响力的开放式、综合型科技创新中心，以及全球科技创新创意创业的重要策源地，因此，我们必须明确广州在全球创新体系中的地位。

一是创新主体实力偏弱。科技创新的主体是企业，企业的创新能力在很大程度上决定了城市的科技创新能力。在科技创新体系中，企业作为最重要的创新主体，是科技创新体系是否成功的关键。无论是政府鼓励创新的制度安排，还是大学和科研机构的知识创造和科学发明；无论是中介机构提供的中介服务，还是金融机构提供的融投资服务，最终都要落脚到企业。

但事实上，企业毕竟只是科技创新体系的众多主体之一，创新主体还应该包括高等院校、著名实验室、科研中心等。从世界创新体系的发展情况看，不论是综合型的科技创新体系，还是产业化创新体系；不论是政府主导型的科技创新体系，还是市场主导型的科技创新体系，为了保持创新体系的竞争力，需要重点发挥创新主体促进各创新要素相互融合的重要作用。

从科技公司指数得分情况来看（见表3-14），广州在对标城市中几乎处于垫底位置，不仅大幅落后于纽约、伦敦、新加坡、东京等第一序列全球城市，与巴黎、香港等第二序列全球城市相比也大幅落后。由全球知名风投调研机构CBInsights评选的全球科技创业公司"独角兽"榜单中，国内共有55家企业上榜，但广州至今仍未有一家公司上榜。科技公司实力不强且缺乏创新型领军企业，成为影响广州科技创新能力排名提升的重要短板。

表3-14　　广州与对标全球城市创新能力各指标比较

指标 城市	创新主体			创新投入	技术流量		创新产出		创新绩效	
	科技公司指数	高等院校数量	著名实验室和科研中心	研发投资指数	技术市场交易额	科技专家指数	城市专利指数	学术刊物	国际城市创新指数排名	国际城市创新指数得分
纽约	1.0000	110	12	0.401	7	0.22	0.646	0.893	2	59
伦敦	0.8529	40	18	0.510	8	0.31	0.926	1	1	60
巴黎	0.7928	17	49	0.507	7	0.45	0.638	0.618	9	54
东京	0.8468	136	10	0.608	9	0.51	1.000	0.896	3	56
新加坡	0.8739	17	2	0.284	7	0.47	0.338	0.366	7	54
香港	0.7988	17	1	0.208	7	0.08	0.295	0.369	35	48
洛杉矶	0.5742	40	3	0.659	8	0.24	0.567	0.638	6	55
上海	0.6246	66	4	0.148	8	0.10	0.680	0.318	32	49
北京	0.5075	89	5	0.899	8	0.17	0.682	0.394	30	49
广州	0.2793	77	1	0.071	6	0.10	0.395	0.272	97	43

续表

指标\城市	创新主体			创新投入	技术流量		创新产出		创新绩效	
	科技公司指数	高等院校数量	著名实验室和科研中心	研发投资指数	技术市场交易额	科技专家指数	城市专利指数	学术刊物	国际城市创新指数排名	国际城市创新指数得分
深圳	0.6613	8	1	0.121	7	0.1	0.534	0.242	69	44
迪拜	0.1964	52	1	0.148	4	0.3	0.008	0.247	28	49

资料来源：各城市国民经济和社会发展统计公报，倪鹏飞、彼得·卡尔·克拉索编撰的 *The Global Urban Competitiveness Report*，2thinknow 发布的《2016—2017 年国际城市创新指数》公布数据。

在高等院校方面，虽然广州拥有的高等院校数量居全球城市第 4 位，但 GPCI 统计的科研发展数据显示，无论从科研实力、研究资源还是研究者数量等维度来看，广州高等院校的综合创新实力均远远落后于全球创新型城市。截至 2017 年底，广州仅有中山大学 1 所高校进入全球大学前 300 强，尚无高校进入全球百强高校，这在一定程度上影响了新知识的生产和基础研究水平，影响了科学创新主体（大学）与技术创新主体（企业）之间的互动，进一步影响了城市创新系统功能的发挥。

作为科学的摇篮和科学研究的基地，实验室对科技发展起着十分重要的作用。在国际上享有盛誉的著名实验室更被喻为科研领域的"麦加之地"，不仅代表了世界前沿基础研究的最高水平，更诞生了一大批诺贝尔奖获得者和具有划时代意义的科技创新成果。到目前为止，广州的实验室尚未取得过世界瞩目的辉煌成就，未诞生过对世界科学发展做出杰出贡献的科研者。从世界著名实验室的分布来看，巴黎、伦敦、纽约、东京所拥有的著名实验室和科研中心排名靠前，广州在这方面与全球城市相比差距较大。

高科技开发区等创新平台、创新空间载体可以集聚创新活动，有效提升空间的知识创新能力，已成为全球创新型城市建设的重要依托和抓手。广州经济技术开发区尽管在经历30多年的发展后取得了令人瞩目的成就，但是并没有取得像硅谷等著名科技园区那样的成绩，同时与世界排名前十位的科技园区的差距是显而易见的。

二是研发投入效益不高。原始创新能力是衡量一个全球城市创新能力的重要组成，能够在原理、技术、方法等某个或多个方面实现重大变革，在对科技自身发展产生重大牵引作用的同时，使经济结构和产业形态发生重大变革，需要的是政府持之以恒、长期稳定的财政资金支持。随着企业创新主体地位的不断加强，企业在研发上资金投入，将逐渐成为全社会研发投入的重要组成。

对科技创新活动的资金投入可以衡量一个地区对新技术、新思想、新工艺等现存知识基础进行拓展和开发利用的努力程度。根据《广州市系统推进全面创新改革试验三年行动计划（2016—2018年）》，2018年广州的全社会研究与开发（R&D）经费占地区生产总值（GDP）的比重将达2.8%，研发水平与纽约（2.68%）、新加坡（2.52%）比较接近，高于伦敦（1.79%）和香港（0.77），但是与北京（5.78%）、深圳（4.1%）、上海（3.8%）、东京（3.39%）等相比仍有较大差距。

从研发投资指数的排名来看（表3-14），北京居首位，洛杉矶紧随其后，东京、巴黎的排名也保持在领先地位，而广州则在所有对标全球城市中处于垫底位置，与城市全社会研究与开发（R&D）经费占地区生产总值（GDP）比重的排名极不相称。近年来，尽管广州从事研究的人数、研发费用的投入、科技成果专利数、发明专利数等逐年增加，但是与影响力较强的领先全球城市相比，研发投入的效益始终不高，整体呈下降趋势，名次波动不大。

三是技术流量相对偏低。作为全球城市，不应仅仅具有创新层次较低的纯粹的技术创新功能，更应具有较多基础性研究和原创性色彩的知识创新功能，包括重大的科学创新、理论创新、制度创新乃至发展模式创新，具有强大的源头创新的实力和潜力，尖端人才云集、创新资源密集、原始创新能力强以及创新性产业（创意产业、知识性产业和高新技术产业）比重较高，并规划建设有一批高水平的知识创新基地，同时具有强大的跨国科技流量。

从技术流量指标的得分来看（表3-14），东京、洛杉矶、巴黎、伦敦、纽约等城市的得分遥遥领先，无论是在技术市场交易额方面，还是在科技专家指数方面，这些城市均稳居全球创新型城市第一梯队，新加坡、上海、北京、深圳等城市位居第二梯队，而香港、广州、迪拜等城市则位居第三梯队，这种结果与这些城市在智力资本与创新方面的发展存在很大联系。普华永道与纽约合作组织2017年度的《机遇之都8》报告表明：在全球30个主要城市中，伦敦（184分）、巴黎（168分）、纽约（158分）、洛杉矶（151分）、东京（149分）等城市在智力资本与创新方面的得分，纷纷位居世界知名全球城市前列，这个结果与本书得到的结果基本接近，而广州在技术流量方面与排名靠前全球城市相比相对偏低，远远不能与之争锋。

四是科技成果转化效率偏低。随着科技、经济全球化的深入发展，科技创新在推动全球资源配置中心发展方面日益凸显，科技创新已成为知识经济时代的主旋律。现阶段，全球城市之间的竞争日益表现为以知识产权为核心的科技创新能力竞争，以专利为代表的知识产权已成为全球资源配置中心城市在科技、经济竞争中的焦点所在。

从企业的创新成果产出来看，PCT国际专利是衡量创新能力的重要指标。PCT国际专利申请数量不仅反映自主创新能力和竞争力的提升，也体现知识产权制度对科技与企业创新的贡献。广州2011年到2015年PCT国际专利申请量为824件，远远落后于东京（94079件）、深圳（40206件）、北京（15185件）、巴黎（13461件）等。由企业PCT国际专利申请情况可以看出，深圳的华为技术有限公司和中兴通讯公司在PCT国际专利申请方面拥有领先优势（见表3-15），在这方面广州与全球创新型城市相比存在明显差距。

表3-15　　　　全球企业PCT国际专利申请数前5名

排名	申请者	申请者所在地	PCT申请量
1	中兴通讯公司	中国深圳	4123
2	华为技术有限公司	中国深圳	3692
3	高通公司	美国加利福尼亚州圣迭戈市	2466
4	三菱电机有限公司	日本东京	2053
5	LG电子	韩国首尔	1888

资料来源：联合国下属的世界知识产权组织（World Intellectual Property Organization）公布数据。

根据美国著名的 *Fast Company* 商业杂志公布的"2017年全球最具创新力的50家公司排行榜"，亚马逊、谷歌、优步、苹果、Snapchat、Facebook、Netflix、Twilio等美国公司占据排行榜前八位，中国也有6家企业上榜，分别为阿里巴巴（第11名）、腾讯（第12名）、小米（第13名）、步步高（第14名）、华为（第15名）、万达（第16名），但是没有一家是广州的公司。

从高校的创新成果产出来看，在教育机构PCT国际专利申请数排行榜中，根据世界知识产权组织（WIPO）公布的2017年全球各个国家和企业的PCT专利申请数据，深圳大学共有PCT申请数量265件，PCT专利申请公开数量108件，全球教育机构排名第11位，成为广东省唯一一所入围前20名的高校，而广州没有高校上榜。在论文产出方面，纽约、东京在学术刊物指标的得分上明显高于广州。近年来,广州表现出较强劲的后发优势,增速较明显,但总体而言,广州在专利申请数和学术刊物上与全球城市相比,仍存在较大差距。

从全球政府与科研机构的 PCT 国际专利申请数来看(见表3-16),原子能与可再生能源委员会(法国巴黎)、弗劳恩霍夫应用研究促进协会(德国柏林)、法国国家科学研究院(法国巴黎)、中国电信科学技术研究院(中国北京)、中科院微电子研究所(中国北京)等机构位居前五名,而广州至今仍未有 1 家机构进入前二十名。

表 3-16　　全球政府与科研机构中 PCT 国际专利申请数前五名

排名	申请者	申请者所在地	PCT 申请量
1	原子能与可再生能源委员会	法国(巴黎)	391
2	弗劳恩霍夫应用研究促进协会	德国(柏林)	264
3	法国国家科学研究院	法国(巴黎)	197
4	中国电信科学技术研究院	中国(北京)	171
5	中国科学院微电子研究所	中国(北京)	161

资料来源:联合国下属的世界知识产权组织公布数据。

广州缺乏具有全球领先创新能力的科研组织机构,其中一个重要原因是与全球城市相比,广州的高校、科研单位在成果转化的专业化管理方面明显滞后,缺乏专业团队和应有投入。广州的一些大学或科研机构虽然每年申请专利为数众多,但负责专利申请管理的仅有几个人,且只是进行简单的盖章审核,诸如发明价值评估、专利质量管理等重要工作处于空白阶段,导致大量有价值的创新成果难以转化。

五是综合创新绩效不高。创新绩效是评价一个全球城市科技创新活动对产业升级和经济发展影响的集中体现。全球城市发展史显示,全球城市功能的强弱不是一成不变的。城市要在功能上保持强大的优势，维持巩固全球城市的地位，只有通过不断创新为资源配置中心注入创造力，使全球城市对其腹地的带动和控制力始终保持强势。科技进步与创新是转变全球城市经济发展方式转变的核心和根本动力，也是产业发展方式转变的决定性因素，最终体现在高科技企业实力、技术创新转换率等创新绩效指标方面。

21世纪以来，创新成为城市发展的主要驱动力，全球城市的发展越来越关注城市创新能力，曾经以高度发达的贸易、航运、金融业为主的国际化大都市纽约、伦敦等均在快速转型为全球创新中心。2017年，澳大利亚创新研究机构2Thinknow针对全球500个城市发布了《2016—2017年国际城市创新指数》，这是该机构自2007年以来的第11份报告，其评价体系包含三大要素：第一，文化资产，具体包括艺术、文化、体育、音乐、环境、公园、场地等要素；第二，人力基础，具体包括产业、商务、制造、技术、创意、零售、交通、流动性等基础设施；第三，城市在世界市场网络中的影响力，具体包括经济、军事、贸易及其他全球网络联系。

从创新绩效的得分情况来看（表3-14），伦敦、纽约、东京、洛杉矶、新加坡等城市国际城市创新指数得分位居全球城市前10名，稳居全球创新型城市第一方阵；迪拜、北京、上海、香港等国际城市创新指数得分位居全球城市30名左右，位居全球创新型城市第二方阵；深圳、广州等国际城市创新指数得分排名在全球城市65名以后，位居全球创新型城市第三方阵。广州全球城市创新指数得分仅为43分，在全球创新城市中排在第97位，在所有对标城市中垫底，综合创新绩效相对较低。

六是战略性新兴产业远未形成优势。新兴产业是引导产业结构转型升级的核心力量，但新兴产业发展与培育需要强有力的制度创新作为保障。近年来，发展战略性新兴产业是各个城市重点竞争领域和调整产业结构、转变经济发展方式的抓手。

制度安排对产业和经济发展具有重要的导向和推动作用。国际上一些发达城市，非常重视通过制度创新促进新战略性新兴产业发展，政府的着力点要更多地放在建立健全有利于战略性新兴产业发展的制度上，着力引导与鼓励占领经济发展的制高点。

发展战略性新兴产业，政府及其下属咨询机构通过对未来科学技术的发展趋势开展研究和预测，制定国家中长期科技发展目标和任务，选择有利于提高本国科技水平和企业技术能力的关键技术，并对其研发给予优先支持。纽约制定了《新增长动力规划及发展战略》，将绿色技术、尖端产业融合、高附加值服务等17项新兴产业确定为新增长动力。东京通过了《低碳社会行动计划》，提出太阳能和核能等低碳能源将作为重点发展领域。新加坡提出科技发展战略，通过增加科技投入、提升企业优势、提升知识优势以及提升人力资源优势，着力在环境、资源和能源、生命科学、信息技术四个优先发展领域上加强公共和私营机构在研究和商业化上的合作。

众多全球城市推进战略性新兴产业的重点和推动思路各有特点，但从发展的原则来看，这些城市都比较注重自身实际，根据自身经济发展水平和市场需求来科学地选择重点产业和优先发展的领域，从而能够发挥已有优势，抢占未来先机。如法兰克福在国际金融危机以后发布《法兰克福2020战略：实现智能、可持续性和包容性增长》，确立了以知识型、低碳型、高就业型经济为基础的未来十年经济增长的新模式，建立更加关注环境的绿色经济新战略计划，提出到2020年实现节能20%的目标。

反观广州，广州虽然比较早地发布了战略性新兴产业蓝图计划，试图通过实施"IAB"计划，大力培育新一代信息技术、生物与健康、新材料与高端装备、新能源汽车、新能源与节能环保、时尚创意等六大战略性新兴产业，打造若干千亿元级产业集群，推进产业迈向更高端，抢占国际竞争制高点，但迄今为止，战略性新兴产业仍未形成较大规模。根据《广州市战略性新兴产业第十三个五年发展规划》，到2020广州战略性新兴产业增加值占GDP的比重超过15%，而纽约、伦敦、东京等全球城市这一比例早已高达40%以上。

近年来，广州虽然着力布局IAB、NEM产业，富士康第10.5代显示器全生态产业园、番禺思科智慧城、琶洲互联网创新集聚区、GE生物科技园、百济神州生物药、冷泉港实验室等新兴产业项目相继开工建设，网易、优视（UC）、欢聚时代（YY）、酷狗音乐等移动互联网新业态在全国范围内形成了一定影响力，但这些项目对经济的贡献率仍然较低，在经济总量中仍微不足道，与纽约、伦敦、东京等全球城市以战略性新兴产业为主导的产业结构相比差距依然较大。

（四）文化引领：文化原创力、吸引力和影响力不足，全球城市文化软实力有待提升

对于城市文化在全球城市中作用的认识是一个渐进的过程。全球城市起初强调的是城市的经济作用。随着全球城市经济建设的完善与发展，人们认识到文化、全球治理等城市文化软实力对全球城市可持续发展的重要作用，注重城市的全球经济联通与支配作用。现在，在世界各大全球城市评判体系中，城市文化都是不可或缺的指标，更有文化指标权重越来越大的趋势。现代城市规划需要降文化作为核心因素和路径，在规划的各方面都融入文化元素。城市文化发展战略在城市规划中日益得到重视。

城市文化活力是城市文化发展与创新的源泉，也是体现城市文化实力的重要指标。城市文化成为全球城市发挥影响的内在力量，伦敦、纽约等国际文化大都市，富有特色的文化能够帮助全球城市扩大吸引力和影响力，并增强城市的宜居性。例如，"巴黎时装周"已经成为巴黎的象征，历史悠久的文化古迹和富有活动力的城市街区为巴黎吸引了大量国际游客。纽约是拥有《时代》《新闻周刊》《财富》《福布斯》等几百家媒体的广告产业中心之一,也是全球最繁忙的电影制作中心之一,同时被称为"国际设计之都"。

城市文化软实力是由文化事业所建构的价值体系和文化产业形成的文化辐射力及影响力共同形成的,体现的是一座城市强大的精神文化凝聚力、文化创新力和生产力、文化辐射力和影响力。这种文化软实力对城市发展起着积极的促进作用,为城市的持续发展提供精神动力、文化氛围和智力支撑,扩大城市的外在影响,传播城市的形象,增强城市的吸引力。在全球不同文化融合加深的今天,城市文化必须以更加主动的姿态融入世界文化潮流,以平等的地位、主动的姿态融入世界文化潮流,全方位地提高城市自身在全球城市体系中的地位。

广州深藏"千年商都"底蕴,"开放包容、敢为人先"的人文精神流芳四海,城市文化魅力在中东乃至非洲都具有一定竞争优势,每年广交会都会吸引来自213个国家和地区的近20万采购商与会便是例证。但广州城市文化价值提升与城市文化形象打造方面落后于伦敦、纽约等顶级的全球城市,与培育世界文化名城要求相比仍不相适应,文化的应用价值未能充分显现,文化软实力不强,文化产业不发达,文化原创力和吸引力不足,主要表现如下。

一是产业增加值和从业人数规模偏小。"十二五"期间,广州文化产业增加值年均实现增长12.2%。截至2016年底,全市文化产业增加值实现955.58亿元,占全市GDP的比重达到4.89%,文化产业从业人数为34.43万人,占全市总从业人数的比重为4.24%,文化产业对经济社会发展的推动作用日渐明显。但无论是在文化产业规模上,还是在文化产业从业人数方面,广州仍不能与那些被世界公认的文化创意产业之都相提并论。

以伦敦为例,其文化创意产业在全球占据举足轻重的地位,创意产业占伦敦年度经济增加值的16%。2017年,伦敦创意文化产业从业人数达到65.8万人,且每年新增加的创意产业就业人数占全国新增就业人数的20%，文化创意产业成为伦敦吸引全球高端人才和投资、保持国际竞争力的关键。作为全球动漫之都，世界上大多数动漫产自东京。动漫作为东京文化产业中最重要的部门，在促进经济增长与城市国际化的过程中，发挥着重要的作用。无论在产业创新力上，还是在国际影响力方面，广州的文化产业与这些城市相比差距依然较大。

二是文化设施和文化内容供给有待完善。相对于纽约、巴黎等城市而言，广州虽然在文化设施建设上初具规模，如广州大剧院、广州图书馆、广州少儿图书馆等一批文化设施显著提升了文化基础设施的水平，而"文化三大馆"——广州文化馆、美术馆和博物馆也正在建设中，但与全球城市相比相差甚远（见表3-17）。

以纽约为例，作为美国文化设施最多的城市，拥有360家博物馆，1279家图书馆，282家电影院，390家剧院，400多家艺术画廊，拥有的艺术中心占全国的14%，专业剧院占全国的17%，大都会艺术博物馆作为世界四大博物馆之一，而林肯中心也是世界最大的文化艺术中心之一。相对而言，广州至今还缺少世界一流水平的音乐厅，缺少世界文化名城应当拥有的剧场群、博物馆群、艺术展览群，文化中心圈尚未完全形成，在标志性文化设施建设方面还需要加大力度。

相对于国际文化大都市应有的文化设施水平而言，广州的公共文化设施仅停留在满足市民基本文化需求方面，与国际文化大都市相差甚远。伦敦、纽约、巴黎等全球城市在公共文化设施建设方面，针对不同人群、不同社区对各类公共文化设施建立了不同的、分层次的、比较完善的指标体系，用这个指标体系来指导和建设全市公共文化设施，并建立一套完整、系统的保障措施。依靠这些体系和措施，促使公共文化设施的建设不断发展，不断提升层次，形成各具特色的文化氛围。而目前广州公共文化设施显然还没有达到这样的层次。

表 3-17　　　　　广州与对标全球城市文化引领比较

指标 城市	博物馆（座）	世界文化和自然遗产（项）	文化和艺术机构（座）	电影院票房收入（百万美元）	剧院票房（百万美元）
新加坡	57	1	14	228.42	62.88
香港	40	0	44	338.30	75.59
洛杉矶	231	0	330	340.00	76.05
上海	120	0	214	562.74	332.44
北京	171	10	251	331.57	230.76
广州	59	0	53	271.07	150.09
深圳	57	0	40	193.10	23.6

资料来源：《世界文化报告》、历年 The Global Urban Competitiveness Report。

三是文化品牌较少。时装、音乐、戏剧、广告、设计等现代文娱品牌已成为许多全球城市的形象"符号"，像百老汇歌剧、卡内基音乐厅、麦迪逊大道时装、林肯中心以及格林威治村等成为纽约文化的代名词，伦敦则拥有伦敦塔、威斯敏斯特教堂、威斯敏斯特宫（国会大厦）、圣玛格丽特教堂等世界文化遗产，而卢浮宫、埃菲尔铁塔、巴黎圣母院、荣军院和协和广场等也早已成为巴黎的城市象征。

相比较而言，无论是在文化体制改革方面，还是在文化产业创新、文化品牌建设方面，广州都显得较为滞后，真正拥有自主知识产权的文化产品匮乏，文化辐射力随着流行音乐衰退和影视作品创新不足而减弱，在文化品牌的打造方面相对不足，未能形成在世界范围内具有影响力的文化品牌。

四是文化与旅游融合度不高。作为一个国际化的商业中心城市，广州的商圈和商业街在塑造文化品位、文化功能方面着力不够，没有形成自身的特色，商圈同质化在一定程度上降低了商业街的旅游吸引力。例如，广州的珠江新城商圈，既没有岭南建筑的风格遗存，也没有粤曲可供欣赏，亦没有可以代表广州城市地位的博物馆，甚至广州传统的小吃也因为租金昂贵而无法立足，在商旅文融合方面与世界知名文化之都相比差距较大。

反观世界著名的文化之都，如巴黎、纽约、伦敦等城市，在促进商旅文融合方面不遗余力。作为世界著名的旅游目的地，巴黎除了灿烂的文化艺术和众多名胜古迹之外，政府还兴建了许多新型的文化和娱乐设施，如蓬皮杜国家文化艺术中心、新国家图书馆、大卢浮宫工程等，在城市各个社区随处可见博物馆、影剧馆、花园、喷泉和雕塑，是文化和旅游融合的典范。纽约拥有大量举世闻名旅游景点，如自由女神像、联合国大厦、时代广场、帝国大厦、大都会博物馆、华尔街、百老汇、林肯表演中心等。伦敦享誉全球的文化设施每年也吸引大量的国际游客。广州在文化旅游产品和旅游线路的开发方面，与这些城市相比还存在较大差距。

（五）国际事务协调：国际交往功能需全方位提升，多元化国际事务协调机制尚未形成

随着技术、经济、社会的全球化，城市逐渐成为全球政治、经济、社会活动的重要参与方，发挥越来越重要的作用。国际交往中心城市，即在国家或区域与其他国家或区域在政治、经济、文化、科技、教育等领域的国际交往活动中具有一定影响，能够在区域或全球发挥重要作用，在全球重大议题中掌握一定话语权的城市。如纽约、伦敦、东京在金融领域，巴黎在文化领域等。打造国际交往中心，已成为世界城市提升国际化水平的重要途径。

国际政治是影响国际交往的重要因素，外交机构和国际友好城市是推进政治交流的重要载体。纽约、伦敦、巴黎、东京等世界著名的国际交往中心城市，均建有建交国大使馆、领事馆、特殊关系国的办事处等外交机构，缔结了一大批友好城市。这种遍及全世界的关系网络，是国家、城市之间加强联系、信息沟通的重要桥梁和渠道，也是国际交往中心城市掌控全球城市经济和社会生活游戏规则的制定权的筹码之一，多年来，在其全球化进程中发挥了重要纽带作用。

衡量城市国际交往水平的重要指标之一即对国际组织或区域组织的吸引力，包括国际组织或区域组织在该城市设立的总部机构数量、办事处数量等。被称为"最小的大都市"的日内瓦，云集了243个政府和非政府组织总部；纽约作为联合国总部所在地，联大、安理会、联合国开发署、人口基金会等一大批下属机构始终以纽约为据点开展活动，这些国际机构的存在，大大提升了其国际交往影响力。

国际交往规模与城市影响力存在一定正相关性，在国际交往中，信息、贸易、投资等交流传递本质的载体是人员，因此出入境人口和外籍人口比重成为衡量国际交往发展水平的重要指标。资料显示，2014年纽约、伦敦、巴黎国际旅游入境人数分别为1181万人次、1869万人次和1557万人次（见表3-18）；著名的国际交往中心城市外籍常住人口比例一般都比较高，2013年资料显示，巴黎外籍常住人口比例为23%，纽约为36%，伦敦为28%。

一直以来，广州积极开展与世界大都市协会、世界城市和地方政府联盟、联合国人居署、亚太城市首脑会议等国际城市多边组织的交往，国际交往历史悠久，区域辐射和集散功能较强，但其国际化影响力始终偏弱，国际交往层次偏低，对国际化人才的吸引力、支撑力不足，缺乏顶层国际影响力活动和平台，现代城市品牌形象不清晰，主要表现如下。

一是多元化国际交往机制薄弱。广州虽然拥有一定的国际交往资源优势，但在资源利用方面不够充分深入。友好城市数量众多，但交往合作的实际效果并不理想；目前对国际组织的开发利用仍以UGLG、世界大都市协会等倡议型组织为主，与掌握行业标准、具有强大资源配置功能的国际组织还未形成实质性合作，与巴黎、纽约、伦敦等城市形成鲜明对比；驻穗领事馆数量虽多，但对其掌握的各类资源和桥梁中介功能的利用尚处于初级阶段，未形成资源整合、统筹开发的整体格局。

表 3-18　　　　　　国际大都市的国际交流功能比较

指标＼城市	广州	纽约	伦敦	巴黎	东京	香港	新加坡
年国际游客数（万人次）	612	860	1560	970	476	2959	970
联合国机构和国际组织总部的数量	1	21	57	208	16	3	4
外国留学生数（万人）	0.5	6.4	8.6	5.0	4.0	8.4	8.0

资料来源：政治、文化教育等方面的国际交流数据来源于伦敦发展署公布其委托相关机构完成的研究报告《伦敦：一次文化大审计》，而纽约、香港、东京和新加坡的国际游客数据来源于这些城市 2017 年旅游发展局发布的旅游统计公报。

二是国际活动层级与影响力不高。2010 年亚运会后，缺乏重大国际活动。中国人民对外友好协会和中国社会科学院城市与竞争力研究中心发布的《1973—2015 年中国城市友好交往度排名》显示，广州在地级以上城市排名为第 37 位。在具体细项量分方面，大型会议尤其是高层次国际性会议的举办数量偏少。作为国际会议目的地城市，广州每年虽然举办大量国际会议、会展活动，但会议层级不高，影响力不大。据国际会议协会（ICCA）发布的《国际会议市场年度报告》，2017 年广州举办国际会议共 16 次，仅列亚太地区各大城市第 58 位，低于新加坡（第 1 名，151 次）、香港（第 5 名，99 次）、东京（第 6 名，95 次）等城市（见表 3-19）。

三是城市品牌形象美誉度与国际传播力不足。广州市社会科学院发起的"外国人眼中的广州城市形象"问卷调查显示，外国人对广州的"商都"印象较为深刻，但对其他方面几乎没有多少印象。位于波士顿的全球咨询公司声誉研究所（Reputation Institute）发布的 2015 年全球百城声誉排名，广州的城市声誉得分仅为 54.9 分，在全球前 100 名的城市中仅排在第 81 位，低于新加坡（70 分，第 34 名）、法兰克福（69.6 分，第 35 名）、洛杉矶（68.1 分，第 42 名）、香港（66.3 分，第 48 名）、芝加哥（62.1 分，第 58 名）等城市（见表 3-19），位于"弱声誉"的城市系列中。广州城市品牌仍不够凸显，城市意像较为模糊，"购物天堂""美食之都""花城水城"等城市品牌形象塑造、策划与宣传仍待加强。广州在国际权威媒体主动投放广告、传播城市形象、讲广州故事等方面的强度远远不够，广州本身也缺乏具有国际影响力和创新力的大型综合传媒集团，在全球媒体界的话语权微弱。

表 3-19　　　　广州与对标全球城市国际化程度比较

城市 指标	国际组织指数	外国游客数量（万人）	国际会展指数	ICCA国际会议（次）	城市声誉得分	全球联系度
新加坡	0.40	1520	0.22	151	70.0	0.368
香港	0.37	1347	0.02	99	66.3	0.427
洛杉矶	0.38	1100	0.02	8	68.1	0.305
芝加哥	0.38	—	0	28	62.1	0.305
法兰克福	0.44	—	0.10	19	69.6	0.299
上海	0.45	615	0.34	79	58.5	0.366
北京	0.48	358	0.21	113	52.8	0.387
广州	0.2	308	0.1	16	54.9	0.250
深圳	0.37	164	0.04	12	—	0.171

资料来源：GaWC 2016 年全球城市分级数据、历年 The Global Urban Competitiveness Report、Reputation Institute 发布的《2015 年全球百城声誉排行榜》、《2016 年 ICCA 国际会议市场分析报告》。

四是人才的国际化程度较低。近年来在穗外国人的数量连年增加，到 2017 年底达到 5.14 万人，但在穗外籍常住人口占常住人口的比例较低，仅为0.35%，与纽约、香港、新加坡等城市差距较大（见表3-20）。根据GW Center研究，广州目前还不是世界移民的主要目标城市（见表3-21），在国际人才吸引力方面不如芝加哥、法兰克福、新加坡等对标城市。目前，广州对海外人才吸引力还不大。近年来，广州虽然通过"千人计划"等引进集聚了一批海外高层次人才，但真正的外国专家、外籍专家人才仍然较少。根据广州市公安局公布数据，截至2017年底，在穗常住外籍人员"三资"企业人员占比最多，为23.5%，外籍专家占比要低于这一比例。

表3-20　　广州与主要国际大都市外籍常住人口比较

指标	广州	纽约	新加坡	香港
常住人口（万人）	1449.84	825.00	507.67	707.10
外籍常住人口总量（万人）	5.14	306.70	184.60	58.20
外籍常住人口占常住人口比例（%）	0.35	37.00	36.30	8.20

资料来源：广州统计年鉴、纽约人口统计、新加坡统计局、香港特区政府一站通。

表3-21　　世界主要移民城市

α城市	纽约、多伦多、迪拜、洛杉矶、伦敦、悉尼、迈阿密、阿姆斯特丹、温哥华
β城市	利雅得、日内瓦、巴黎、特拉维夫、蒙特利尔、华盛顿、海牙、基辅、旧金山、珀斯
γ城市	慕尼黑、卡尔戈雷、约翰内斯堡、波士顿、芝加哥、渥太华、埃德蒙顿、法兰克福、温尼伯、布鲁塞尔、杜塞多夫、西雅图、鹿特丹、休斯敦、布里斯班、圣地亚哥、哥本哈根、波恩、底特律、米兰、科隆、苏黎世、罗马、柏林、维也纳、波特兰、汉堡、明尼阿波利斯、圣保罗、新加坡、斯德哥尔摩、达拉斯、沃斯、第比利斯、魁北克城、布宜诺斯艾利斯、奥斯陆

资料来源：Lisa Benton-Short, Marie Price, and Samantha Friedman, "Global Perspective on the Connections between Immigrants and World Cities", The GW Center for Study of Globalization Occasional Paper Series。

(六) 城市规模：城市规模稳与影响力逐步提升，但与国际先进城市相比差距依然较大

全球城市是逐步形成与发展的，且其本身也是动态性的，会衰退、消亡，也有崛起、发展。经济全球化深入发展过程中，随着价值链分工深化和资本流动日益频繁，一些具有最强网络连通性的城市，逐渐上升到全球城市体系的顶端，成为综合性的全球城市。未来30年，广州在世界城市体系中的功能和角色将发生重大变化，将逐渐从经济实力、科技实力、宜居水平达到世界一流城市水平的活力全球城市，逐渐蜕变成为富裕文明、安定和谐、令人向往的美丽宜居花城、活力全球城市。因此，需要全方位把握广州当今全球竞争力的排名，从而全方位提升未来城市发展竞争力。

雄厚的经济实力是一个城市成为全球城市的首要条件。一个城市只有具备强大的经济实力，才有能力提供功能强大的枢纽设施、通信系统以及各类平台，构建多元化的对外通道及网络，控制全世界范围内的经济活动。作为全球城市，经济实力不仅表现在巨大的经济总量上，更体现为较高的人均经济水平，这是由于较高的人均经济水平标志着一个城市迈入高质量经济发展阶段。反观广州，2017年人均GDP仅为香港的47.5%、新加坡的39.6%，而与洛杉矶（9.6%）、芝加哥（9.5%）等城市人均GDP相比，差距就更远了（见表3-22）。作为一个城市经济体，广州在全球范围内具备了一定的经济影响力，但人均水平离对标全球城市仍有较大差距，这意味着广州经济尚未步入国际先进城市所处的高质量发展阶段。

表3-22 广州与对标全球城市经济实力各项指标比较

指标 城市	GDP （万亿元人民币）	人口 （万人）	人均GDP （万元人民币）
新加坡	2.12	560.73	37.36

续表

指标 城市	GDP （万亿元人民币）	人口 （万人）	人均GDP （万元人民币）
香港	2.31	740.98	31.17
洛杉矶	6.14	397.60	154.43
芝加哥	4.21	270.50	155.64
广州	2.15	1449.84	14.80

资料来源：世界银行公布的全球城市2017年数据以及各城市统计公报。

在城市竞争力的综合评价方面，当今衡量全球综合竞争力的指标已经不局限于经济影响力，科技创新能力、文化活力和社会治理水平、营商环境和可持续性都成为影响全球城市长远发展的重要指标。虽然经济竞争力无疑是全球城市的首要发展维度，但如果仅仅注重经济竞争力而忽视文化软实力和科技竞争力，最终也会削弱全球城市的综合竞争力。例如，在机遇之城2018年的排名中，广州在经济影响力、区域重要城市、交通和城市规划等方面相对靠前，但在智力资本和创新、技术成熟度、宜商环境、健康、安全与治安等方面则相对滞后，所以城市应越发注重多维度的综合竞争。

近年来，广州城市综合竞争力排名虽然在各大榜单中稳步提高，如在GaWC全球城市网络中的排名由2012年的第50位上升到2016年的第40位，在科尔尼公司发布的全球城市指数排名中由2016年的第78位上升到第56位，在中国社科院发布的全球城市竞争力2017—2018年的排名中也首次进入全球前20位，但迄今为止，从综合全球关于城市竞争力的排名可以看出，广州的城市综合竞争力没有进入任何一榜单的前10位（见表3-23）。从对标全球城市的情况来看，新加坡、香港、法兰克福、芝加哥、洛杉矶等城市综合竞争力排名始终处于前列，这些城市稳居全球城市第二集团。广州不仅与新加坡、香港等亚洲全球城市之间存在较大差距，而且与法兰克福、芝加哥、洛杉矶等欧美全球城市相比，并不存在明显的竞争优势。因此，未来广州打造全球城市，更应该注重以人为本、环境塑造，以及城市软实力提升。

表3-23　　广州与对标全球城市各项综合竞争力排名

排名 城市	GaWC全球 城市网络排名 （2016年）	科尔尼全球 城市指数排名 （2017年）	中国社会科学院全球城市 竞争力排名 （2017—2018年）
新加坡	3	6	3
香港	4	5	12
洛杉矶	28	8	2
芝加哥	13	7	17
广州	40	56	15

资料来源：根据GaWC、科尔尼、中国社会科学院等权威机构排名综合整理。

（七）基础设施：国际枢纽设施一应俱全，但战略枢纽网络建设与功能拓展相对不足

综观香港、新加坡、芝加哥、洛杉矶、法兰克福等全球城市，无一不是集海、陆、空、信息、大学、会展、CBD等设施于一身的国际综合交通、通信、教育和商务枢纽，并依托这些枢纽设施衍生出巨大的网络和强大的流量经济。从实际看，广州是中国的"南大门"，被国家定位于综合性门户城市，海、陆、空、铁方式齐备，拥有一批高等级、大容量、国际化的重大交通设施：广州港已建成华南地区最大国际贸易中枢港，白云国际机场已成为中国三大枢纽机场之一，广州南站是亚洲规模最大的铁路客运站场，以广州为中心的高速公路网和高速铁路网也已经逐步建成。

然而，在国际枢纽设施建设上，广州也存在一些明显的

"短腿",主要表现为:广州在国际航空航运网络和信息交互网络方面有待完善,开通国际航线数与全球城市相比尚有较大差距,缺乏像联邦快递、马士基那样具有全球影响力的大型物流企业;各种枢纽节点的空间互联互通尚显不足,海、陆、空、铁多式联运及无缝衔接远未实现,全球货物和客流集散中转能力还不够强;枢纽设施的产业衍生与国际化服务能力有待加强,依托国际枢纽机场尚未能在其周边衍生出大规模、高水平的航空产业集群,作为国际资源要素通道和"吸附器""辐射源"功能还比较弱;坐拥全国最大 CBD,广州总部经济功能和金融服务能级仍较低,还远不能满足全球资源配置的需要。根据麦肯锡公司发布的 *Sustainable Cities Index 2016* 报告,广州信息设施的全球联通度明显低于香港、新加坡、洛杉矶、法兰克福等全球城市(见表3-24),表明广州在信息资源的全球配置能力上与全球城市相比存在一定差距。

表3-24　广州与世界现代化大都市城市现代化各项指标比较

指标 城市	综合交通指数	国际航线数量	旅客吞吐量（万人次）	全球联通度指数
纽约	178.47	0.9574	9931	78.8
伦敦	183.67	1.0000	11879	88.8
巴黎	148.41	0.6105	6593	12.1
东京	140.35	0.5124	11891	81.1
新加坡	180.01	0.4569	5870	87.4
洛杉矶	239.83	0.3152	8092	70.7
芝加哥	207.72	0.5709	7796	70.7
法兰克福	86.40	0.4460	6079	76.7
香港	144.26	0.3756	7050	95.2
上海	188.93	0.5510	10646	50.7
北京	218.50	0.1962	9439	50.7

续表

指标 城市	综合交通指数	国际航线数量	旅客吞吐量（万人次）	全球联通度指数
广州	116.04	0.0823	5973	41.1
深圳	100.31	0.0823	4198	34.6

资料来源：NUMBEO 机构调查问卷、The Global Urban Competitiveness Report（2017—2018）、《WORLD PORT RANKINGS-2016》、麦肯锡公司发布的 Sustainable Cities Index 2016 报告。

（八）人的现代化：人类发展指数在国内城市拔得头筹，但对标世界一流城市差距仍十分明显

在现代化进程中，人作为社会活动的主体，人的需要、主体意识和能力，人的生存和发展方式及其作用发挥，既受到社会现代化的影响，也影响着社会现代化。党的十九大报告强调"必须坚持人民主体地位"，坚持"人民为中心的发展思想"。习近平总书记在不同场合曾多次谈到促进人的全面发展的问题，强调搞中国特色社会主义最终目的，是要实现人的自由全面发展。人的全面发展是国家现代化的最终目的和必然结果，实现人的现代化是人类全面发展的必由之路。

改革开放以来，广州始终坚持以人民为中心的发展理念，人的现代化建设一直走在全国前列，人民生活水平持续提高，收入分配差距逐步缩小，居民获得感、幸福感持续提升。根据联合国开发计划署公布的《2016年中国城市可持续发展报告》，广州人类发展指数[①]在中国35个大中城市中拔得头筹，在人均GDP、人均预期寿命、人均受教育年限等方面均位于国内领先地位，但广州与对标的全球城市始终保持一定差距。美国美世咨询公司公布的《2017年全球城市生活质量排名》显示，广州

---

① 人类发展指数是联合国开发计划署（UNDP）在《1990年人文发展报告》中提出的，用以衡量联合国各成员国经济社会发展水平的指标。

的居民生活质量在全球231个经济体中排名为第121位，在位次上多年来没有明显进步，甚至有所下降，表明广州在提升居民生活质量方面与西方全球城市相比存在较大空间。外国出生市民比例是反映全球城市人的现代化的一项重要指标，但是广州在这一指标上的表现却远远落后于洛杉矶、新加坡等著名的移民城市（见表3-25），这反映广州在人的国际化方面依然有很长的道路要走，特别体现在人的思想观念、素质能力、行为方式、社会关系等方面。

表3-25　广州与对标全球城市人的现代化水平比较

指标\城市	人类发展指数	人均预期寿命（岁）	人均受教育年限（年）	生活质量排名	恩格尔系数	外国出生市民比例（%）
新加坡	0.925	83.10	10.50	26	24.1	18.3
香港	0.917	83.74	10.00	70	27.1	5.1
法兰克福	0.851	80.70	12.90	7	—	—
上海	0.848	82.29	10.58	101	35.5	2.1
北京	0.860	81.81	11.50	118	27.7	2
广州	0.869	81.34	10.55	119	32.8	1.8
深圳	0.851	79.70	10.70	136	32.0	1.6

资料来源：倪鹏飞、彼得·卡尔·克拉索编撰的 The Global Urban Competitiveness Report 以及 NUMBEO 数据库公布数据。

（九）生态宜居：生态环境的承载约束不断加大，宜居宜业的现代化城市尚未形成

就生态环境承载而言，广州不仅获得了代表一个城市绿化成就最高荣誉的"全国绿化模范城市"，同时也是闻名全国的"国家森林城市"与"国家园林城市"。根据中国社会科学院社会发展研究中心发布的《生态城市绿皮书：中国生态城市建设发展报告》，广州连续六年在全国五大中心城市中排名第一。虽然广州的生态环境在国内一线城市中拔得头筹，但根据《经济学人》杂志公布的《全球最宜居城市排行榜》，广州在全球 140 个宜居城市中仅排名第 92 位，在位次上多年来没有明显进步，甚至有所下降。针对广州目前的情况来讲，中心各区的环境容量已趋饱和，局部地区的环境污染依然严重，大型企业的污染远未解决，都会区内的石化、汽车、建材、化工、船舶、火电、港口等企业短期内无法搬迁，致使"三废"排放等指标仍处于高位。根据全球最大城市数据库网站 NUMBEO 和世界卫生组织公布数据、国际知名咨询公司麦肯锡发布的 *Sustainable Cities Index 2016* 报告，广州在城市绿化环境、空气质量、PM 2.5、能源利用水平、温室气体排放量等生态环境和绿色生产方式指标得分方面，虽然优于北京、上海等城市，但与香港、新加坡、芝加哥、洛杉矶、法兰克福等重视生态文明建设的全球城市相比，几乎在所有对标全球城市中处于垫底位置，差距依然十分明显（见表 3-26）。

表 3-26　　　　广州与世界现代化大都市生态质量比较

指标 城市	生态环境			绿色生产方式	
	绿化环境程度	空气污染程度	PM 2.5	能源利用水平	温室气体排放量
纽约	38.2	84.4	9	45.8	54.7
伦敦	64.8	81.7	15	67.1	70.1
巴黎	17.8	79.4	18	62.0	74.6
东京	11.4	90.6	15	61.0	75.9
新加坡	92.1	79.4	18	15.1	61.4
香港	100	73.5	32	50.9	72.6
洛杉矶	14.6	74.6	11	45.8	58.0
法兰克福	100	78.5	18	68.0	67.2
上海	9.7	48.2	52	41.6	48.5
北京	17.7	17.0	85	41.6	56.9
广州	67.2	55.7	48	41.6	51.3
深圳	88.9	64.6	34	41.6	75.6

资料来源：*Sustainable Cities Index 2016* 以及 NUMBEO 数据库公布数据。

在城市宜居宜业方面，根据普华永道与中国发展研究基金会联合发布的《机遇之城2017》报告，广州、深圳与杭州跻身前三，而广州的积分又是排名第一，这个"机遇之都"不仅代表城市的发展机遇相对最公平，也表明广州的宜居宜业程度位居全国之最，但距离香港、新加坡、芝加哥、洛杉矶、法兰克福等全球城市，依然存在较大差距。英国的民间智库"新经济基金会"公布的 The Happy Planet Index 报告显示，广州的幸福指数得分虽然高于新加坡、香港等亚洲和美国的城市，但依然要低于伦敦、巴黎、法兰克福等欧洲城市。根据国际知名咨询公司麦肯锡发布的 Sustainable Cities Index 2016 报告、全球最大城市数据库网站 NUMBEO 公布数据，广州在垃圾处理指标得分、交通通勤时间指数、地铁可达时间指数和工作和生活的平衡等指标的表现明显要落后于上述全球城市，但在生活成本、房价收入比、就业工作机会等指标的表现却要优于上述全球城市。世界经济论坛公布的 The Global Information Technology Report 2015 显示，广州的网络成熟度指数虽然与国内一线城市北京、上海、深圳相同，但与新加坡、香港、洛杉矶、法兰克福等全球城市相比差距较大（见表3-27）。

表3-27　　广州与世界现代化大都市宜居生活水平比较

指标\城市	幸福指数	垃圾处理	生活成本	交通通勤时间指数	地铁可达时间指数	工作和生活的平衡	房价收入比	就业工作机会	网络成熟度指数
纽约	20.7	85.8	0.40	48.22	100	61.5	12.95	7.5	5.6
伦敦	31.9	68.0	23.9	47.34	60	72.5	27.80	12.6	5.6
巴黎	30.4	66.5	45.1	41.62	20	86.5	16.82	9.6	5.2
东京	28.3	60.4	35.8	44.19	20	40.1	19.88	9.9	5.6

续表

指标 城市	幸福指数	垃圾处理	生活成本	交通通勤时间指数	地铁可达时间指数	工作和生活的平衡	房价收入比	就业工作机会	网络成熟度指数
新加坡	20.1	82.8	42.9	43.39	20	0	21.63	14.5	6.0
香港	16.8	80.4	28.3	42.22	20	0	36.15	9.6	5.5
洛杉矶	20.7	99.5	36.3	45	20	53.2	5.7	6.7	5.6
法兰克福	29.8	91.5	56.5	27.58	20	70.8	8.87	—	5.5
上海	25.7	44.0	59.3	45.92	20	40.5	32.62	13.0	4.2
北京	25.7	44.9	56.6	51.45	20	49.6	33.75	15.0	4.2
广州	25.7	41.8	80.4	33.71	20	0	25.10	11.0	4.2
深圳	25.7	20.8	73.4	30.5	20	0	39.76	11.6	4.2

资料来源：Happy Planet Index、Sustainable Cities Index2016、Sustainable Cities Index2017、The Global Information Technology Report 2015 以及 NUMBEO 数据库公布数据。

（十）营商环境：对比世界先进城市差距较大，打造世界一流营商环境仍存在较多障碍

经济越是全球化，中心控制和管理职能在少数几个城市，特别是城区城市集聚的程度越高。高质量的营商环境无疑会增强全球城市对世界级企业的吸引力，激发城市或地区的活力，进一步增强全球城市的竞争力。以新加坡为例，良好的营商环境使其成为亚洲最大、世界第四大外汇交易市场，同时新加坡还是全球第九大离岸金融中心。世界银行发布的《2018年全球营商环境报告》从中小企业在东道国经营所遇到的法律环境和管制规则角度，对全球189个国家以及区域内所选城市的营商环境从11个方面进行了评估，旨在改善各国监管环境。其中排名前10位的经济体为新西兰、新加坡、丹麦、韩国、中国香港、美国、英国、挪威、格鲁

吉亚、瑞典，中国内地排名第78位，与2017年持平。从2013年度到2016年度的世行报告来看，中国营商环境的世界排名前移了18位。

2017年7月召开的中央财经领导小组第十六次会议上，习近平总书记明确提出，北京、上海、广州、深圳等特大城市要率先加大营商环境改革力度。近年来，广州率先构建市场化、国际化、法制化营商环境，努力打造企业投资首选地和最佳发展地。2010年以来，广州多次荣居《福布斯》中国最佳商业城市排行榜榜首。中国发展研究基金会与普华永道联合发布的《机遇之城》报告中，广州连续两年被评为中国"机遇之城"首位。世界城市组织（GaWc）发布的2016年世界级城市名册显示，广州首次入围世界一线城市，排名第40位。华南美国商会发布的《2018年中国营商环境白皮书》中，广州荣登中国最受欢迎投资城市榜首。

营商环境既是城市"软实力"的体现，也是生产力的动力来源之一。作为中国改革开放先行区和营商环境改革试点城市之一，广州必须进一步弘扬"敢为人先"的首创精神，按照国家战略部署，对标全球先进经济体，营造全球一流的营商环境。但从目前的现实状况来看，规范透明的行政资本、精英汇聚的人力资本、包容开放的文化资本、绿色安全的环境资本、高效宜居的物质资本，固然为广州吸引企业投资提供了必不可少的支撑条件，但在打造世界一流的营商环境的过程中仍面临各种各样的瓶颈与难题，对标世界一流标准依然存在不小差距。具体表现在以下几个方面。

一是企业准入开放度存在改进空间。《2017年度营商环境报告》选择以开办内资有限责任公司作为样本，考察开办企业全过程的程序、时间、成本和最低实缴资本等4项指标。排名第1的新西兰需1个程序、耗时0.5天、花费人均国民收入的0.3%。中国排名第127位，需9个程序、耗时28.9天、花费人均国民收入的 0.7%（见表 3-28）。近年来，世界各国普遍简化设立企业流程，降低企业准入门槛。该指标排名前 10 位的国家开办企业程序均在 3 项以内，时间最长不超过 5 天。中国该指标需 9 个程序、耗时 28.9 天。尽管《2017 年度营商环境报告》也肯定了中国近年来推进商事登记制度改革的创新做法，认为样本采集的数据存在一定滞后性。但即便如此，中国在设立企业方面流程仍然相对烦琐，时限较长，这也是影响营商环境排名的因素。

表 3-28　广州与对标全球先进经济体"开办企业"指标比较

排名	城市或经济体	程序（个）	时间（天）	成本（占人均国民收入百分比）	实缴资本下限（占人均国民收入百分比）
1	新西兰	1	0.5	0.3	0
2	加拿大	2	1.5	0.4	0
3	中国香港地区	2	1.5	0.6	0
4	马其顿	2	2	0.1	0
5	阿塞拜疆	2	3	1.3	0
6	新加坡	3	2.5	0.5	0
7	澳大利亚	3	2.5	0.7	0
8	格鲁吉亚	3	3	2.4	0
9	亚美尼亚	3	4	0.9	0
10	爱尔兰	3	5	0.2	0
127	中国内地	9	28.9	0.7	0
	北京	7	22	0.6	0
	上海	7	24	0.7	0

续表

排名	城市或经济体	程序（个）	时间（天）	成本（占人均国民收入百分比）	实缴资本下限（占人均国民收入百分比）
	广州	3	6.5—8.5	—	0
	深圳	3	16.3	—	0

资料来源：全球先进经济体来源于世界银行《2018年营商环境报告》；广州、深圳数据来源于《2017年度广东各市开办企业便利度评估报告》以及市工商局提供的数据。

广州市自2014年开展商事制度改革以来，大力简化企业设立流程，实行"三证合一""一照一码"，注册资金改实缴制为认缴制，放宽住所条件限制，全面实施企业名称登记制度改革，除特定行业外取消工商登记前置性审批，全面优化广州市场准入环境。据市工商局提供的数据，广州开办企业需3个程序（4个环节），办理时间需要6.5—8.5个工作日。其中，商事登记预约（1天）、"五证合一"商事登记（2天）、刻章（0.5天）、银行开户（3—5天）、补采税务部门税务登记信息（1天），对比先进国家和地区，广州市此项改革已取得较好效果。

二是施工许可耗时较长。"办理施工许可"主要记录企业房屋建筑等建设要办理的所有手续、各项手续所需的时间和费用以及建筑质量控制举措等。《2018年营商环境报告：改革以创造就业》显示，"办理施工许可"这一项新西兰排在第一位，而中国则排在第177位（见表3-29）。

2017年以来，广州制定实施了《广州市人民政府关于建设工程项目审批制度改革的实施意见》，从优化审批流程、试点告知承诺制、简化收费环节三个方面改善企业投资建设工程项目审批管理，其中调整办理事项9项、取消办理事项5项、合并办理事项 5 项、并联办理事项 1 项、下放区级办理事项 3 项；并推进加强"多规合一"联动、探索"净地"出让、提升审批服务水平、强化事中事后监管和诚信管理等共 7 大类 18 项改革举措，进一步推进审批体制机制改革创新。经过新一轮建设工程项目审批制度改革后，审批效率有了明显提高，项目建设所需时限大大缩短。目前，广州办理施工许可只需要 15 项流程，只需要 164 天时间，在国内处于领先水平。

表 3-29　广州与对标全球先进经济体"办理施工许可"指标比较

排名	经济体（或城市）	程序（个）	时间（天）	成本（人均收入%）	建筑质量控制标准（0—15）
1	新西兰	10	2.2	15.0	15.0
2	澳大利亚	10	112	0.5	14.0
3	台湾地区	10	93	0.4	13.0
4	阿联酋	11	49	2.3	13.0
5	香港地区	11	72	0.7	12.0
6	丹麦	7	64	1.8	10.0
7	卢森堡	11	157	0.7	15.0
8	格鲁吉亚	7	48	0.2	7.0
9	爱沙尼亚	10	102	0.2	11.0
10	新加坡	9	48	6.1	12.0
177	中国	22	244.3	7.0	9.0
	北京	22	208	7.0	9.0
	上海	22	274	7.0	9.0
	广州	15	164	—	—

资料来源：全球先进经济体来源于世界银行《2018 年营商环境报告》；广州数据来源于《2017 年度广东各市开办企业便利度评估报告》以及市工商局提供的数据。

虽然广州项目施工许可方面的改革已取得比较明显的成效，

但与先进经济体比较仍存在可完善的空间。办理建筑施工许可效率相对低下。根据中国的规定，办理建筑施工许可企业需要向住建、人防、消防、环保、气象等多个职能部门申请审批，涉及20余项手续，而丹麦只需要7项，香港只需要11项。与此相比，在现行的制度框架下，广州办理施工许可的流程为15项，比丹麦多了8项，时间上多了100天；比香港多了4项，时间上多了92天。

建筑质量控制有待提高。世界银行的《营商报告》要求，负责验证建筑设计图纸的专业人员和在施工过程中实施技术检查的专业人员必须具备最低年限的实践经验、拥有建筑或工程专业的大学学历（学士学位）、是国家建筑师或工程师协会的注册会员或通过某项资格考试。目前，广州无论是对负责验证建筑设计图纸还是在施工过程中实施技术检查的专业人员都没有如此高的资质要求，大量建筑行业从业人员为来自农村的进城务工人员。

三是纳税环境有待提升。《2018年度营商环境报告》选择中等规模的内资有限责任公司作为样本，重点考察纳税次数、纳税耗时、税负（应税总额占毛利润比例）等3项指标。纳税指标综合排名第一的是卡塔尔，每年纳税4次、花费41小时、应税总额占毛利润的11.3%；香港排名第三，每年纳税3次、花费74小时、应税总额占毛利润的22.9%。中国排名第131位，每年纳税9次、花费259小时，应税总额占毛利润的68.0%（见表3-30）。相比排名靠前的国家和地区，我国纳税次数较多，纳税耗时较长，税负较重。

根据市地税局提供的数据，广州企业每年平均需纳税9次，花费168.4小时，应税总额占毛利润的52%。广州市纳税环境虽然比全国总体水平要好，但是与排名前列的国家和地区仍有较大差距，纳税次数是香港的3倍，纳税耗时是阿联酋的14倍，税负是卡塔尔的4.6倍，企业每年必须缴纳的各种税费，以及因缴纳税费、履行合规义务的负担仍然较重。

表 3-30　广州与对标全球先进经济体"纳税"指标比较

排名	经济体 （或城市）	纳税 （次）	时间 （小时）	应税总额占毛利润比例（%）
1	卡塔尔	4	41	11.3
2	阿联酋	4	12	15.9
3	香港地区	3	74	22.9
4	巴林	13	27	13.5
5	爱尔兰	9	82	26.0
6	特威特	12	98	13.0
7	丹麦	10	130	25.0
8	新加坡	5	66.5	19.1
9	马其顿	7	119	13.0
10	英国	9	110	30.9
131	中国	9	259	68.0
	北京	9	254	68.5
	上海	9	263	67.7
	广州	9	168.4	52.0

资料来源：全球先进经济体来源于世界银行《2018年营商环境报告》；广州数据来源于《2017年度广东各市开办企业便利度评估报告》以及市工商局提供数据。

四是中小微企业融资环境有待改善。"获得信贷"主要反映企业获得信贷支持的法律保护力度及便利程度，主要测评有关信贷的法律基础，信用体系覆盖的范围、途径和质量等，包含"合法权利指数"（衡量法律保护借款人和贷款人并因此而促进贷款的程度）、"信用信息指数"（衡量信贷登记部门的信贷信息覆盖范围，以及信用信息获取的法制保障程度）等维度。根据《2018年营商环境报告》，新西兰"获得信贷"排名全球第一，我国排名第68位，香港地区排名第29位。

近年来，广州市在改善企业融资环境上可谓不遗余力，但对标国内外资本发达的先进城市，在中小微企业的融资环境上依然有不小差距。相对于香港、深圳而言，广州市的风投创投主体缺乏，股权投资机构和资本规模总量不大。截至2017年上半年，广州市各类股权投资、创业投资机构有1500多家，管理资产规模4000亿元，但与兄弟城市如深圳相比（深圳VC/PE4.6万家，注册资本超过2.7万亿元），差距较大。从清科集团"第十一届中国基金合伙人峰会"公布的"2016年中国政府引导资金20强"榜单中，深圳市创新投资集团受托管理的深圳市引导基金被评为"2016年中国政府引导基金20强"第一名，但广州则无一只政府引导基金上榜。

在信贷资金方面，商业银行首先要保证限额控制下信贷资金使用的效益最大化，普遍会上调对中小企业的贷款利率，中小企业想要获得融资，就必须付出更高的还贷成本。调研发现，很多中小企业由于没有像样的厂房、设备，很难作为抵押物，银行从贷款发放的安全考虑，一般以机器设备现值的50%、土地价值的50%、房地产价值的70%、流动资产价格的30%—40%作价放贷。

在贷款利率方面，银行对中小企业贷款利率一般上浮20%—50%，加上评估费、担保费甚至人情费，中小企业的实际融资成本达到了12%以上。个别金融机构甚至要求中小企业在办理贷款时必须购买其代理的财产保险、健康保险、医疗保险、人员意外险等，这些附加条件都明显提高了广州市中小微企业融资成本。

比较而言，中小微企业在香港的银行贷款市场化程度较高，融资成本相对较为规范，一般都采取同期限SHIBOR上浮100—200个基点（BPS）。以1年期流动资金贷款为例，香港中小微企业的融资成本控制在6%—7%，抵押物抵押率相对较高，且银行不存在要求企业购买银行理财、保险的情况，广州在这方面与香港差距十分明显。

五是通关便利化效率需改进。"跨境贸易"主要反映企业进出口的便利程度和成本高低，主要测评进口出口的报关单审查时间、通关时间、报关单审查费用、通关费用等。根据《2018年营商环境报告》，意大利的"跨境贸易"排名全球第一，中国排名第97位，香港排名第31位。

近年来，广州在改善贸易便利化方面进展明显，但与香港、深圳等城市相比在通关、检验、投资等方面尚有较大差距。例如，在跨境贸易配套环境方面，广州不仅国际航线较少，通航频率较低，而且在货代、仓库、物流等方面存在较大差距。在成本方面，深圳对于从事跨境贸易的企业均有一定补贴，重点支持跨境电商行业发展，企业可通过申报获得补助，而广州在这方面的政府补助相对较少。

根据世界银行公布的《2018年营商环境报告》，企业在香港从事跨境贸易的单证、通关、检验等方面的费用都要少于内地城市，甚至在出口检验方面费用为零，广州与之相比存在较大差距。在通关效率方面，根据南沙口岸工作办提供数据，企业在南沙二期、三期码头出口货物所耗时间已接近香港，出口边检时间甚至要快于香港，但货物进口时间较慢，进口通关效率与香港相比存在明显差距（见表3-31）。

表3-31　广州与对标全球先进经济体"跨境贸易"指标比较

指标 城市	出口耗时 （小时）	进口耗时 （小时）	出口边检 （小时）	进口边检 （小时）
意大利	1	1	0	0
香港	1	1	2	19
新加坡	2	3	10	33
上海	14	54	23	72

续表

指标 城市	出口耗时 （小时）	进口耗时 （小时）	出口边检 （小时）	进口边检 （小时）
北京	30	80	29	117
南沙二期码头	1.56	28.92	0.3	19.87
南沙三期码头	1.74	24.07	0.3	31.23

资料来源：意大利、香港、新加坡数据来源于世界银行《2018年营商环境报告》；南沙二期码头、南沙三期码头数据来源于广州南沙口岸工作办公室调研数据。

（十一）区域协同：腹地条件与区域竞争格局相对不利，粤港澳大湾区市场互联互通有待改进

全球城市的形成离不开所在区域腹地的有力支撑，这种腹地支撑既包括腹地空间规模和区域经济发展水平，也包括区域经济一体化及主要城市之间的竞合关系。综观当今世界四大湾区，不仅腹地规模大，辐射范围广，而且经济一体化程度高。特别是纽约湾区，集聚了全美最大500家公司中1/3以上的总部，拥有2900多家世界金融、证券、期货及保险和外贸机构，对外贸易周转额占全美的1/5，制造业产值占全美的1/3。比较而言，广州所在经济腹地——粤港澳大湾区经济发展水平较高，在人口、面积、世界100强大学等方面具有较大优势（见表3-32），这对提升广州竞争力均十分有利，但就广州的长期发展而言，其腹地条件依然存在较大瓶颈。

表3-32　　　　　全球四大湾区的实力对比

湾区名称	纽约湾区	旧金山湾区	东京湾区	粤港澳大湾区
龙头城市	纽约	旧金山	东京	香港、广州、深圳
人口（万人）	2340	715	4347	6671
面积（万平方公里）	2.15	1.79	3.68	5.60

续表

湾区名称	纽约湾区	旧金山湾区	东京湾区	粤港澳大湾区
GDP（万亿美元）	1.4	0.8	1.8	1.36
人均GDP（万美元/人）	5.98	11.19	4.14	2.04
港口集装箱吞吐量（万TEU）	465	227	766	6.5
机场旅客吞吐量（亿人次）	89.4	82.8	82.3	62.2
主导产业	金融、航运、计算机	电子、互联网、生物	装备制造、钢铁、化工、物流	金融、航运、电子、互联网
世界100强大学	2	3	2	4
世界500强企业总部数量	22	28	60	16

资料来源：《新华—波罗的海国际航运中心发展指数报告2017》，以及各地方政府网页、新华网、广发证券发展研究中心。

2017年3月，国务院提出研究编制粤港澳大湾区发展规划，其后，党的十九大报告明确将"粤港澳大湾区"列为"香港、澳门融入国家发展大局"的重点。2017年12月，中央经济工作会议在部署2018年工作时，再次提出"科学规划粤港澳大湾区建设"。2018年3月，习近平总书记在参加十三届全国人大一次会议广东代表团审议时指出，要抓住建设粤港澳大湾区重大机遇，携手港澳加快推进相关工作，打造国际一流湾区和世界级城市群。目前，《粤港澳大湾区发展规划纲要》编制已顺利完成并已批准实施。这一系列中央决策部署行动和习近平总书记指示精神表明，"粤港澳大湾区"已上升为国家战略受到世界瞩目，一个世界级大湾区正在中国南海边强势崛起，成为国家重点部署的三大战略增长极之一。

从国际经验看，世界上成熟的大湾区都是内部高度整合一体化的巨型城市区域，如纽约湾区、旧金山湾区、东京湾区等。这种区域高度整合一体化，不仅体现在其内部各地区间的产业布局协同、基础设施互联、生态环境共治等"硬件"建设合作层面上，更体现在内部的制度与规则层面上，这些成熟的大湾区基本上不存在政治制度、法律体系等基本制度差异，其内部各市在做事政策、规则上也高度统一，确保了湾区内部资源要素的自由流动。

然而，与其他世界级大湾区相比，粤港澳大湾区却存在很大的不同。这一湾区在规模体量上已不输于任何一个世界级大湾区，在区内交通设施互联互通、产业布局互促共融、生态环境共保共治等"硬件"建设合作上也取得较大进展，实现了一定程度的区域融合。但由于历史的原因，粤港澳大湾区在政治、经济制度架构上却比较复杂，不仅从政治上属于"一国两制"，经济上是"一区三关"，而且在法律上也是"一区三体系"。这种复杂的基本制度架构差异，导致湾区内部在"软件"管理与服务政策、规则、标准的对接上尚存在较多障碍、瓶颈或摩擦。

迄今为止，香港、澳门和珠三角城市在制度和市场环境等方面差异较大。首先，目前大湾区内部存在三种流通货币（人民币、港币和澳门元），受到不同银行体制的制约，三种货币至今仍未实现自由流通。其次，出于审慎的目的，内地对港澳机构的设立、公司的比例、业务限制、审批程序等方面设立了严格的前置条件和门槛。再次，大湾区三地金融环境、会计制度、业务经营范围、企业信用信息、财税政策等各不相同，相关资讯信息、政策宣介、交流平台等服务配套设施差异较大。最后，由于粤港澳大湾区三地分属两种政治制度、三种法律体系和关税区，香港、澳门和珠三角地区之间的法律体系及监管体制差异较大。在这种背景下，要实现大湾区市场的互联互通，体制改革力度和开放程度还需进一步增强。

与此同时，湾区内部同时存在三个重量级中心城市同位竞争。广州都是华南地区的最大城市，但所面临的区域竞争格局十分尴尬：与香港相比，广州在高端服务业方面明显处于下风；与深圳相比，又在高科技制造业方面大大落后。更为致命的是，由于香港、深圳均为特区，这使得广州在一些战略性资源的争夺上处于不利地位，许多战略性发展平台、重大创新举措试验及优质大项目都可能被香港、深圳分薄，或者因顾及特区的利益而舍弃，从而使广州中心城市的功能组合效应大打折扣。

（十二）小结

从上述维度的测评，本书得到以下结论：一是从全球城市综合实力评价来看，广州在全球城市体系中大致位于第三序列，落后于香港、新加坡、芝加哥、洛杉矶、法兰克福等对标的全球城市，同时也落后于北京、上海等国内一线城市，与深圳同属于一个层级的全球城市。二是从全球城市各维度的比较可以看出，虽然广州在经济影响力、投融资环境、国际枢纽设施、文化资源、社会事业、商事制度改革、国际交往、人的现代化等维度的评价上位居国内城市领先水平，但与香港、新加坡、芝加哥、洛杉矶、法兰克福等第二序列全球城市依然存在一定差距。三是通过对全球城市各分项指标的分析，广州在人均GDP、国际通行规则、通商便利度、国际知名度和认可度、文化原创力、社会治理、营商环境、腹地条件等方面相对较弱，在总部吸引力、金融杠杆、创新效率方面处于绝对劣势，这些领域将成为制约广州建成全球城市的主要短板，也是未来的主攻方向。

第四章 对广州建设全球城市的深度分析与战略研判

一 城市基底：对广州城市特质的基本判断

通过全球城市的比较分析，广州在基础设施、生态宜居两个维度上与世界先进城市的差距相对较小，而在经济枢纽、创新能力、全球联系、文化引领、城市治理、区域支撑、人的现代化等维度上差距较大，这是广州迈向全球城市的主要短板制约，也是未来的主攻方向。通过对全球城市经济枢纽的比较分析，广州在经济质量、营商环境方面相对较强，在经济实力、开放型经济上相对较弱，而在总部经济、金融功能上处于绝对劣势，将成为制约广州建成国际大都市的主要短板。

综合上述评价分析的结果，广州建设全球城市主要具有如下优势。

（一）中国"第三城"，广州胜在多元功能与综合竞争力

从城市功能定位看，广州不仅是华南地区经济中心，也是政治、文化中心，它在经济强市、经济中心的基础上叠加了深圳所缺乏的省会城市功能。另外，广州还被授予国家中心城市，具备了较强的国际交往（如签证等）、国际交通（如航空枢纽）等功能。即使从单纯的经济维度看，广州也形成了比较完善的

综合性产业体系：不仅拥有发达的服务业，还拥有较先进的制造业；不仅有发达的轻纺工业，还拥有华南地区最强大的重化工业；不仅有庞大的传统产业，还培育出相当规模的高新技术产业。此外，广州现代农业实力也远胜于深圳、苏州。正是这种综合性产业体系一直支撑着广州经济的可持续发展，这就是国家一直以来并没有在广州布局多少大型项目，广州也没有多少在国家层面上拿得出手的战略产业，但多年来广州却一直能保持中国经济"第三城"地位的秘密所在。因此，从某些单项指标如资金、科技、房价、薪酬等来看，也许广州确实已不具备一线城市的水平，但若从经济、政治、文化、科技、基础设施、城市管理、社会民生、对外交往等综合功能看，广州在众多国内外关于城市综合实力的评价中，依然不失为"北上广深"一线城市的地位。需要强调说明的是，从世界范围看，国际上的城市一般分为综合性和专业性两大类，专业性城市在其主导产业发展的"黄金期"一般享有更高的经济成长性，但综合性城市则具有更强的抗危机能力，从而也具有更持久的长期竞争力。

（二）高度市场化，"广州模式"的最大特色

从历史上看，广州就是一个因商而生、因商而发展壮大、因商而辉煌的城市，作为千年商都，广州经济血脉里与生俱来就带有市场化"基因"。改革开放之初，广州依靠毗邻港澳的地缘优势，率先一步推进市场化改革，巨大的经济成就让市场化深入人心。今天，广州的各级政府对经济活动的直接参与度相对较低，在全社会资源配置中的比重不高。事实上，广州积极贯彻落实党的十八大精神，很早就给民间充分放权，让市场在经济活动中发挥决定性作用。基于这样的历史和现实，与许多国内城市的政府主导型模式不同，广州走出了一条典型的"政府引导 + 市场主导"型的经济模式，各级政府对经济活动的介

入主要限于规划引导、政策支持、法治保障等层面，政府更加注重公共服务和搭建平台，而不是直接掌控和主导经济发展，尤其是通过国企、土地配置来大规模控制、主导经济活动的状况不多。同时，各类市场主体也已习惯于按照市场原则、商业原则行事，"找市场不找市长"曾一度成为广州的流行语，在穗企业越来越多地依赖市场来解决问题，而非与官员搞关系，亲清政商关系的构建早就走在了全国前列。此外，高度市场化模式也离不开完善的市场体系，我们看到，广州不仅有全国最发达的专业批发市场，也拥有除证券、期货交易所等少数国家管制品种之外的几乎所有要素市场、金融市场，广州的平台经济发展应该说在国内属于较早和较发达之列。总体上看，正是由于缺乏自主财力和国家层面的政策"关照"，广州就主要转向从市场寻商机、要资源、找动力，由此，铸就了广州高度的市场活力和相对较高的经济效率。

（三）活力之城，市场主体与民间投资逆势迸发

正是因缺乏国家的政策、资源支持及本地较少的政府干预，无意间塑造了民间巨大的经济活力，使广州成为国内有口皆碑的活力之城。这里有一系列数据为证。例如，与全国经济下行形成鲜明对比，广州近两年市场活力持续迸发，市场主体逆势大幅增长。据统计，2015年，全市新登记内资企业增长13.6%，私营企业增长24.9%；2016年，全市新登记内资企业更猛增42.6%，大大高于GDP增长率，市场主体大幅增长显示出广州未来经济的巨大潜力，表明经济体系内部酝酿了新一轮增长动能。与此同时，我们看到，广州民间投资活力日趋凸显，广州市发改委2016年上半年统计数据显示，广州民间投融资活跃，上半年民间投资增长率为18.9%，比全国高出约16个百分点。2016年以来，广州产业投资更呈现井喷式增长。与此同时，2016年，广州直接融资规模也迅速扩大，增速高居全国大城市

第一位,新增直接融资占比达到发达国家水平,也排在全国第一位。再从人口流动状况看,近两年北、上、深等一线城市人口净流入均呈现停滞甚至负增长,而广州人口净流入比率最高,流入量最大。最后,我们看到,尽管近几年全国经济处于下行乃至萧条状态中,但广州消费畅旺的景象依然让人印象深刻,这些逆势中高增长的事实充分体现出广州不愧是一座活力之城。

(四)机遇之城,外籍人"创富神话"不断上演的地方

普华永道与中国发展研究基金会联合发布的《机遇之城2016》报告显示,广州、深圳与杭州跻身前三。而广州的评分又再次排名第一,这个"机遇之城"的内涵,不仅包括发展机遇相对最公平,也表明成功创业就业的机会全国最多,其中包容地接纳了近10万亚非拉外籍人口来穗生活创业的事实就是力证。在广州,每天都在上演关于创富的神话故事,这种成功的创富者,不仅包括部分本地人,更多的是外地人甚至外国人。在这一个个创富神话的背后,折射出广州特有的开放、多元、包容性文化!

(五)法治之城,连续获得中国"法治政府"评估第一名

在活力之城、机遇之城的背后,其实还有法治之城。广州可能不是国内财富创造力最优的城市,但在制度文明、法治社会的建构上,广州还是有许多历史和现实贡献的,在全国都具有一定的示范引领性。比如,在倡导依法治国的今天,广州的法治建设可称得上全国的典范:广州市已连续两年被《中国法治政府评估报告》评为全国第一名;全国首部保障政协民主监督参政议政职能,推进政治协商制度化、规范化、程序化的法律文件《政治协商规程》即出自广州,并已成为全国的标准;在法治政府建设上,出自广州的著名的"万里长征图""人在证途"等重大提案,直接推动了全国以"放管服"为导向的行政

体制改革，使政府行政透明度大大提高，也为企业、居民在投资、办事流程上"松绑减负"做出了重大贡献。值得说明的是，正是由于制度文明、法治建设层面上的显著进步和制度性交易成本的有效降低，广州的营商环境和发展潜力才能够连续三年力压上海和深圳，在《福布斯》每年发布的"中国大陆最佳商业城市排行榜"上，连续5年排在中国内地城市之首位。

（六）民本之城，"买得起房"彰显一线城市居民的幸福感

与经济模式上的"弱政府"形成鲜明对比的是，广州充分显现出"强民生"的施政形象。"十二五"以来，广州在社会民生发展方面取得显著进步，特别是近几年，以"十大民生实事"工程为导引，广州加大了民生保障方面的投入力度，以2014—2015年为例，广州市本级财政用于民生及各项公共事业支出占市本级公共预算支出的比重高达76%以上，两年时间投入超过千亿元建设民生项目，涵盖文化、教育、医疗卫生、养老等十大社会民生领域，这与大多数城市财政支出仍以经济事务、基础设施为主形成了鲜明对比。正是由于社会民生领域的大手笔投入，广州的民生发展指数才能够连续两年获得全国城市排名第一，这还是在广州地方公共财政收入十分拮据有限的条件下取得的。此外，消费在很大程度上代表着民生水平，近年来，广州GDP第三城地位频频告急，但广州的社会消费品零售总额却一直保持强劲增长，稳居全国前三的位置，2016年达到近9000亿元。近些年，广州消费对GDP增长的贡献率一直稳定在60%左右，在国内处于最高水平之列，这也同时表明，广州GDP大蛋糕构成中，绝大部分份额体现在了消费板块上，也就是用在了民生上。所以说，广州经济发展成果的福利溢出高，百姓获得感强，广州经济结构是一种更加体现民生主导型经济，经济成果转化为民生消费比重较高，说明广州的经济不是"只长骨头不长肉"。

此外，能否买得起房也是关乎民生幸福的重要指标之一。数据显示，2016年广州住房交易均价约为2.2万元/平方米，同期深圳成交均价超6万元/平方米，北京为5.2万元/平方米，上海为4.6万元/平方米，广州不及北上深房价的一半，中国指数研究院的百姓住宅数据总结，广州的房价排到了中国城市第二梯队，几乎大部分中产阶层通过努力都能买得起一套住房。拥有一线城市的收入，享受二线城市的房价，不能不说这是广州市民的一种幸福！

广州在民生发展方面的成绩也获得了国际机构的关注和肯定。联合国开发计划署发布了《2016年中国城市可持续发展报告：衡量生态投入与人类发展》，这份报告是基于人类发展指数和城市生态指数，对35个中国大中城市进行的定量分析，以评估城市的可持续发展能力。其结果显示，在人类发展指数（主要由人均预期寿命、人均受教育年限等构成）这一关键指数上，广州以0.869排中国城市第一。此外，广州在生态环境建设上也是不遗余力且成效彰显，2016年，广州空气质量指数仅次于深圳而居全国主要大城市领先地位，在全国五大国家中心城市中排名第一。

（七）质量之城，质效引领全国，创新托起未来

国际金融危机后，广州就逐步开启了一系列经济转型计划，腾笼换鸟、退二进三、"米产"模式、创新条例……其结果是广州的经济增速慢了下来，而经济转型升级提质方面却有了显著成效。无可否认，没有一定量的积累将难有质上的突破，但在发展到一定水平后，质量与效益在城市竞争力中往往占据更重要地位，因为它决定了数量或规模扩张能否可持续。近年来，广州经济的总体规模、速度以及许多单项经济指标不尽如人意，纷纷被"追兵"所超越，如资金总量、财政收入、固定资产投资、吸引外资、R&D经费等，已被一线城市乃至部分二线城市抛离，但广州胜在经济质量和效益较好。比如，广州人均经济指标仍位列前茅，人均 GDP 超过 2 万美元，略低于深圳但明显高于北京、上海（均为 1.7 万美元）；劳动生产率方面，广州仅次于深圳、上海而居全国主要城市第三位；经济效率较高，资本投入产出率（GDP/固定资产投资）在全国 20 个主要经济发达城市中，仅次于深圳而居全国第二位；地均 GDP 产出率低于深圳、上海，但高于国内其他主要中心城市；在综合能耗水平上，广州万元吨标煤指标大大低于其他四个国家中心城市。此外，作为经济效益的标志，广州规上工业经济效益综合指数长期高于北京和上海。总体上看，广州经济发展质量和效益较高，虽其数量竞争力有所弱化，但广州基本实现了对能源消耗达到全国最低，而人均产出和投入产出率接近全国最高。

经济转型还体现在创新能力和产业升级上。科技创新一直是广州经济的一大短板，但经过近些年的努力，这种状况有了较大改善。我们看到这几年伴随着经济不断下行，广州专利创造却呈现爆发式增长，发明专利授权量在 2015—2016 年连续两年同比增长超过 40%。2016 年，广州平均每天诞生 7 家高新技术企业，全年净增高新技术企业 2820 家，增速居全国副省级以上城市首位，一批具有世界级水平的技术项目取得重大突破。此外，广州虽然科技创新略弱，但业态创新、模式创新却极为活跃，跨境电商、云制造、智能家居、分享经济等新业态、新模式发展均走在全国前列，2016 年，广州有 13 家企业入选中国最佳创新公司 50 强，入选企业数连续两年位居全国第二。由于营商环境的大幅改善，高端产业项目纷纷落户，特别是 2015 年以来，思科智慧城、特斯拉、富士康 10.5 代显示器、GE 生物科技园、国新央企基金、华电智能制造等一批百亿、千亿元级特大产业项目先后签约入驻广州，中铁、中铁建、亚信数据、联邦快递等产业巨头加速布局广州，依托这些高科技产业项目，广州未来以"I. A. B"为代表的新一代支柱产业格局呼之欲出。

二 风险识别：广州面向 2035 所面临的重大隐忧

经过改革开放 40 年的先行先试和攻坚克难，广州作为中国改革开放前沿阵地，通过多方面的成功探路，已经发展成为支撑和带动华南的国家中心城市，成为能够代表国家参与全球竞争的国际一线城市。但新一轮世界科技革命和产业变革浪潮风起云涌，国内外各个城市快速发展和全要素竞争步伐加快，广州先发优势逐步弱化，持续引领全国发展的锐气和勇气正在削减，"两个重要窗口"作用的发挥再没有以往那样有底气、有豪气。面向未来构建全球城市，我们必须要冷静思考过去的教训，在反思中砥砺前行，下一步要化解的若干隐忧主要有以下几方面。

（一）缺乏超前系统战略谋划，未充分用足用好先行先试的大机遇，导致新常态下城市整体竞争力弱化

先行先试，是中央给予广东改革开放的一把"尚方宝剑"。改革开放初期，广州人以"用活用足用好中央政策"的精明而被内地人羡慕。那时，广州开足马力，凭借港资、侨资的优势，抓住全国有限开放的大好时机，依托"千年商都""南国明珠"的惯性和影响，短时间获得迅速发展。到 1988 年，广州就已经成为全国城市第三大经济体。在自下而上的改革开放试点中，谁善于使用"尚方宝剑"，谁就会掌握发展主动权。20 世纪 90 年代中后期，中国全方位对外开放已经成为基本国策，手握"尚方宝剑"的地方多了。这时，如何继续挥舞好这把"尚方宝剑"，便要看你是否具有战略眼光。古语云："不谋全局者不足以谋一域，不谋大势者不足以谋一时。"没有技高一筹的超前系统战略谋划，就会在满足陶醉的过程中耗尽已有能量，逐步失去继续领先的前进动力。回顾 40 年历程，广州至少失去了几次

重大战略机会，先后失去率先进军资本市场、布局互联网经济、"腾笼换鸟、转型升级"的重大机遇。

加入WTO后，中国经济社会逐渐迈向国际化，传统产业可持续发展能力不强，受到国家产业政策、资源和环境的制约，迫切要求形成一种新观念、新技术和新体制相结合的经济转型模式。2003年，中央率先在广州提出科学发展观的新理念，为经济发展方式转变和产业结构转型指明了方向。全国许多地区，提出了发展方式转变构想，制定了产业结构转型规划。时任浙江省委书记的习近平同志，为谋划浙江转型，率先提出"腾笼换鸟、转型升级"战略。阿里巴巴获得政府全力支持，"淘宝""天猫"开始挑战传统商贸经济。2008年，时任广东省委书记的汪洋同志在全省开展新一轮思想大解放，把"腾笼换鸟、转型升级"作为以思想大解放推动新一轮大发展的政策行动，推动"退二进三"。广州本土"唯品会"试水电子商务，但此时杭州阿里巴巴已大举进军电子支付和大数据、云计算，深圳腾讯收购Foxmail，在电邮、信息传播领域集中发力，微信由此成为一项颠覆性技术。

（二）陷入自下而上的传统改革路径依赖，不完全适应新时代改革开放的大环境，导致走在全国前列战略支撑不足

党的十八大以来，在以习近平同志为核心的党中央集中统一领导下，全面深化改革在蹄疾步稳推进过程中形成了不同于以往的改革大环境。十八届三中全会通过全面深化改革总方案，明确了中央对改革的顶层设计；十八届四中全会通过《全面推进依法治国若干重大问题的决定》，要求做到改革与立法相衔接。改革环境已经由过去"摸着石头过河"、强调基层创新探路为主转变为中央对经济、政治、社会、文化、生态、党建各领域改革加强顶层设计统筹推进、基层对标对表创新落实为主的基本格局。40年的改革，广州一直都是先行先试、探路创新的标杆，在通过改革创造辉煌发展成绩的同时，也难免形成了环境依赖，特别是思维依赖、方法依赖和路径依赖，导致在现有环境下，还没有真正找到既符合中央顶层设计期望又能继续探索引领全国改革、既能敢破敢闯又不违背法律法规的，在各领域各方面具有前瞻性、牵引性、提纲挈领的新的改革方向、策略、方式方法。在一定程度上，广州还停留在过去改革环境下形成的惯性思维模式上，对变化了的改革大环境尚未真正适应、真正熟悉，尚未体现出自己的良好状态，缺少对接中央顶层设计的主动谋划和思考，更多的是被动的参照；缺少了敢闯敢试敢干的战略性改革创新，更多的是任务性的消极落实部署；缺少了符合广州地位的使命和担当，更多的是所谓"稳妥"的文件上传下达；缺少了积极主动地想办法、找出路，更多的是怨天尤人和墨守成规；缺少了等不起、坐不住、慢不得的紧迫感、危机感，更多的是对一线城市的陶醉和改革成绩的自满。

为什么广州改革的持续力不强？究其原因，关键是思想解放不够，观念变革不深。习近平总书记指出："要弘扬改革创新精神，推动思想再解放改革再深入工作再抓实，凝聚起全面深化改革的强大力量，在新起点上实现新突破。"改革已经到了攻坚期、深水区，啃的都是硬骨头，过的都是险滩，涉及的都是利益格局的调整，牵一发而动全身。思想不解放、理论不清醒、观念不变革、实际不明晰，就发现不了攻坚克难的方向，找不准攻坚克难的病因，也吃不透各地区各部门阻碍协同创新发展的主要矛盾以及本地区本部门问题的特殊性。广州作为改革开放的前沿阵地，比其他地方更早地遇到了更深层次的矛盾、更加复杂的问题，但一说到深化改革，开会也不少，方案也不少，举措也不少，甚至汇报成绩更不少，可活力却没见得多大释放，群众感受也不深。例如，在"放管服"改革这个"牛鼻子"上不找问题症结，放掉了"僵尸权力"，变相增加了新的权力，甚至夹带私货，放掉了"风险大的责任"，保留着"僵尸职责"，释放不了活力，群众感受不到制度创新带来的改革红利。又如，在办事过程，尽然出现"中共广州市委×××"需要证明是"中国共产党广州市委员会×××"的事情，其他部门和有些国企也都有类似这类"自己证明自己"的事情。如果证明不了，以追责问责为由不予办理。体制内办事尚且如此，体制外办事就甭说有多难了。再如，对一些集体攻关配合的改革组织能力弱，不对标事业至上、只考虑领导满意，找不准改革切入点，形成不了改革合力和攻坚阵势，凝聚不了改革攻坚力量。深化改革没有触及问题的本质，没有抓住改革深入推进最根本的东西，对一些"结"的攻坚克难不够，仍然在一些非内在的、非主要的、非必要的环节上做不痛不痒的改动、修补、完善、提升，围绕着重大事项、关键事项、敏感事项找"好吃的肉"，起不到实质效果。

（三）求稳怕乱怕冒风险，敢闯敢试敢干的大担当不足，导致尚未形成干事创业的整体合力

习近平总书记强调，全面深化改革进入了一个新阶段，必须"激发制度活力，激活基层经验，激励干部作为，扎扎实实把全面深化改革推向深入"。改革进入了全面深化的深水区，每项改革都涉及利益的调整，同时中央要求改革要有法有据，反腐败、追责问责力度加大等，这些都使改革面临着很多新矛盾、新风险。在全面深化改革越需要志存高远、敢想敢干、奋勇前行的时候，党员干部队伍中普遍存在着精神状态和工作作风"骄、懒、松、奢"现象，有的党组织不能把该担的责任担起来，简单地把责任层层分解，变成层层转嫁责任，面对出现的问题和偏差肩膀软扛不住、推责任、贪功透过，形成了"蝴蝶效应"，使相当多干部怕因改革得罪人、惹麻烦，影响仕途，不敢担当，缺乏敢于碰硬的勇气和魄力，对改革往往说得多、做得少，求稳怕乱，搞形式主义、花架子，甚至成为改革的阻力。

一是满足于"小富即安"，缺乏"强起来"站位上那种志存高远的担当。如果说1978年开启的改革开放决定着民族命运，那么党的十八大以来开启的全面深化改革决定的是民族前途，最终成就中国社会主义现代化建设和民族伟大复兴。如果说1978年开启的改革开放是要为"富起来"寻找出路，那么全面深化改革就是要为"强起来"提供支撑。然而，今天的全面深化改革已经不具备1978年"穷则思变"的改革前提，而是处于一种"小富即安"的社会心理和精神状态，立足民族复兴、立足"强起来"站位上那种志存高远的心理格局和精神境界生成。破除不了这种精神层面的障碍，将意味着很难从当下出发创造出新一轮的深度改革和有效发展。中华民族伟大复兴，绝不是轻轻松松、敲锣打鼓就能实现的。广州要勇当"四个走在全国前列"的排头兵，发挥好"两个重要窗口"作用，重振当年改革雄风，也绝不是喊口号喊出来的，填报表填出来的，而是实干干出来的。实干的动力，从根本上讲，是要用中国共产党人那种志存高远的伟大使命感挺起的精神担当。

二是陶醉于"自我感觉"，缺乏对表对标最高、最优、最好那种自我革新的担当。长期以来，有些党员领导干部总是喜欢讲"我们只干不说"，或者认为"我们一些东西早已经干了，只是没说、没总结而已"。这种现象表现出了我们对"自我感觉良好"的陶醉，总觉得我们的改革发展是先进的，是前沿的，是最好的。改革到不到位、工作干得好不好、创新成效大不大，不是自己说了算，而是要由人民群众来检验，由历史来评判，在对标最高、最优、最好的比较中体现。上海、深圳、江浙，这些地方不只经济发展领先、后劲潜力大，而且其思想解放力度之大、观念变革程度之深、忧患意识和危机感之强、担当拼搏劲头之足、战略谋划之远，都值得我们认真学习。要在对标最高最优最好中深受震撼、深受触动、深受启发，绝不能"三分钟热度"，依然故我。要敢于刀刃向内，在思想深处来一场深刻的自我革命，在思维能力上来一次真正的自我革新，进一步从"自我感觉良好"中解放出来，进一步从"我的政绩"中解放出来，在不触碰党纪法规底线的前提下，把主观能动性发挥到极致，打破陈旧思维模式、改变固化工作方式，以对历史、人民和广州发展高度负责的态度，积极作为、干事创业，把发展的动力活力最大限度地激发出来。

　　三是拘泥"追责问责"，缺乏打通改革"最后一公里"那种奋楫前行的担当。改革开放初期，习仲勋同志在刚刚"平反"两个月后主政广东两年八个月，主动向中央"要权"，推动开启广东改革开放的伟大征程。对此，习仲勋同志讲："广东这事，今天不提明天要提，明天不提后天要提。中国社会发展到现在，总得变，你不提，中央也会提。拼老命，我们也要干。"相对于当时形势，我们今天的政治形势、发展形势、改革形势都是积极的，只要有利于强化党的领导、促进全面从严治党，有利于落实新发展理念、推动高质量发展，有利于践行以人民为中心的发展思想、维护人民群众根本利益，在严守党纪国法、保持清正廉洁的前提下，党中央和各级党委都是容许出现失误、偏差的。和习仲勋同志所展现的"拼老命，我们也要干"的敢为人先担当精神相比，我们缺少了"拼命三郎""施工队长""敢死队长"的奋楫前行的豪气，在打通改革落实"最后一公里"上缺少了不计个人得失、一竿子插到底、拔出腿来两脚泥的坦坦荡荡和胸怀大气，甚至有些文件制度党中央和国务院已经出台多年了，而广州却似乎"两耳不闻窗外事"，畏缩不前、迷茫无措、等待观望，不敢改革、不敢担当。这就会影响整体改革士气，使敢于闯、敢于试、敢于改的豪气在焦急等待中慢慢消退。

（四）战略规划相对缺乏稳定性、延续性，对现代大工业重视不够、布局滞后，导致经济增长后劲相对乏力

广州在城市战略规划上曾引领全国，开城市战略规划之先河，在全国最早开展商业网点规划，也是较早探索"三规合一"的地区之一。然而，历数历年来出台的政策文件，广州战略规划的稳定性、延续性显得相对不足，这在一定程度上制约了城市发展上台阶。从1993年首提国际大都市，到现代化中心城市、现代化大都市、首善之区、国家中心城市再到枢纽型网络城市、引领型全球城市等，20多年间其战略定位至少变动了七次，具体功能定位更是频繁调换。此外，广州在中长期产业规划尤其是主导产业的选择上也有些游移不定，不利于产业培育，也影响投资信心。反观上海，自20世纪90年代以来，一直围绕国际大都市及其所属"四个中心"功能而进行，直到近期才升级为建设"卓越的全球城市"，而其主导功能构成也仅是在原"四个中心"基础上增加"国际科技创新中心"而已。颇具发展活力的深圳，自2003年以来一直将建设"高科技城市、区域性金融中心城市"作为其长期发展战略。

受长期商贸文化的影响，广州在经济战略上相对忽视重化工业的布局与发展，导致土地、资金等核心资源更多地涌向第三产业，尤其是房地产领域。这在一定程度上造成了经济的"脱实向虚"趋向，导致了今天广州科技创新与经济后劲相对不足的被动局面。广州基于80年代第三产业的恢复性爆发式增长，在90年代上半期珠三角工业强力发展和自身工业竞争优势弱化的大背景下，一度过早地转向第三产业主导发展，力图依托服务业来树立新的区域竞争优势，资源要素和项目引进大多投向酒店、房地产等具有"短、平、快"特征的传统服务业，从而对工业结构升级形成了一定冲击，致使IT制造业、乙烯等一些先进制造业，或丧失发展良机，或出现巨大波折而另寻出路。国际金融危机后，广州强调服务经济优先战略，以放弃中科石化项目和取消南沙重化工基地定位为标志，除汽车产业外，重化工业扩张受到较大影响，使广州重工业进程仅在七八年后就受阻甚至被人为压缩。对大工业布局缺乏战略考虑，工业化过程不充分，大大削弱了广州投资后劲和快速做大经济"蛋糕"的能力。

（五）对战略性高端资源的争夺发力过晚，争取扩大城市管理权限的努力不够，导致原有高端资源逐渐外流

从现实看，与四大"追兵"相比，广州在争取战略性高端资源方面显得成效不够，这固然有国家战略因素，但更要分析主观原因。首先，对央企投资的争取力度不够。一段时期内，广州在争取央企投资方面不够积极主动，导致一批富有战略价值的新兴产业项目（如航空航天、环保节能、海洋工程、轨道交通等）旁落他地，天津、重庆成为最大受益者，滨海新区、两江新区获得快速发展。其次，对骨干大项目的引进重视不够。大项目背后往往牵涉千亿元级的产业链，如天津、重庆的大石化、大飞机、笔记本基地等大项目，投资动辄几十亿美元，而广州除汽车之外，多年在引进大项目方面乏善可陈，只是在近期才有了些许突破。再次，对金融资源的争取力度不够。广州诚不能与上海、北京、深圳三大金融中心争锋，但国内其他城市亦能给广州以启示，如天津获批国家金融改革创新试验区，成为全国规模最大的股权投资基金集聚地；温州获得金融综合改革试点，成为全国民间金融试点基地；重庆、杭州也先后获批多个金融交易平台，使其金融产业规模直逼广州。最后，对总部经济的争夺力度不够。不但吸引的增量不足，许多城市还许以优厚条件来穗争取总部迁移，一批名企总部迁往他地发展。

作为国家中心城市，需要代表中国参与国际竞争与合作，若没有足够的自主管理权限或某些重大资源配置决策权，不仅难以吸引到关键性的战略资源或项目，而且还容易导致城市原有高端资源的外流。过去二三十年，广州固然依靠相对成熟的市场化优势推动了经济的崛起，但在经济发展的"另一只手"——政府管理与资源配置能力上却显得相对乏力，而这既与现有城市行政体制级别有关，更与广州在向上级争取某些关键性的管理权限上的努力不够有关。比如，由于财政分配体制的博弈与北、上、深差异较大，广州本级收入的自我留成比例几乎是所有副省级城市中最低的，但广州多年来缺乏与上级政府必要的沟通与博弈，从而造成人均财力在同类城市中几乎垫底的被动窘境；广州与中央各部委的沟通交流也明显不够，由此导致在配置重大项目、争取重大资金、争取重大改革试点权上得到的政策支持或授权相对不足；广州在某些关键性的城市立法权上也出现一定程度的弱化趋势，向上级部门争取扩大立法权的努力显得不够。此外，最为关键的是，由于受粤广信和关闭广州期交所两大事件的影响，广州后来在争取筹划设立跨区域全国性金融市场交易平台或重大金融创新改革试点上一度显得过于保守和消极，从而彻底丧失了保持多年的中国金融第三城地位。这些教训都值得我们好好反思。

三 对广州未来建设全球城市的若干战略判断

通过上述比较分析，结合当今全球城市的主要趋势，本书对广州未来建设全球城市有以下若干战略性判断。

第一，在全球城市的崛起路径上，作为中国第三城和粤港澳大湾区三大高能级中心城市之一，广州不宜采取纽约、伦敦、巴黎、香港等这样主要依靠金融、文化等虚拟经济支撑、引领发展的道路，而是应重点对标二线全球城市中的新加坡、洛杉矶、芝加哥等，着力实施以先进制造业实体经济托起城市能级的转型发展道路。

第二，巨型城市区已成为全球城市崛起的关键，广州建设全球城市，必立足于积极融入并引领大湾区发展。从现有建设容量和生态承载力看，粤港澳大湾区内的空间建设和人口、土地等资源存量已趋饱和，而无论对广州还是大湾区而言，其未来发展重点已不是城市化拓展，而是资源要素的自由流动。对全球城市而言，要素流动重于城市建设，许多存量资源和要素（如人才、技术成果、低效物业、闲置资本、僵尸企业等），只有充分流动起来才更有价值，也才能体现全球城市的枢纽、控制功能。

第三，在全球城市体系中，"科技＋金融"型的新兴全球城市正加速崛起。无论未来城市如何定位，"科技＋金融"的发展模式已成为当今主要全球城市崛起与发展的"标配"，美国的城市抓住了这一点，如洛杉矶、波士顿、旧金山等，不仅是全球科技创新中心，也都是国际特色金融中心；中国的上海、北京、深圳也都是这个模式，新加坡也是如此，唯有香港略微例外，所以才导致其近些年来发展势头有所疲弱、下滑。像广州这样的后起型全球城市必须高度关注这一新动向、新趋势，绝不能在科技创新的竞争中边缘化。

第四，联结功能及全球联系度是作为全球城市的基本特征。目前，广州的全球联系度还比较低，在国际权威机构的城市排名中，广州的这项指标大致排到第40位以后。这表明，尽管广州海、陆、空、铁枢纽设施已达国际一流，但在全球联系中的经贸、企业、NGO、文化、旅游、信息、城市外交等全球联系网络还很不充分、很不完善。在软联系正改变和主导世界城市体系的大背景下，广州的全球硬联系相对较好，但在全球性软联系实力上还需要下大功夫加以拓展、改善。未来，加强广州的全球联系，重点是要注重软联系，即信息的联系、技术的联系、文化的联系、知识与智慧的联系等。在城市基础设施建设上，不仅要注重"铁公机"等硬件交通设施，更要加大力度布局"云网端"等软性基础设施。

第五，从科尔尼等全球城市评价结果看，科技创新中心城市与新兴经济体中心城市开始打破固有全球城市格局，进入最具城市竞争力行列。就中国城市而言，优势资源和要素加速向一线城市转移，导致二、三线中国城市全球城市的竞争力排名停滞不前甚至有所下滑，与一线城市的排名明显拉大。广州虽是中国的一线城市，却是最弱势的一线城市，必须高度重视并积极应对"强者恒强"的虹吸效应给广州的发展前景带来的威胁和隐忧。

第六，未来广州全球城市崛起的关键是做内容、做运营，而非空间整合与管制，是要多注重产业发展导向，而非土地主导型施政思维。目前，在全国四个一线城市中，广州是对房地产经济依赖度最高的城市（见表4-1），也是拥有中国500强企业、上市公司、独角兽企业等最少的城市。土地也是一种重要资源，若国土规划部门的"话语权"长期凌驾于经济发展部门之上，若城市主政者更关心的是房地产的运营发展，则最终可能使广州陷入另一种"资源诅咒"中，从而成为广州建设全球城市的桎梏或"陷阱"。

表4-1 国内四个一线城市经济对房地产业综合依赖度状况（2014年）

指标＼城市	北京	上海	深圳	广州
房地产开发投资额占GDP的比重（%）	18.34	13.61	6.68	10.87
土地出让金收入占地方一般财政预算收入比重（%）	47.60	38.54	26.64	70.49
房地产销售产生税收总收入占地方一般财政预算内收入比重（%）	4.05	4.31	3.52	8.40
房地产行业对就业的贡献度（%）	0.022	0.020	0.016	0.020

续表

指标 \ 城市	北京	上海	深圳	广州
城市首富 TOP10 中从事房地产为主的富豪数（位）	4	2	3	5
城市经济对房地产业综合依赖度	0.29	0.22	0.14	0.31
综合依赖度排名	2	3	4	1

第七，作为全球城市，必然是一个文化多元包容的超大城市。广州在这方面拥有建设全球城市的优良历史传统和良好市民文化基础。今后，打造引领型全球城市，广州还要注意把二三十万外籍人口纳入全球城市的战略谋划、形象塑造和文化建构中，充分展现广州作为新兴全球城市的文化多样性以及多元、包容、开放的国际形象。

第八，在广州建设全球城市的战略规划中，要注意协同好城市发展的快变量（经济、基础设施建设等）与慢变量（文化、教育、社会文明等）之间的关系，要注意处理好慢变量与快变量的矛盾。世界正变得越来越快，计算机性能每隔18—24个月就能提升一倍，互联网使投资信息几乎没有任何时滞传遍全球各个角落，所以对快变量的追逐理所当然，但据此忽视慢变量的培育和发展也是错误的，应努力发挥好慢变量对快变量的协同效应、乘数效应。

第九，科技是决定当前全球城市竞争力最重要的因素。目前，新兴全球城市的科技创新，无一不是布局在互联网与信息科技上，这也是构成城市软联系的重要支柱。然而，广州建设全球城市是一个漫长过程，这个周期与科技及产业革命周期不一定相同。作为一个综合型全球城市，广州在未来战略性科技发展布局上，除了互联网，还要高度重视物联网、新能源、生物医药健康等。事实上，以互联网为代表的信息科技主要解决的是经济发展的成本和效率问题，但它不能从根本上解决核心技术与产业质量的问题。而在新能源领域，随着中国率先在可燃冰等新能源上的突破，很可能发展成一个类似页岩气那样巨大的新能源产业；此外，还有光材料技术等对于重大疾病的治疗也显现出巨大的市场前景。广州未来建设引领型全球城市，不能不前瞻性地对新科技领域进行战略性多元布局。

第五章　广州全球联系度指数的构建与评价

一　引言

全球城市作为全球化和信息化时代城市发展最高水平的体现，不仅是全球范围内重要的交通和信息枢纽，在集聚和配置国际经济、政治和社会等要素资源方面，也发挥着关键作用。随着全球化程度的不断加深，全球范围内城市之间在经济、政治、社会以及基础设施等方面的联系和相互依赖性不断加深。在此背景下，全球城市的内涵不再局限于作为跨国公司总部、国际组织、高级生产性服务业以及人口的集聚地等属性。如何增强其与全球范围内其他城市之间的联系，以增强城市在全球的资源集聚能力，强化其在全球城市网络中的控制和协调作用，成为城市寻求进一步发展的重要突破点。

广州作为千年商都和中国对外开放的前沿阵地，长久以来都保持着重要的国际联系。近年来，广州国际化大都市建设成效明显，对外联系的发展尤为迅速。在全球化与世界城市研究网络（GaWC）发布的基于高级生产性服务企业的世界城市网络体系中，广州的联系度排名由2000年的第109位上升到2018年的第27位，全球经济联系水平得到大幅提升；此外，白云机场近三年新开30条国际航线，国际航线数量达到157条。除经济、交通等全球"硬"联系增长迅速外,广州包括人文联系等在内的全球"软联系"也提升明显。2017年全市接待海外游客数量超过900万人次。未来,广州将在建设全球城市的道路上继续迈进,其在全球城市体系中的地位和影响力也将进一步提升。因此,研究广州的全球城市联系,并通过与国内外先进的全球城市进行对比,分析广州在全球联系中的地位及其各方面联系存在的优势和不足,对于广州进一步增强其全球联系,有着重要的现实指导意义。

二 城市全球联系的内涵与指标体系构建

(一) 城市全球联系的内涵

对全球城市的理解,当前主要存在两种观点:第一,强调全球城市作为全球性控制中心的功能,即全球城市作为重要的跨国公司总部、国际机构总部等的集聚地,在全球资本支配和国际关系处理中发挥了重要的控制功能;第二,强调全球城市在全球范围内的网络协调作用,凭借其独特的区位优势、交通枢纽优势或经济社会特性,集聚和配置大量跨国人流、物流和信息流。

不管是城市的控制力还是协调力,都强调了全球范围内城市间的联系,即城市的全球联系度对于其发展至关重要。城市间的联系以基础设施、经济等"硬"联系为主,而政治、人文等"软"联系在城市全球联系中也发挥着重要作用,并且作用越来越突出。具体来看,城市的全球联系主要包含以下五个方面。

1. 全球交通联系是城市全球联系产生的基础

以航空、航海为主的现代高速度、大运量的交通方式,为城市的全球联系提供了必要的条件,也是城市全球联系得以实现的基础。

2. 全球经济联系是城市全球联系的核心

跨国公司是当今全球化过程中最重要的作用主体。跨国公司通过跨国投资与国际贸易等形式，强化了全球范围内城市之间的经济联系，并使之成为当今全球化的核心构成要素。

3. 全球政治联系是城市全球联系的重要促进要素

虽然新国际劳动分工下，以跨国公司为代表的经济力量成为全球联系的主要作用者，但政治力量对全球化的影响仍然不可忽视。通过国家之间的联系，以及国际政府间组织和非政府组织的全球活动所产生的全球政治联系，也在很大程度上影响着全球城市联系的强度和格局。

4. 全球人文联系是城市全球联系的重要构成要素

在现代信息基础的帮助下，跨空间的信息即时传输已非常便利，但身临其境的体验和面对面的人际交往仍然是网络虚拟交流所不可替代的。因此，全球人文联系也是全球化时代城市国际联系的重要构成要素。

5. 全球信息联系是信息化时代城市全球联系实现的重要条件和补充

在全球化和信息化时代，城市之间绝大多数联系的实现，都是建立在信息网络基础设施联系之上的。信息联系为城市间的金融交易、知识和信息交流等提供了不可或缺的基础条件，也为城市人与人之间的面对面交流提供了重要补充。

（二）指标体系构建与样本城市选取

1. 指标体系构建

基于以上对城市全球联系的内涵和构成要素的理解，并同时考虑评价内容的全面性、指标数据的可获性以及研究数据的可比性等原则，本书构建了包含5个二级指标和14个三级指标的城市全球联系度评价指标体系。

本书采用德尔菲法（专家打分法）来确定指标权重。根据一级指标的选取，邀请国内全球城市或城市全球化领域的专家进行打分。五个二级指标一共 100 分，专家根据其对各指标对于全球城市联系度贡献的重要性的认知，对总分进行分配。在此基础上，按照各二级指标包含的三级指标数量，对其得分进行平均分配，由此得到三级指标的权重（见表 5-1）。

表 5-1　　　　　　全球城市联系度指数评价指标体系

一级指标	二级指标	二级指标权重（%）	三级指标	三级指标权重（%）
城市全球联系度	全球交通联系	36.68	国际航空客运量	7.34
			国际航空货运量	7.34
			国际航线数量	7.34
			国际海运吞吐量	7.34
			国际海运航线数量	7.34
	全球经贸联系	24.30	跨国公司总部数量	8.10
			生产性服务公司总部数量	8.10
			对外贸易总值	8.10
	全球政治联系	10.02	国际组织总部数量	5.01
			外国使领馆数量	5.01
	全球人文联系	15.00	国际游客数量	7.50
			常住外籍人口数量	7.50
	全球信息联系	14.00	互联网用户数	7.00
			国际互联网网速	7.00

2. 全球城市联系度计算方法

在计算城市联系度前，首先对各三级指标的数据进行标准化处理。数据标准化的方法采用极值法，对序列 $y_1, y_2, \cdots, y_n$ 进行变化，具体计算公式为：

$$y_i = \frac{x_i - \min_{1 \leq i \leq n}\{x_j\}}{\max_{1 \leq i \leq n}\{x_j\} - \min_{1 \leq i \leq n}\{x_j\}}$$

得到的新序列 y_1，y_2，…，y_n 为无量纲化后的数据。各三级指标的得分计算为标准化后的数据乘以其权重；二级指标的得分则为其所包含的三级指标的得分加权得到；对五个二级指标的得分进行加权，则得到每个城市的全球城市联系度指数。

3. 样本城市的选取

为更好地对广州全球联系度的发展现状与存在问题进行分析，研究选取当前在全球城市体系中排名领先的城市作为对比样本，从全球和区域两个层面对广州的全球城市联系度发展现状进行对比分析。为此，研究根据当前全球城市网络研究权威组织 GaWC 公布的 2016 年全球城市体系排名，选取 22 个顶级全球城市作为样本城市，对其全球联系度进行综合性分析。

三　全球联系中的广州：广州全球联系度对比分析

（一）广州的全球联系总体情况及对比

1. 全球总体联系度不突出，与先进全球城市仍有一定差距

通过对 22 个样本城市的全球联系度进行计算和排名，可以将其划分为四个梯队（见图 5-1）。广州的全球城市联系度得分为 16.82，在 22 个样本城市中排名第 15 位，位于第四梯队，领先芝加哥（15.92）、圣保罗（15.26）、悉尼（13.72）、孟买（12.75）、墨西哥城（12.28）、雅加达（10.16）和约翰内斯堡（6.35）七个城市，全球综合联系度发展程度较好。

另外，广州的全球联系度仅为排名前两位城市香港（58.11）和伦敦（54.36）的 29% 和 31%，并且不到新加坡（46.69）、纽约（44.01）和东京（43.14）联系度的 40%，说明广州的全球城市联系度与全球联系中的核心枢纽城市相比尚存在一定差距。

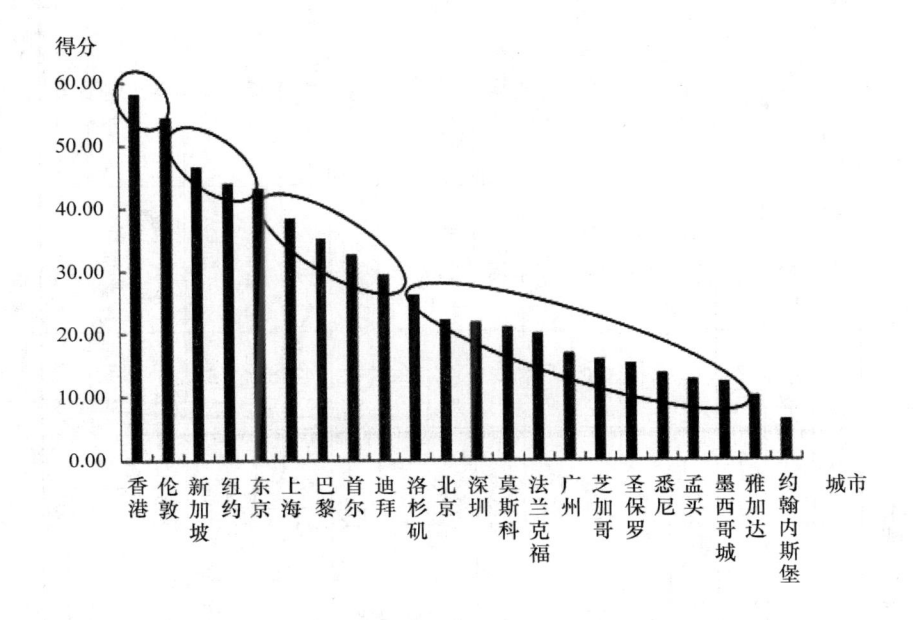

第五章　广州全球联系度指数的构建与评价　135

图 5-1　所选城市全球联系度综合得分、排名及梯队划分

2. 广州排名位于香港、深圳之后，较大程度地落后香港，与深圳差距较小

同处粤港澳大湾区的三个城市——香港、广州和深圳相比，香港全球联系度排名高居首位，深圳也排在第 12 位，均高于广州的排名。从全球联系度得分来看，广州与香港的差距巨大，深圳的联系度也是广州的 1.30 倍。

（二）全球航空、航运联系突出

1. 全球航运联系名列前茅，全球海运网络发达

广州的全球交通联系度在 22 个城市中排名第 10 位，在较大程度上高于其综合联系度排名和在其他几个二级指标上的排名（见表 5-2）。其中，广州的海运联系得分分别为 3.72 和 3.26，均位居 22 个样本城市中的第五位（图 5-2）。2018 年广州港集装箱吞吐量达到 2001 万标箱，国际航线 103 条（图 5-3），分别较 2016 年增长了 6.2% 和 45%，数量增长明显。

广州建设全球城市的评价体系与战略研判

表5-2 各城市全球联系度指数一级指标排名与得分

排名	交通联系 城市	交通联系 联系值	经贸联系 城市	经贸联系 联系值	政治联系 城市	政治联系 联系值	人文联系 城市	人文联系 联系值	信息联系 城市	信息联系 联系值
1	香港	22.49	香港	16.28	伦敦	10.02	纽约	10.94	东京	11.04
2	上海	21.20	东京	15.06	巴黎	8.88	伦敦	9.87	首尔	8.46
3	新加坡	16.78	伦敦	14.46	纽约	6.28	香港	8.38	香港	7.60
4	伦敦	15.84	纽约	12.71	东京	5.62	迪拜	7.93	新加坡	7.38
5	深圳	11.58	新加坡	11.07	北京	4.94	新加坡	7.71	巴黎	5.47
6	迪拜	11.38	北京	10.75	首尔	4.75	洛杉矶	6.96	纽约	5.36
7	首尔	10.59	上海	9.39	莫斯科	4.73	巴黎	5.11	洛杉矶	4.48
8	纽约	8.72	巴黎	7.73	新加坡	3.75	法兰克福	3.75	伦敦	4.17
9	东京	8.44	迪拜	6.92	香港	3.35	深圳	3.43	上海	3.97
10	广州	8.32	首尔	6.78	雅加达	3.32	芝加哥	3.18	北京	3.65
11	巴黎	8.04	洛杉矶	5.43	墨西哥城	3.18	莫斯科	3.04	圣保罗	3.48
12	法兰克福	7.73	悉尼	4.66	洛杉矶	3.13	东京	2.96	莫斯科	3.12
13	洛杉矶	6.33	深圳	4.60	法兰克福	3.03	悉尼	2.76	墨西哥城	2.88
14	莫斯科	5.70	莫斯科	4.46	悉尼	2.81	广州	2.24	芝加哥	2.69
15	圣保罗	3.51	孟买	4.43	圣保罗	2.76	孟买	2.09	深圳	2.26

续表

排名	交通联系 城市	联系值	经贸联系 城市	联系值	政治联系 城市	联系值	人文联系 城市	联系值	信息联系 城市	联系值
16	芝加哥	3.08	墨西哥城	4.41	芝加哥	2.62	首尔	2.04	广州	2.22
17	孟买	2.78	芝加哥	4.35	孟买	2.62	上海	1.75	法兰克福	2.11
18	悉尼	2.41	圣保罗	3.89	上海	2.11	约翰内斯堡	1.73	雅加达	1.38
19	雅加达	2.41	法兰克福	3.43	迪拜	2.02	圣保罗	1.61	迪拜	1.17
20	北京	2.02	雅加达	2.65	广州	1.48	北京	0.95	悉尼	1.08
21	墨西哥城	1.67	约翰内斯堡	2.61	约翰内斯堡	1.24	雅加达	0.40	孟买	0.84
22	约翰内斯堡	0.72	广州	2.56	深圳	0.00	墨西哥城	0.14	约翰内斯堡	0.05

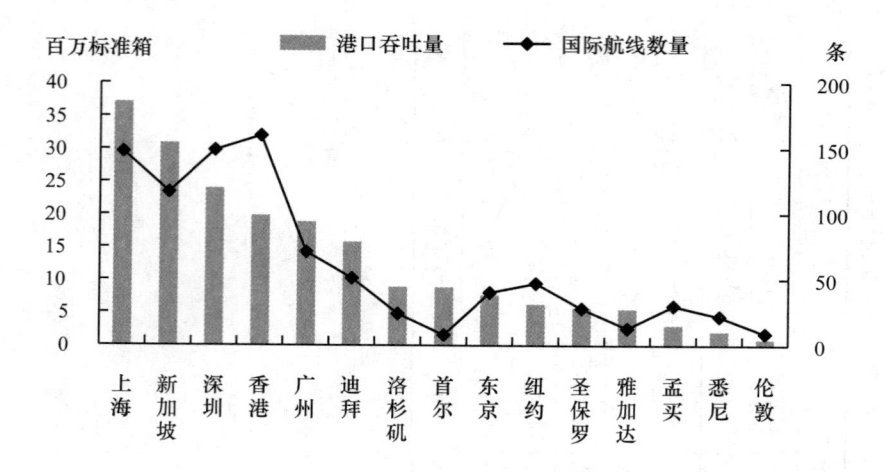

图 5-2　主要全球城市港口吞吐量与国际航线数量对比（2016 年）

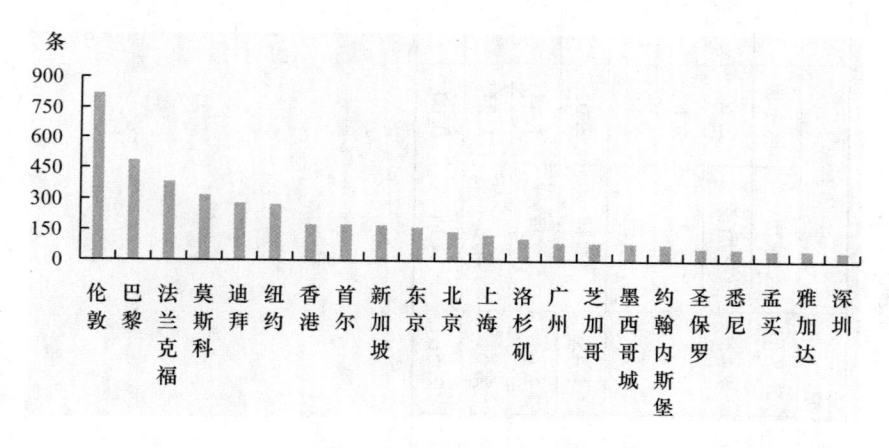

图 5-3　主要全球城市国际航空线路数量对比（2017 年）

2. 全球航空联系良好，与国际核心航空枢纽差距较大

广州的国际航空联系、国际航空货运量和国际航空客运量得分分别为 0.4、0.48 和 0.46，排名分别为第 14 位、第 15 位、第 16 位，与其总体联系度排名较为相近，但与伦敦等国际航空核心枢纽城市相比，广州的全球航空联系度仅为其 5%。

3. 全球海运联系弱于港深，全球航空联系落后于香港、优于深圳

与同区域的香港和深圳相比，广州的港口吞吐量和国际航线数量得分均落后于深圳和香港,分别为深圳的 78.48%、47.73% 和香港的 95.14%、44.41%。广州的国际航线、航空客运和航空货运联系得分分别只有香港的 32.79%、17.84% 和 6.27%,差距比海运更大;而与深圳相比,广州在这三项指标上则存在一定的优势。

(三) 全球人文联系优于综合联系,临时联系要高于长期联系

广州的全球人文联系度得分为 2.24,在 22 个城市中排名第 14 位,也略高于其综合排名。与主要的全球城市相比,广州的全球人文联系度仅为纽约的 20% 和伦敦的 23%。其中,广州的外国游客数量得分为 2.16,位列第 9,在一定程度上高于其人文联系度和综合联系度。而相较于国际游客数量,广州的常住外籍人口数量得分仅为 0.09,位居雅加达、深圳和孟买之前,居第 19 位,仅为排名首位的纽约的 1.2%(见图 5-4)。

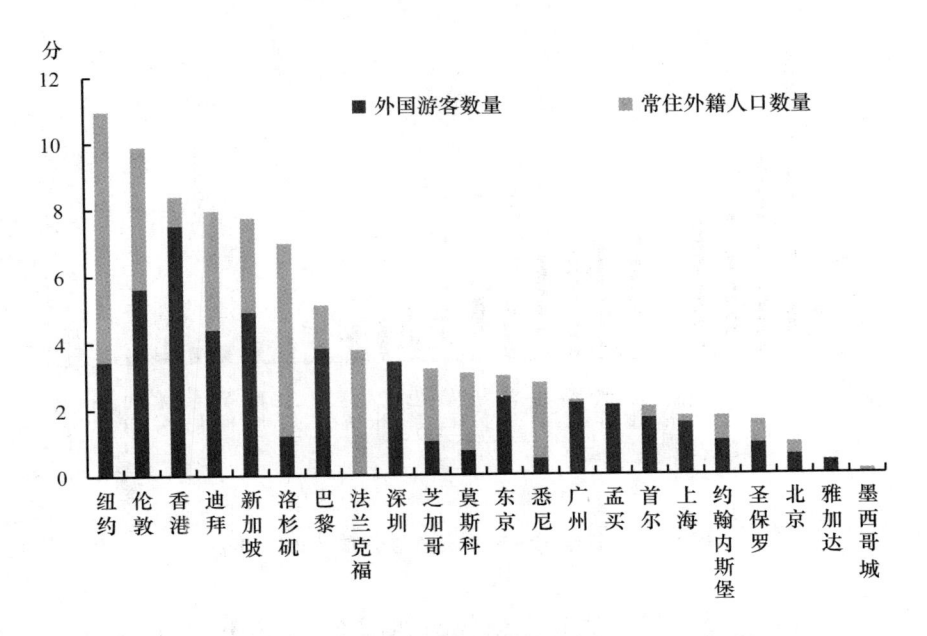

图 5-4 各城市全球人文联系度及相关三级指标得分

在粤港澳大湾区内，香港以 8.38 分的人文联系排名第三，其中外国游客数量更是高达 7.5 分，高居所有城市的榜首，是广州的 3.5 倍；常住外籍人口数量得分为 0.88，排名第 11 位。深圳的全球人文联系以 3.43 分排名第 9 位，亦高于广州。其中外国游客数量得分达到 3.41，是其人文联系得分的主要构成；常住外籍人口得分则只有 0.01，比广州要低。

（四）全球贸易联系仍有一定差距，总部经济和企业网络亟待提升

广州的全球经贸联系得分为 2.56，排在所有城市的最后一位，是排在首位的香港的 15.72%，也在一定程度上低于排名第 13 位的深圳的 4.6 分。其中，广州的对外贸易联系得分为 0.93，在 22 个对标城市中排名第 14 位，但仅为香港的 13.64%，是深圳的 1/3 左右（见图 5-5）。

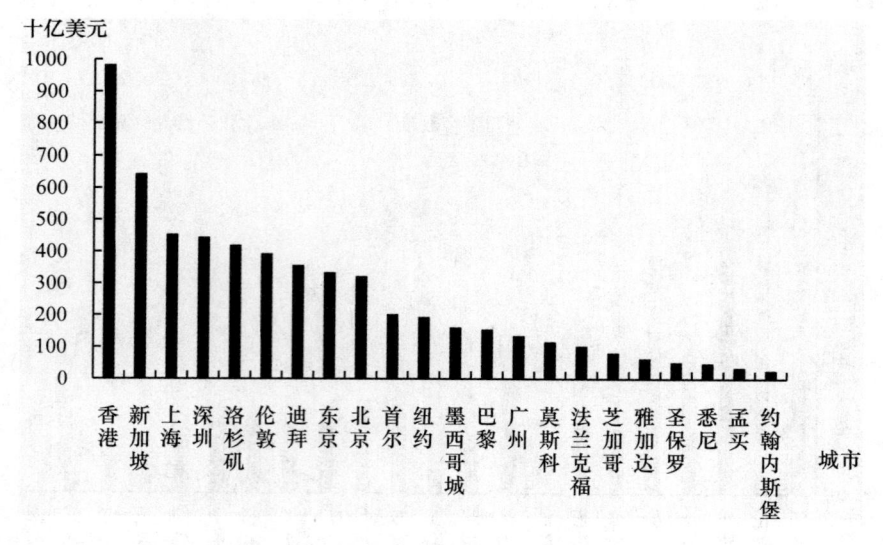

图 5-5　各全球城市外贸总值分布（2016 年）

广州的全球 2000 强企业总部数量排名第 16 位，但得分仅有 0.3，为东京的 3.7%。高端生产性服务企业联系方面，广州仅

领先深圳，排在倒数第二位。虽然近年来广州在 GaWC 基于跨国高端生产性服务企业网络的世界城市网络中的联系度排名增长迅速，但与先进全球城市之间的差距仍然较大，得分仅为伦敦（8.1）的 1/6 和同区域内的香港（4.93）的 1/4。

（五）全球信息联系有待提升

广州全球信息联系得分为 2.22，在 22 个样本城市中居第 16 位，低于其综合排名。其中，互联网用户数得分为 0.93，列第 14 位，是排在首位的东京的 13.28%，但领先同区域内的香港（0.79）和深圳（0.66）。互联网发展便利度得分为 1.30，排名第 15 位，是排在首位的新加坡的 18.57%，也较大程度上低于同区域内的香港的得分（6.8），亦低于深圳的 1.59 分。

（六）全球政治联系差距巨大

广州的全球政治联系得分为 1.48，排名第 20 位。其中使领馆数量得分为 1.46，构成了广州全球政治联系得分的主体，其得分是排在首位的伦敦的 29%。广州的国际组织总部数量得分仅为 0.02，仅为伦敦得分的 0.4%，与国内的北京（0.48）也有一定差距。

粤港澳大湾区内的城市相比，香港仍然是区域内全球政治联系最强的城市，其得分为 3.35，排在第 9 位，得分是广州的 2.26 倍。其中，香港和广州使领馆数量得分分别为 3.21 和 1.46，均构成了其全球政治联系得分的主要部分，而二者的国际组织总部得分都较低。深圳拥有的外国使领馆数量和国际组织总部数量都很低，使其得分都接近 0，这也使其全球政治联系与香港和广州存在较大差距（见图 5-6、图 5-7）。

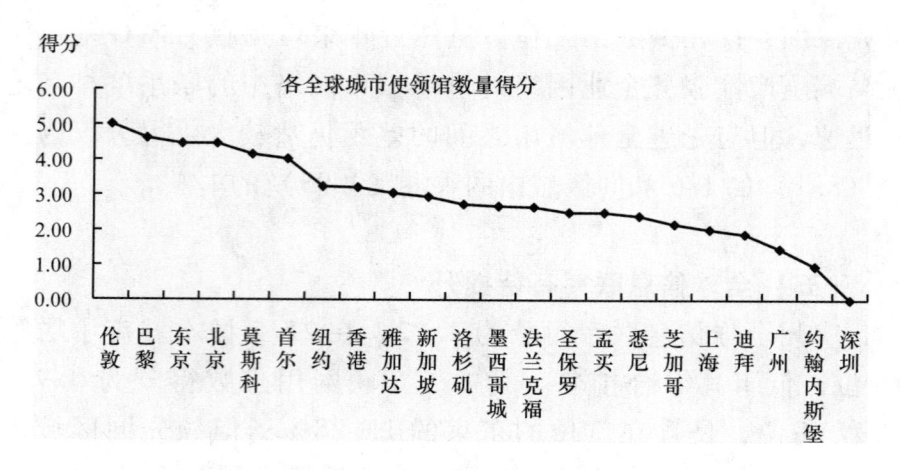

图 5-6　各全球城市外国使领馆数量指标得分

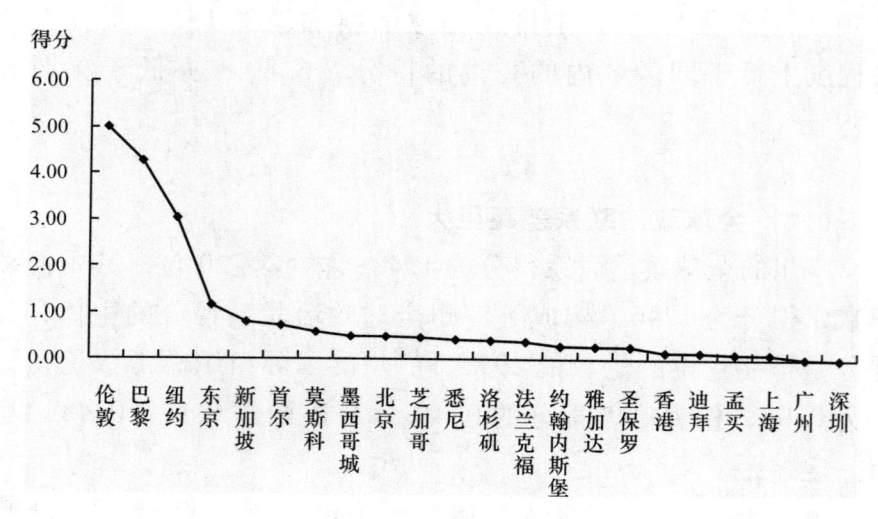

图 5-7　各全球城市国际机构数量指标得分

四　广州提升全球联系度需注意的问题

（一）经贸联系广泛，联系的结构和层次偏低

根据《福布斯》公布的 2018 年全球 2000 强企业排名，总部位于广州的全球 2000 强企业数量为 8 家，在对标城市中排名第 16 位，与其综合排名持平。但与东京、北京、纽约等全球重要的企业总部集聚城市相比，广州的数量分别为其 5.71%、

11.76%和13.79%，差距较大。

高端商务服务业的全球联系方面，广州仅领先深圳，排在第21位；并且，全球规模最大的175家跨国高端商务服务企业中，无一家总部位于广州，将区域性总部设立在广州的企业数量也较少，这也是导致广州在全球企业联系网络中排名相对较低的重要原因。

总的来看，在各个分项指标上的不突出，以及与领先城市之间的巨大差距，使得广州经贸联系的总体得分偏低，仅排在第22位。其全球经贸联系的强度有待提升，结构也仍需进一步优化。

（二）海、陆、空、铁衔接不够，从国家争取到的国际航线不足

虽然在空、海全球联系方面，广州已达到较高的水平，但内部交通衔接方面还有待完善。白云国际机场和南沙港与城市内部轨道交通、公路、铁路运输网络以及外部高速公路网络之间的衔接，均存在较大的问题。

与全球核心航空枢纽相比，截至2017年底，从广州白云机场出发的国际航空线路数量为87条（图5-3），仅为伦敦的1/10和巴黎的1/5，与北京（139条）和上海（124条）也存在一定的差距。可见，广州从航空运输的国际连通度仍然有限。

（三）国际人口数量偏少，人口构成质量较低

截至2017年底，广州在住外籍人口数量超过8万人，但相比于高度全球化的纽约、伦敦等城市，其外籍人口数量分别是广州的70倍和40倍。并且，从人口结构来看，在穗外籍人口以来自韩国、日本和欧美的"三资"企业人员及其家属，以及来自非洲和阿拉伯国家的外贸商人为主，外籍高层次人才的比重较小，国际人口结构构成还有待进一步提升。

（四）国际交往主要由政府推动，高校、科研机构、企业等带来的国际交往不够

近年来，广州成功举办《财富》全球论坛、世界航线发展大会、世界港口大会等一系列有影响力的大型国际会议，打造了《财富》国际科技论坛、国际金融论坛、广州国际投资年会等一批广州会议品牌，广州国际城市创新奖的全球影响力也日益增强。但这一系列活动主要由广州市政府推动。相比之下，高校、科研机构、企业等在开展国际交往方面发挥的作用较为有限。

（五）全球政治联系短板最为突出

广州外国领事馆数量与其他国家首都或地区行政中心城市相比，差距还较大；并且，与同为非首都的全球城市相比，广州的领事馆数量仅为洛杉矶和法兰克福的50%左右，与芝加哥、孟买和迪拜等城市也存在一定差距。根据国际组织联合会记录，总部位于广州的跨国组织和国际非政府组织为5家，在22个样本城市中只领先深圳，数量仅为伦敦的0.32%（图5-7）。可见，广州对国际组织的吸引能力仍然有限，未来仍需花大力气提升在国际机构网络中的联系度。

五　结论与思考

（一）结论

随着全球化和信息化程度的不断加深，以及全球范围内城市之间联系的加强，城市的发展愈加受与其他城市联系的影响。因此，提升城市的全球联系度，对于城市寻求可持续发展至关重要。通过对广州包括基础设施、经贸、政治、人文、信息等全球联系的综合分析，以及与纽约、伦敦、香港等先进全球城

市联系度的对比，可以发现：

第一，广州与当前先进全球城市相比，全球总体联系度并不突出，但考虑到这些城市大多为国家首都，广州的全球联系已达到一定水平，并且在全球交通联系和以国外游客联系为主的人文联系方面优势较为突出。

第二，与香港、新加坡、纽约和伦敦等全球联系网络中的核心城市相比，广州的全球联系度尚存在一定的差距，并且在全球企业联系和政治联系方面的弱点较为明显。

第三，与同区域内的香港和深圳相比，广州虽然在全球联系的各个方面都落后于香港，但相比于深圳，广州在全球航空联系、企业联系、政治联系等方面仍存在一定的优势。

（二）关于广州未来提升全球联系度的思考

1. 巩固和强化全球交通联系，完善内部和区域交通网络衔接

（1）增强国际航运综合服务功能，进一步提升港口、航道服务能力

拓展全球港口交流合作网络。借助 2019 年在广州举办世界港口大会的契机，拓展与全球主要港口友好合作关系的建立，重点加强与"海上丝绸之路"沿线港口之间的交流与合作，拓展广州的全球外贸航运联系网络，促进港口间交流互访和经贸往来。

借鉴全球大港先进经验。借鉴全球大港，特别是香港在航运金融、航运保险等航运专业服务业发展和邮轮港建设等方面的经验，增强广州港的国际竞争力。

推动区域港口协调联动发展。推动广州与粤港澳大湾区内的香港和深圳，以及东莞、珠海、佛山、惠州、中山、江门等港口共同建立区域港口协同发展合作磋商机制。充分利用区域内的香港作为国际航运中心的地位，及其在航运专业服务方面

的丰富经验，加强广州自身海上航运服务的发展，与区域内的香港和深圳等港口形成优势互补、互惠共赢的港口、航运、物流和配套服务体系。

（2）提升机场的内外通达度和衔接度

加强机场设施建设，进一步提升广州国际航空枢纽的竞争力。加快推进白云国际机场第三航站楼和第四、第五跑道的建设，抓紧广州第二机场建设的前期研究和准备工作。

拓展和优化国际航线网络。国际航空网络发展方面，借力2018年白云国际机场2号航站楼开通以及举办世界航线发展大会的契机，拓展与全球主要航空公司的合作范围；同时，重点依托南航基地航空公司的优势，更多地开通与"一带一路"沿线城市和欧美国家主要城市之间的直飞航线，拓展和完善全球航线网络。

构建以白云国际机场为核心的综合性、一体化内部交通运输系统。加快广州北站的升级改造建设，以及广州北站—白云国际机场的新白广城轨、广州南站—白云国际机场的广佛环线、广州南站至白云机场段等空港快线建设，积极构建空铁联运交通体系，建设以白云国际机场为核心，铁路网、公路网和轨道交通网络紧密连接的综合交通网络。

构建大湾区区域协同、一体化的机场体系。加强广州地铁网络与东莞、佛山、中山、惠州等湾区内城市地铁网络的对接，加快穗莞深城际铁路、广佛环线等城际铁路的建设和通车，完善区域内枢纽机场间的交通运输网络。同时进一步强化分工协同，适度竞争，错位发展，共同探索区域机场群协同发展的模式。推动湾区打造整体统一、资源共享、分工明确、功能完善和发展联动的世界级机场群。

2. 加强国际交往，吸引国际机构集聚

（1）打造国际交往中心

进一步加强政府在国际交往和举办大型国际活动中的作用

的同时，鼓励高校、科研机构和企业更加主动地参与到国际交往中来。通过申请和举办更多高等级的国际展会和国际会议等大型国际事件，搭建多元化的国际交流合作平台，在宣传和提升广州国际形象的同时，加强与先进全球城市之间的交流、合作，吸引更多世界知名机构、会议论坛等落户广州。持续推进国际友好城市缔结的"百城计划"，积极拓展国际"朋友圈"，拓展与全球范围内城市之间的联系和交往。

（2）提升国际政治影响力

进一步发挥国内重要政治中心城市的功能，吸引更多国家和地区来此设立领事机构。通过举办国际会议，邀请知名国际机构参会，在扩大国际政治知名度的同时，也借机与国际机构进行洽谈，吸引其来穗设立区域性总部或分支机构。积极参与国际组织发起的全球活动，融入全球联系和交流网络的同时，宣传和推介广州，提升广州的国际影响力。

3. "引进来"和"走出去"相结合，加强城市文化宣传与营销，增强全球人文联系

（1）挖掘独特文化资源，扩大旅游业对外开放

广州拥有丰富和独特的岭南文化资源，其城市现代化建设和全球联系的基础设施建设也拥有较高水平，这也为其提供了较好的全球人文联系基础。未来应进一步加强广州岭南文化、历史文化和港航文化等特色文化的挖掘，丰富旅游资源。加快推进南沙邮轮母港建设，进一步增加国际班轮航线，研究简化邮轮、游艇旅客入境手续，与港、澳合作开发跨境邮轮旅游产品。

（2）"引进来"和"走出去"相结合，提升对外宣传水平

通过举办大型国际事件，吸引国外人员来穗，更好地为其提供感受广州的社会、文化、营商环境等全方位体验的同时，未来广州应主动"走出去"，宣传和推介广州，提升广州的全球曝光率和知名度。同时，通过与国内外知名传媒公司合作，制

作易受西方受众接受的城市宣传片，并在全球范围内以多种形式播放，如通过与国际知名电影出品商合作，将广州典型的城市形象植入商业"大片"等，加强城市文化和城市形象的全球宣传和营销，使外部世界更多地了解和理解广州。

（3）加强对外籍人才的吸引，提高人口国际化水平和质量

继续优化引才引智综合环境，从人才引进的力度、人才落户的便利度以及人才服务的全面性等多方位入手，着力加强对外籍人才的吸引，重点加强对港澳地区人才的吸引力度。支持港澳高校来广州联合办学，鼓励港澳青年来广州的学校就读和就业，完善港澳居民特别是内地学校毕业的港澳学生在珠三角九市就业生活的政策措施。

4. 优化产业结构和国际贸易结构，提升全球经贸联系

（1）巩固和提升国际贸易联系优势

优化国际贸易产业结构，加强对外贸易服务支撑。优化调整传统的外贸产业结构，更多地发展服务贸易，特别是高端的生产性服务业对外贸易。重点发展金融、物流、会展等产业，为外贸转型升级提供支撑。

强化跨境电商出口贸易优势，建设全国跨境电商发展高地。创新外贸出口方式，鼓励跨境电商的发展。以跨境电商综合试验区为核心，继续巩固跨境电商出口贸易全国领先的地位，并建设成为全国跨境电商中心城市和发展高地。

鼓励对外贸易，提升外贸便利度。鼓励和支持金融机构对外贸企业，特别是中小企业的金融支持。中间环节上，进一步出台相关措施，提高外贸通关效率，降低外贸税费成本，鼓励对外贸易，提升外贸便利度。

（2）提升在全球经济网络中的控制和协调作用

培育壮大本土龙头企业，吸引大型跨国企业总部入驻，提升全球经济控制能力。进一步培育南方电网、广汽等老牌世界500强企业继续做大做强；鼓励雪松控股等广州本土民营企业发

展壮大；重点支持广发银行、广发证券等高端生产性服务企业发展为各自行业的领先水平。在支持本土企业发展壮大的同时，鼓励其拓展全球市场，提升在全球范围内的控制力和影响力。在壮大发展本土企业的同时，吸引知名跨国企业来穗设立区域总部。

除发展总部经济外，还应吸引知名跨国企业在穗设立分支机构。通过跨国公司遍及全球的分支机构网络，更多地参与到全球经济网络中来，以提升广州在全球经济中的协调作用。

5. 加强互联网基础设施建设、升级和推广

（1）优化升级信息网络基础设施

坚持网络强市的建设目标，推广光纤宽带入户，提高4G信号覆盖范围，并积极推动5G的大规模商用，进一步改善信息网络基础设施状况，持续推动网络提速降费。加快布局基于互联网协议第六版（IPV6）的新一代信息基础设施；加快互联网国际出入口带宽扩容，全面提升流量转接能力。

（2）构建统一、便利的区域信息基础设施网络

构建区域统一、便利的信息基础设施网络，推进粤港澳网间互联宽带扩容。推动粤港澳大湾区无线宽带城市群建设，实现免费高速无线局域网在大湾区热点区域和重点交通线路全覆盖。

第六章 广州全球城市宜居指数的构建与评价

一 引言

城市的主要矛盾是人与环境的对立统一，城市发展的核心目的是满足人类不断增长的物质和精神需求。城市的发展势必会导致一系列的社会问题和环境问题，如交通拥堵、治安混乱、环境污染、资源浪费等。宜居是全球城市的重要组成条件。一方面，良好的宜居性可以吸引更多经济和人文等方面资源的注入，提高城市竞争力和影响力；另一方面，恶劣的城市生活和生态环境将制约城市的可持续发展和城市居民整体生活质量的提升，从而阻碍全球城市的发展。所以，广州要建设成为一个全球城市，实施宜居城市战略、优化生态和生活环境、提高城市宜居水平是不可回避的问题。

当前，建设全球宜居城市已经成为世界主要全球城市制订未来发展计划的共同目标。例如，2010年，芝加哥提出了建设"宜居宜业、生态平衡、经济持续繁荣的可持续世界级大都市"的目标；2014年，新加坡在新一轮概念性规划中提出要建设"温馨的家和清洁、绿色、宜居的城市"；2016年，北京市也提出了建设"国际一流的和谐宜居之都"的目标愿景。广州是国内较早在城市发展战略中提出宜居理念的城市之一，早在2000年，《广州城市发展战略概念规划》就提出了"一个适宜创业发展,又适宜居住生活的山水型生态城市"的城市发展战略目标。近年来,通过出台一系列措施,广州的宜居城市建设更是取得了不错的成效,在新一轮的城市总体规划中,广州又提出了"美丽宜居花城"的目标愿景。本章以全球宜居城市指标体系为研究重点,旨在通过建立一套科学的指标体系,准确反映全球宜居城市的国际发展态势以及广州现状,为广州建设全球宜居城市提供参考。

二 全球城市宜居指数评价体系构建

宜居城市是指适宜人们工作、生活和居住的城市,是宜人的自然生态环境与和谐的社会、人文环境的完整统一,可持续、安全、健康、便利、舒适是宜居城市的核心特质,优良的生态、生活环境则是城市宜居性的集中体现。因此,本书认为宜居城市的内涵应具体包括以下四个最基本的层面。

第一,生态环境优良。城市的发展应该符合生态可持续发展的要求,环境优质、生态良好、景观优美已经成为世界城市共同追求的目标,也成为宜居城市建设首要的任务。纽约、伦敦、巴黎、东京等全球城市近年来在提升城市生态环境方面均做出了不懈努力,极大地提升了城市发展的可持续性。从国际经验来看,全球领先的宜居城市都应该具有新鲜的空气、良好的水质、舒适的气候、优美的绿化环境以及适宜的开敞空间等,以满足城市可持续发展的要求。

第二,社会安全和谐。社会安全和谐是城市社会、经济、文化、环境协调发展的基础,是全球城市建设的重要保障。当前,社会安全已经成为衡量一个城市是否宜居的重要指标。本书认为,社会安全和谐的城市应该是社会运行有序、社会治安良好、财富分配公平、居民安居乐业的城市,应当具备安全的生活环境、健全的防灾与预警系统以及完善的法治社会秩序等保障。

第三，公共服务完善。城市公共服务与居民日常生活关系密切，是城市宜居的重要体现。公共服务完善的城市应当具备健全、公平和便利的公共服务设施，有邻近的商店、医院、学校、休闲运动场地等基础公共设施，能够充分满足城市居民就医、上学、运动、娱乐和休闲等各类需求。

第四，生活舒适便利。不断提高城市居民的生活舒适便利水平，是全球宜居城市建设的重要内容。生活舒适便利的城市既能为居民提供便捷的生活服务，还应当能维持合理的城市生活成本，让城市居民的生活和工作处于轻松、惬意、满足的物质条件中。

基于宜居城市生态环境优良、社会安全和谐、公共服务完善以及生活舒适便利四个方面的内涵（图6-1），从生态环境优良度、社会安全和谐度、公共服务完善度和生活舒适便利度4个维度构建评价指标体系，其中，对一级指标采用德尔菲法，

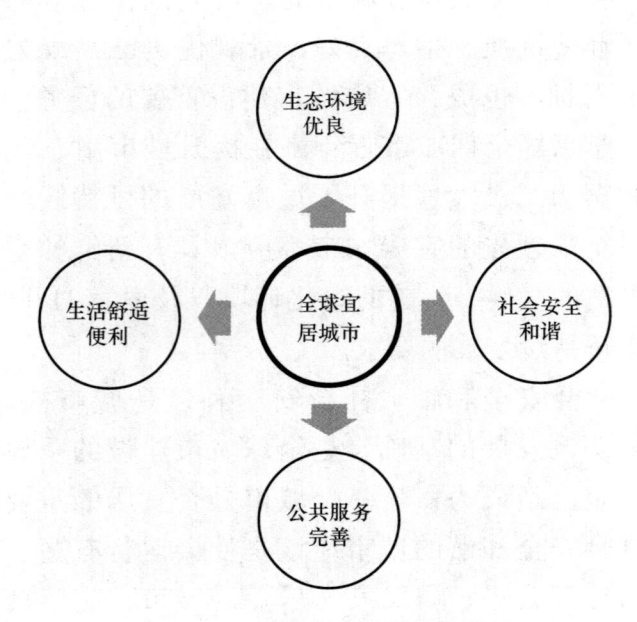

图6-1 全球宜居城市的概念模型

第六章　广州全球城市宜居指数的构建与评价

即通过邀请 20 位专家对一级指标权重进行打分，取各专家打分的平均值确定权重；对二级指标采取一级指标框内均分法处理（表 6-1），运用综合线性加权法对 22 个样本城市进行宜居水平测算（图 6-2）。

表 6-1　全球宜居城市最终评价指标体系

一级指标	权重（%）	二级指标	权重（%）
生态环境优良度	30.86	PM 2.5	15.43
		气候指数	15.43
社会安全和谐度	19.43	安全指数	19.43
公共服务完善度	25.42	教育水平	12.71
		医疗保障水平	12.71
生活舒适便利度	24.29	平均通勤时间	6.07
		每万人地铁长度	6.07
		生活成本指数	6.07
		城市娱乐消费便利度	6.07

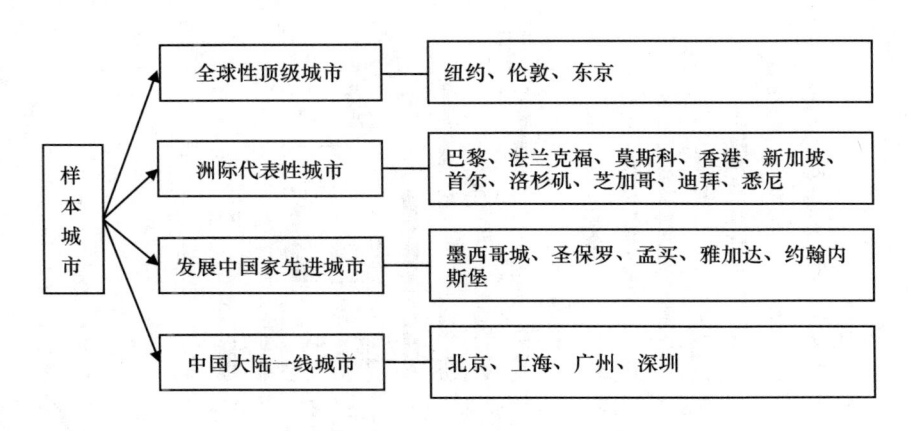

样本城市：
- 全球性顶级城市：纽约、伦敦、东京
- 洲际代表性城市：巴黎、法兰克福、莫斯科、香港、新加坡、首尔、洛杉矶、芝加哥、迪拜、悉尼
- 发展中国家先进城市：墨西哥城、圣保罗、孟买、雅加达、约翰内斯堡
- 中国大陆一线城市：北京、上海、广州、深圳

图 6-2　样本城市的选择依据

三　广州全球城市宜居指数的国际比较

（一）总体比较

第一，22个样本城市总得分可以划分为四个梯队。悉尼、东京、纽约、伦敦、洛杉矶总得分均在60分以上，属于第一梯队，是宜居程度很高的城市；巴黎、新加坡、芝加哥、香港、首尔、法兰克福总得分为50—60分，属于第二梯队，是宜居程度较高的城市；广州、上海、墨西哥城、圣保罗、深圳、莫斯科、北京、约翰内斯堡总得分为30—50分，属于第三梯队，是宜居程度较低的城市；迪拜、孟买、雅加达总得分低于30分，属于第四梯队，是宜居程度很低的城市。从各梯队分布的城市个数来看，位于两极的第一梯队和第四梯队城市数量较少，超过60%的城市分属于第二梯队和第三梯队（图6-3）。

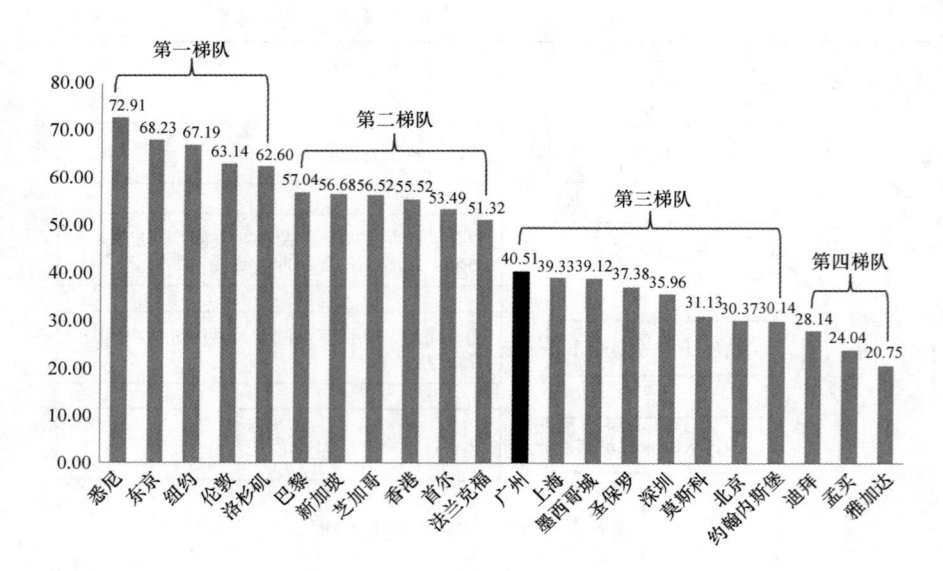

图6-3　样本城市总得分情况

第六章　广州全球城市宜居指数的构建与评价　155

表6-3　各城市各维度得分及排名情况

排名	生态环境 城市	生态环境 得分	社会安全 城市	社会安全 得分	公共服务 城市	公共服务 得分	生活便利 城市	生活便利 得分	总分 城市	总分 得分
1	悉尼	30.16	东京	19.43	首尔	25.42	广州	12.99	悉尼	72.91
2	洛杉矶	25.18	新加坡	18.81	东京	21.69	深圳	12.59	东京	68.23
3	纽约	22.81	悉尼	15.34	悉尼	20.85	纽约	12.31	纽约	67.19
4	圣保罗	21.00	纽约	14.83	巴黎	19.57	伦敦	12.15	伦敦	63.14
5	伦敦	19.47	香港	14.32	伦敦	19.28	香港	11.49	洛杉矶	62.60
6	东京	18.64	芝加哥	12.89	纽约	17.24	芝加哥	10.85	巴黎	57.04
7	墨西哥城	18.49	洛杉矶	12.5	芝加哥	17.1	法兰克福	10.08	新加坡	56.68
8	巴黎	17.98	伦敦	12.25	新加坡	16.48	北京	9.41	芝加哥	56.52
9	法兰克福	16.67	法兰克福	11.77	香港	16.08	上海	9.22	香港	55.52
10	芝加哥	15.68	巴黎	10.65	洛杉矶	15.71	洛杉矶	9.21	首尔	53.49
11	约翰内斯堡	14.7	首尔	10.46	莫斯科	13.07	巴黎	8.84	法兰克福	51.32
12	香港	13.63	迪拜	9.81	北京	12.81	新加坡	8.79	广州	40.51

续表

排名	生态环境 城市	得分	社会安全 城市	得分	公共服务 城市	得分	生活便利 城市	得分	总分 城市	得分
13	深圳	12.93	上海	7.44	法兰克福	12.81	迪拜	8.47	上海	39.33
14	新加坡	12.6	深圳	7.33	上海	11.13	东京	8.46	墨西哥城	39.12
15	广州	11.86	北京	5.81	广州	10.14	首尔	8.19	圣保罗	37.38
16	上海	11.55	广州	5.53	墨西哥城	9.47	墨西哥城	7.65	深圳	35.96
17	首尔	9.42	圣保罗	5.25	迪拜	9.03	悉尼	6.56	莫斯科	31.13
18	雅加达	9	莫斯科	4.8	雅加达	7.6	莫斯科	6.5	北京	30.37
19	孟买	7.25	孟买	4.27	约翰内斯堡	7.4	约翰内斯堡	6.49	约翰内斯堡	30.14
20	莫斯科	6.75	墨西哥城	3.5	孟买	6.39	孟买	6.12	迪拜	28.14
21	北京	2.34	约翰内斯堡	1.55	圣保罗	5.59	圣保罗	5.55	孟买	24.04
22	迪拜	0.83	雅加达	0	深圳	3.11	雅加达	4.15	雅加达	20.75

第二,广州总排名第12位,处于第三梯队首位。评价结果表明,广州全球宜居城市总得分为40.51分,仅相当于悉尼的56%左右,与东京、纽约、伦敦、洛杉矶等第一梯队城市有明显的差距。从中国内地四个一线城市的得分来看,广州的总得分比上海(第13位)、深圳(第16位)和北京(第18位)分别高出1.18分、4.55分和10.14分,位居四个城市之首(表6-4)。总体来看,广州的宜居程度在22个样本城市中属于中等水平,相比于悉尼、东京等公认的全球宜居城市来说,仍有较大的提升空间,但是与上海、圣保罗、深圳、北京、迪拜等城市相比,具有一定的领先优势。

表6-4　　　　广州与北京、上海、深圳得分的比较

城市	生态环境优良度	社会安全和谐度	公共服务完善度	生活舒适便利度	综合评分
广州	11.86	5.53	10.14	12.99	40.52
上海	11.55	7.44	11.13	9.22	39.34
深圳	12.93	7.33	3.11	12.59	35.96
北京	2.34	5.81	12.81	9.41	30.37

第三,广州在生活舒适便利度方面处于领先水平,而在生态环境优良度、公共服务完善度、社会安全和谐度方面与领先城市还存在较大差距。结果显示,广州在生活舒适便利度方面排名首位,远高于东京、悉尼等城市,但在生态环境、公共服务以及社会安全方面与全球宜居城市之间仍然存在较大差距,目前广州在生态环境优良度和公共服务完善度的排名都是第15位,在社会安全和谐度的排名是第16位,处于中等偏下水平。

(二)多维评价

1. 生态环境保护取得明显成效,但与领先城市相比仍存在一定差距

近年来,广州通过实行最严格的环境保护制度,在生态环

境保护方面取得了十分显著的成效。城市空气环境质量水平不断提升，水环境质量水平保持稳定，资源能源消耗强度不断降低，城市生态环境持续优化。目前，"广州蓝"已经成为广州一张亮丽的城市名片，2017年广州市空气质量达标天数较2013年增加34天，成为国家中心城市及地区生产总值超万亿元、常住人口超千万的省会城市中，率先实现PM 2.5达标的城市。从气候条件来看，广州属于南亚热带季风气候区，气候宜人、四季如春、繁花似锦，是名副其实的"花城"。

但与悉尼、洛杉矶、纽约、伦敦等城市相比，广州在生态环境优良度方面仍然存在一定差距。在22个样本城市中，广州的生态环境优良度排名第15位（图6-4）。在PM 2.5方面，根据世卫组织发布的全球空气污染数据库，广州已连续两年

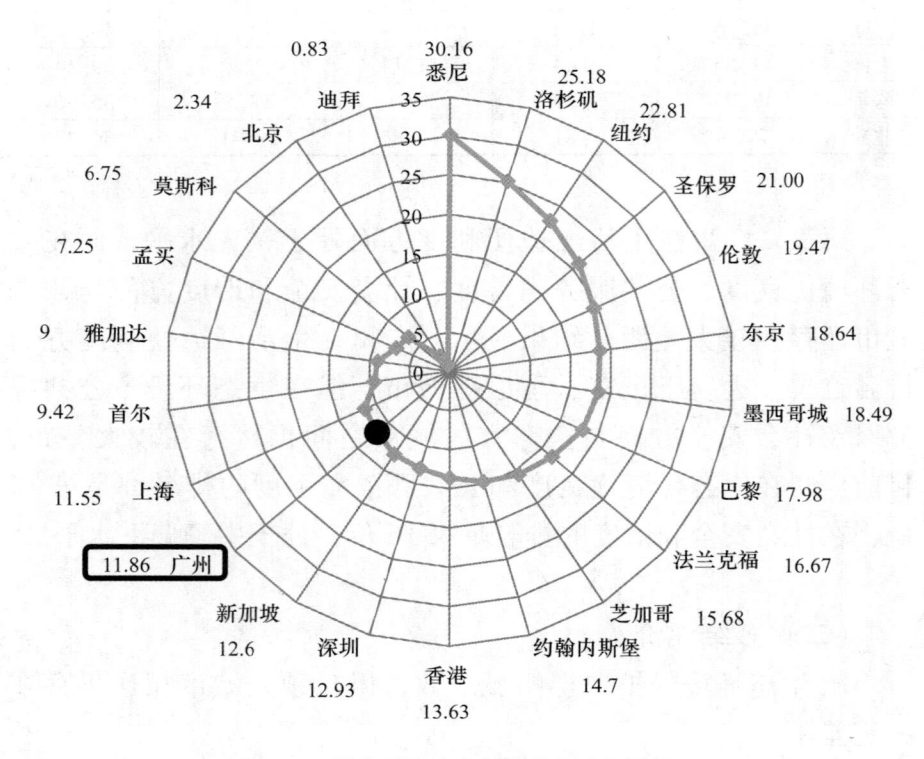

图6-4 样本城市生态环境优良度得分情况

PM 2.5浓度达到35 ug/m³，远低于国家规定的标准值（75 ug/m³），在国内城市中也处于较优水平。但是与悉尼（8 ug/m³）、纽约（9 ug/m³）、洛杉矶（11 ug/m³）、芝加哥（12 ug/m³）、伦敦（15 ug/m³）、东京（15 ug/m³）等城市相比，仍然有一定差距。另外，广州的气候条件在样本城市中处于中等水平，排名第10位，虽然高于纽约、芝加哥、北京等城市，但是与圣保罗、悉尼、洛杉矶等城市相比，得分相对偏低。

2. 群众社会安全感持续上升，但城市安全度仍有较大提升空间

近年来，广州市通过开展"平安广州"创建活动，以及深入推进"飓风2017专项打击行动""百日攻坚大会战"等一系列措施，极大地提升了城市的安全度，全市群众社会安全感持续上升。根据中山大学城市研究中心对2017年度广州群众安全感和公安工作满意度调查数据，2017年，广州全市群众安全感高达98.2%，治安满意度达98.7%，群众安全感较2016年提升2.6个百分点，群众安全感、治安满意度和公安工作满意度都达到历史新高。

但相对于东京、新加坡、悉尼等全球城市，广州在社会安全度方面仍有较大差距。根据测算结果，广州的社会安全度分项得分仅为5.53分，在22个样本城市中排名第16位，既与排名前三位的东京、新加坡、悉尼存在较大差距，也低于上海（7.44）、深圳（7.33）、北京（5.81）等国内城市（图6-5）。根据经济学人智库发布的《全球城市安全指数报告》，广州城市安全指数在50个全球城市中排名第38位，与排名靠前的东京、新加坡、大阪以及斯德哥尔摩等城市差距较大。具体而言，广州在基础设施安全方面排名第31位，在数字安全和卫生安全两个方面排名均为第37位，在人身安全方面排名尤其靠后，表明广州在城市安全的各个方面与国际先进城市相比仍存在一定差距。

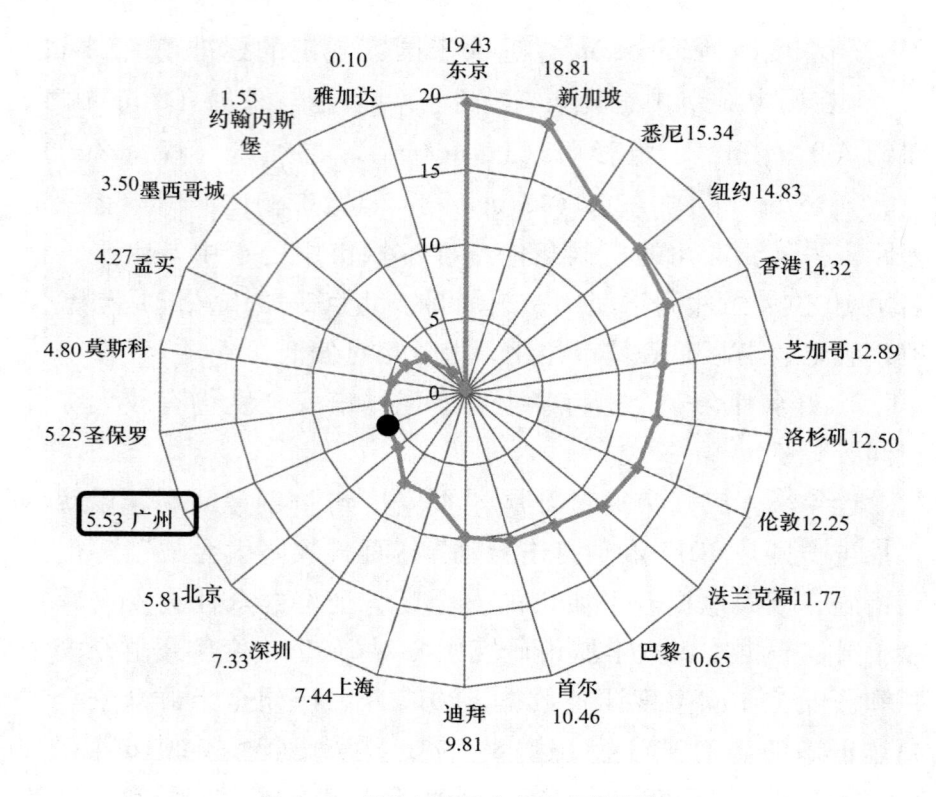

160 广州建设全球城市的评价体系与战略研判

图6-5 样本城市社会安全度得分情况

3. 医疗保障方面优势明显,但教育水平仍未达到国际大都市水平

根据评分结果,广州公共服务完善度得分为10.14分,在22个样本城市中排名第15名,与国际大都市相比差距明显(图6-6)。从具体指标来看,广州医疗保障水平得分较为理想,为6.44分,在22个样本城市中排名第8位,不仅高于北京、上海、深圳这些国内城市,甚至高于芝加哥、洛杉矶等国际发达城市。根据复旦大学医院管理研究所发布的最新的《中国医院排行榜》,广州有7家医院进入综合排名前50,9家医院进入全国医院榜前100名,占比高达9%。在《最佳专科声誉排行榜》中,广州有两个专科在全国排名第一,分别是广州医科大学附属第一医院的呼吸科以及中山大学中山眼科中心的眼科,已连续五年位居榜首。

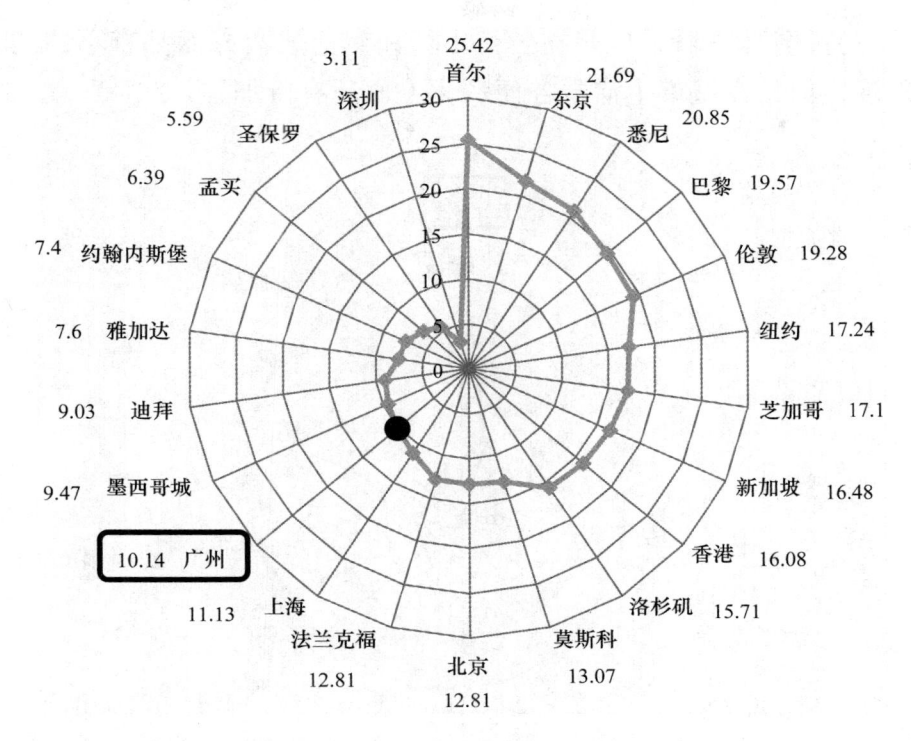

第六章 广州全球城市宜居指数的构建与评价

图 6-6 样本城市公共服务完善度得分情况

虽然广州在医疗保障方面优势显著,但是,教育水平得分却不太理想。数据显示,广州教育水平得分仅 3.69 分,在所有样本城市中排名第 16 位,不仅远低于首尔(12.71 分)、伦敦(12.54 分)、悉尼(11.78 分)、芝加哥(11.24 分)、东京(11.18 分)等国际发达城市,也低于北京(7.64 分)和上海(6.71 分)这两个国内城市。根据 US News 世界大学排名,广州仅 2 所大学入围世界 500 强大学榜单,远低于伦敦(15 所)、巴黎(12 所)、首尔(8 所)、纽约(7 所)、香港(6 所)等城市,相比北京(5 所)和上海(3 所)也存在一定差距。

4. 生活舒适便利度排名高居首位,但生活服务便利化方面仍需提升

根据评分结果,广州的生活舒适便利度总得分为 12.99 分,在 22 个样本城市中排名第一位,具有明显的领先优势(图

6-7）。具体来看，广州在公交出行和生活成本方面都有不错的表现，但是在城市生活服务便利化方面还有待加强。

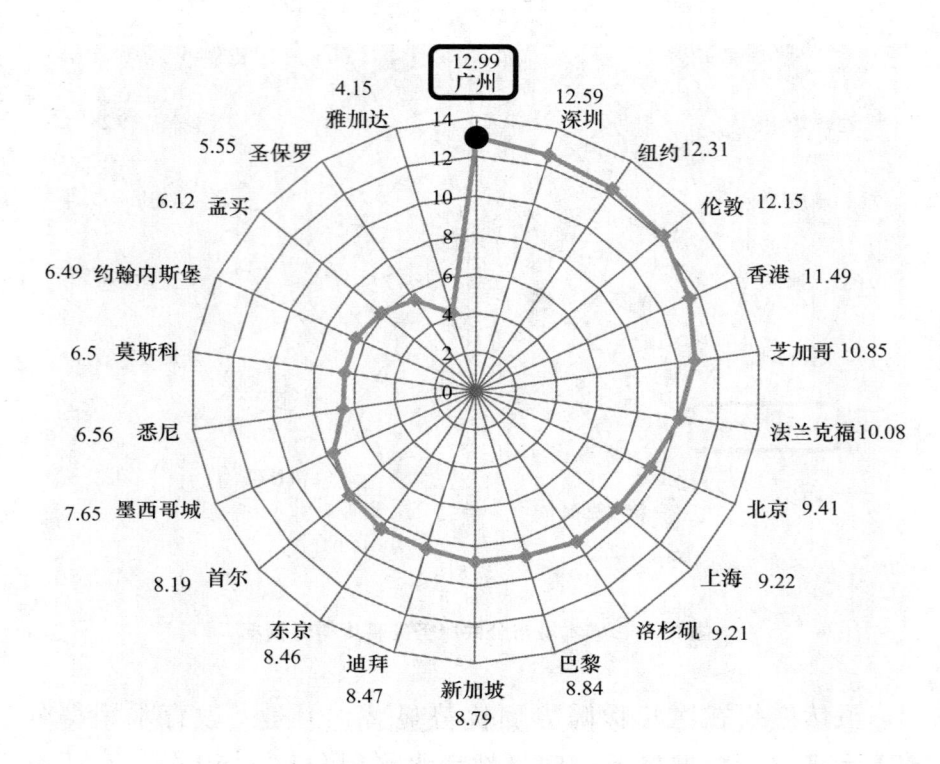

图 6-7 样本城市生活舒适便利度得分情况

首先，广州公共交通便利度在样本城市中排名第 4 位。广州市自 2013 年向交通运输部申报并成功入选国家"公交都市"创建示范城市以来，坚持落实公交优先策略，城市公共交通发展体制机制日益完善，基本建成了立体、多元的公共交通服务网络，为广州市民日常出行提供了极大的便利。根据 Numbeo 数据库的调查统计数据，广州市居民平均通勤时间为 33.6 分钟，通勤时间仅多于法兰克福（26.66 分钟）和深圳（30 分钟）两个城市，比北京和上海分别低 12.52 分钟和 14.69 分钟，通勤效率较高。另外，从能够反映城市公共交通完善度的每万人地铁长度指标来看，广州每万人地铁长度为 0.27 公里，与北京、新加坡并列第7位，处于样本城市中的中上水平。总的来说，广州在城市出行的高效性以及公共交通完善度两方面都表现较好，公交出行便利度在国际上处于领先地位。

其次，广州在生活成本方面排名第3位（生活成本越低，排名越高）。众所周知，高昂的生活成本会给城市居民带来巨大的生活压力，从而严重影响城市对人口的吸引力。从最直观的房价来看，很多数据表明，城市高昂的房价已经成为驱赶人才的重要原因。近年来，广州采取了一系列措施防止房价增长过快，如在全国首次提出"租购同权"的概念，为新就业无房职工提供公租房，为外来工申请公租房降低门槛等。广州作为与北京、上海、深圳地位相当的国内一线城市，相对较低的房价使其更加宜居和宜业。根据评分结果，广州在生活成本方面的得分为3.46分，仅次于孟买（6.07分）和墨西哥城（5.11分），较深圳、北京和上海分别高出0.31分、0.51分和1.22分。广州在一线城市中生活成本相对合理，人才吸引力很强，这是其他大城市所不具备的优势。

最后，广州的文化娱乐消费活跃度得分仅3.17分，排名处于样本城市中的第10位，与榜首的纽约相差2.90分，与伦敦、香港、巴黎、东京分别相差2.56分、2.11分、1.65分和1.19分。从中国内地四大一线城市的得分来看，广州文化娱乐消费活跃度得分也低于上海0.31分，但是较北京和深圳分别高出0.70分和0.76分。这说明广州在城市生活服务便利化方面还有较大的提升空间。

（三）小结

第一，从总体宜居水平来看，广州在样本城市中位于第三梯队，落后于悉尼、东京、纽约、伦敦、洛杉矶等城市，与上海、圣保罗、深圳、北京、迪拜等城市相比具有一定优势。

第二，从宜居指数的各分项维度来看（表6-3），广州在生活便利度方面排名首位，远高于东京、悉尼等城市，但在生态环境、公共服务以及社会安全方面，与领先城市之间仍存在较大差距。

第三，从具体指标来看，广州城市气候宜人、繁花似锦；城市医疗保障水平较高，医院综合实力较强；城市舒适便利水平较高，公共交通系统完善，城市居民出行高效便捷，城市生活成本相对合理，人才吸引力很强。同时，也存在一些需要提升的指标。例如，城市空气质量与领先城市相比仍然存在一定差距；城市安全度排名较低，在人身安全、卫生安全、数字安全等方面需进一步加强；城市教育水平仍未达到国际发达城市水准，具有国际影响力的大学数量较少；城市生活服务便利化水平仍需加强。

四 结论与启示

（一）结论

通过对22个样本城市的宜居水平进行测度与比较，可以得出以下规律性结论。

第一，经济发展与城市宜居不是对立关系。传统观念认为，经济发展往往要以环境污染为代价，城市规模的扩大势必会导致交通的拥堵等一系列问题。然而，根据前文比较结果，全球宜居水平处于第一梯队的悉尼、东京、纽约等几个城市，均是经济较为发达的城市，可以说，城市的发展与宜居水平的提高并不矛盾。其原因在于，发达城市由于其成熟的现代化产业体系避免了工业化对环境的污染，同时又依托强大的经济基础极大地提高了城市的公共服务水平，最终得以保持较高的城市宜居水平。

第二，生态环境对城市宜居水平影响较大。根据前文测算结果，生态优良度高的城市往往也是宜居水平高的城市。从比较结果来看，生态优良度排名前三位的是悉尼、洛杉矶以及纽约，其城市宜居程度也处在较高水平，分别排名第一位、第四位以及第三位；广州虽然在生活便利度方面排名首位，但是生态优良度仅排名第十六位，极大地拉低了广州的宜居水平。在未来的发展中，广州应坚持生态文明发展理念，提高城市生态优良度，从而提高城市整体宜居水平。

第三，宜居城市建设不能仅从单一维度努力。宜居城市是一个全方位的概念，宜居城市的建设是一项庞大的系统工程，需要从生态环境、社会安全、公共服务、生活便利等多方面着手，任何单一维度的努力都不足以建设成真正的宜居城市。从比较结果来看，生活舒适便利度排名前两位的广州和深圳，由于其他方面的短板，其总体宜居程度仍处于较低的水平；而宜居程度排名靠前的悉尼、纽约等城市，在生态优良度、社会安全度、公共服务完善度等方面都有着不错的成绩。

第四，随着全球城市发展进入高级阶段，经济水平不断提高，城市也开始更多关注居民自身的需求，把创造一个更加宜居的生活和生态环境提升到了前所未有的高度。广州若想在未来全球城市竞争中增强自己的国际影响力和竞争力，就需要在未来城市中长期发展战略中增加宜居理念，更加注重自身的生态环境以及社会文化水平提高，更多关注人自身的发展、对区域和全球环境改善的贡献等。

第五，在进入全球城市建设阶段后，城市通常对宜居性有较高的要求，生活在其中的居民也从发展初期仅仅要求满足其基本的自然属性需求，到发展中后期希望城市能实现其社会属性的需求，而建设宜居型的全球城市也应符合这一发展规律。未来广州打造全球宜居城市，应该从安全性、便利性、舒适性、可持续性等方面，进一步凸显对城市居民的社会属性及个人价值等高级需求的满足和实现。

第六，城市的宜居性是一个动态变化且相对的概念，宜居性不是一成不变的，而是随着时间及城市化发展的不同阶段在不断变化，因此要用发展的眼光去看待宜居性。广州未来要实现打造一个"生态环境优良、社会安全性高、公共服务完善、生活舒适便利"的宜居型的一线全球城市的愿景目标，既需要保持并继续提高传统宜居城市内涵的指标，还需要考虑未来全球城市对宜居性的新要求，以及可能出现的新挑战。

（二）启示

通过对广州全球城市宜居指数进行国际比较，结合国内外宜居城市建设经验，得到以下启示。

第一，要把广州建设成为生态环境优良的生态文明之城。未来广州的发展要坚持环境优先、绿色发展的理念，以资源环境承载力为先决条件，进一步强化空间、总量、准入对开发布局、建设规模和产业转型升级的硬约束，建设环境优质、生态良好、景观优美的生态文明之城。

第二，要把广州建设成为社会安全性高的安全和谐之城。未来广州的发展要依靠大数据建设，建立健全监督预警机制，大力提高城市安全性水平，实现社会运行有序、社会治安良好、财富分配公平、居民安居乐业的目标，建设以人为本的安全和谐之城。

第三，要把广州建设成为公共服务完善的民生幸福之城。要注重提高城市公共服务水平，不断完善教育、医疗、养老、文化娱乐等公共服务的基础设施建设，为城市居民创造更多就业机会，建设具有强大吸引力的民生幸福之城。

第四，要把广州建设成为生活舒适便利的品质生活之城。要建立更加完善的城市公共交通系统，不断提高市民出行的便利性和高效性，打造出行高效畅通的全球宜居城市。不断提高城市居民生活质量，严格控制房价，严格控制城市生活的经济成本，提高城市生活便利性，为城市居民提供优质的生活服务。

下一步，广州要强化城市综合服务功能，打造品质生活新高地，增加多层次、高水平公共服务供给，合理控制城市居民生活成本，保持加强生态文明建设的战略定力，提高城市生活便利化水平，更好满足人民群众日益增长的美好生活需要，增强群众获得感、幸福感、安全感，在建设全球宜居城市方面走在全国前列，发挥示范引领作用。

首先，要贯彻绿色发展理念，为全球宜居城市建设提供持续的环境支撑。相比于其他全球城市，广州环境治理力度和资源保护力度仍然存在很大的不足。为了确保城市可持续发展，广州首先应该改变传统的减量型、控制型、末端治理的保护环境与节约资源的手段，应按照生态城市的目标编制环境保护规划，加强对绿地、水体、滩涂等生态敏感地区的保护与建设，严格治理环境污染，集约利用资源，提高生态环境品质，为全球宜居城市建设提供可持续的生态环境支撑。

其次，要强化社会安全保障，为全球宜居城市建设提供和谐的社会环境。从整体上来看，广州目前公共安全支出占财政支出的比重明显低于纽约、伦敦、巴黎、东京等主要全球城市。公共安全投入不足，安全监控基础设施不完善，执法条例不完善与不严格，对刑事犯罪的威慑作用不足，客观上降低了防卫成效。为此，在未来的城市发展进程中，广州应该逐步增加公共安全的支出比重，建设全球一流的社会安全管理体系，增大对犯罪的威慑力，降低犯罪率，为全球宜居城市建设提供良好的社会环境。

再次，要提升公共服务质量，为全球宜居城市建设提供有效的民生保障。无论是宜居城市建设还是全球城市建设，优质的公共服务都是不可或缺的基础保障。相比其他全球城市而言，广州的高等教育投入与教育发展水平仍然存在很大的差距。为此，在未来的城市发展中，广州更要坚持用服务优化民生发展，不断提升城市公共服务质量，让居民享有更加优质的教育、更好的创业就业环境、更高水平的医疗卫生服务、更舒适的居住条件，为全球宜居城市建设提供有效的民生保障。

最后，要提高生活便利水平，为全球宜居城市建设营造高品质的生活环境。尽管广州的生活舒适便利度水平处于国际领先地位，但是仍有提高的空间。广州应继续坚持公交优先发展原则，努力推动公交事业快速发展，实现公交行业业态从粗放型向精细型转化，服务模式从单一向多元综合发展转化，为全球城市建设提供便捷的出行条件；合理控制城市生活成本，为居民提供优质的生活条件；完善和提高城市生活便利化水平，更好地满足人民日益增长的美好生活需要。

第七章　广州全球城市活力指数的构建与评价

一　引言

2018年10月，习近平总书记在视察广东期间对广州明确提出"老城市新活力"的要求；《粤港澳大湾区发展规划纲要》赋予粤港澳大湾区"充满活力的世界级城市群"的战略定位；《广州市城市总体规划（2017—2035年）》中确定了广州"美丽宜居花城，活力全球城市"这一新的、更高品位的城市发展定位……这些是新时代广州经济高质量发展、实现新活力遵循的新原则。据此，本书通过构建全球城市活力指数评价指标体系，对全球22个热点城市进行分析，将广州放进全球坐标与先进城市对比，寻找其中的短板和差距，为广州全球活力城市建设寻找进一步改进的方向。本书还根据指数研究的结论，提出培育广州新的城市活力源的相关建议。本书认为，应以产业高端化释放创新活力，以开放包容的政策环境和宜居宜业的人文自然环境培植社会活力，以竞争中性的营商环境促进经济活力，以文化产业供给侧改革激发广州传统文化新活力。

二 全球活力城市内涵特征与评价指标体系

(一) 内涵特征

本书认为,城市的经济活力是一个动态概念,随时间的变动而不断变化。其构成概括起来主要包括以下三方面要素。

1. 发展速度

有活力的城市首先需要有旺盛的生命力,经济发展通常与人口数量正相关。一方面,经济水平高会带动人口的发展,充足的人口数量是城市具备活力的保障;另一方面,繁荣的经济会吸引高素质人才及资本等流动性生产要素,进一步推动产业多元化发展、创新型经济的发展。有活力的城市还应该是不断发展变化的。发展速度作为评价经济发展的重要指标,也是城市活力的重要表征。只有保持足够的发展速度,才能使经济稳定地增长,行稳致远,为社会发展注入持续的活力,吸引更多年轻人。

2. 多样性

Jacobs(1961)认为正是人与人活动及生活场所相互交织的过程,这种城市生活的多样性,使城市获得了活力。单一功能导向的城市建设必然会摧毁城市的多样性,扼杀了城市的活力。1977年制定的《马丘比丘宪章》指出城市应该是综合的多功能区域。多元化的城市表现为多样的城市功能、丰富的产业类型、多元的服务业类型。

3. 辐射力和吸引力

有活力的城市不仅表现在城市内部,更体现在与周边城市甚至较远距离城市间的关系上。有活力的城市应与周围城市存在相互作用力,经济辐射到周边城市,并吸引周边城市人才流动到本区域。因而有活力的城市应拥有方便的交通网络,以适应人口、资本、产品的流通。更深层次的吸引力主要来自文化,比如广州近年来推进的"来广州过年,去羊城赏花"等活动,就凸显出文化活力对外来人口尤其是游客的吸引力。

(二) 指标构建

确立城市经济活力指标体系,是综合评价城市经济活力的一个核心和关键的环节。城市的经济活力不仅是经济问题,同时还包括了社会、文化等方面的因素。城市经济活力评价指标体系应以经济指标为主导,以社会、文化指标为辅助。本书采取主观赋权法进行权重确定。其中,对一级指标采用德尔菲法,即通过邀请20位相关专业专家组成专家评分小组,对一级指标权重进行打分,最后取各专家打分的平均值确定权重;对二级指标采取一级指标框内的均分法处理,各指数指标的具体权重如表7-1所示。

表7-1　　全球活力城市评价指标体系

一级指标	权重(%)	二级指标	权重(%)
经济活力	39.96	近三年人均GDP增长率	9.99
		经济自由度	9.99
		近三年商事主体增加数	9.99
		近三年新增上市公司数	9.99
创新活力	20.00	创新能力指数	10
		PCT专利数	10
文化活力	20.04	全球运动影响(GSI)城市国际赛事举办数	5.01
		艺术节和节庆活动	5.01
		国际旅客人数	5.01
		城市娱乐消费活跃度	5.01
社会活力	20.00	近三年人口净流入量之和	10
		社会组织指数	10

三　广州建设全球活力城市的国际比较

依据全球影响力、区域代表性、文化代表性等标准,选取当今世界发展最具规模的城市为研究对象,主要包括亚洲的北京、上海、广州、深圳、首尔、东京、新加坡、香港、迪拜、孟买、雅加达,欧洲的伦敦、巴黎、莫斯科、法兰克福,美洲的纽约、芝加哥、洛杉矶、圣保罗、墨西哥城,大洋洲的悉尼,非洲的约翰内斯堡等22个城市。

(一)广州活力城市建设总体水平的国际比较

通过对比国内外主要对标城市的活力指数可以看出:

第一,全球活力城市整体上可以分为四个梯队。伦敦、东京、纽约、巴黎、北京等城市为第一梯队,是目前全球最具活力和影响力的精英城市,未来进一步提升创新能力、强化人才库和改善环境质量将有助于这几座城市的下一步发展。深圳、上海、新加坡、香港、迪拜、洛杉矶、广州、芝加哥、首尔为第二梯队,悉尼、孟买、法兰克福为第三梯队,雅加达、莫斯科、墨西哥城、约翰内斯堡、圣保罗为第四梯队(图7-1)。

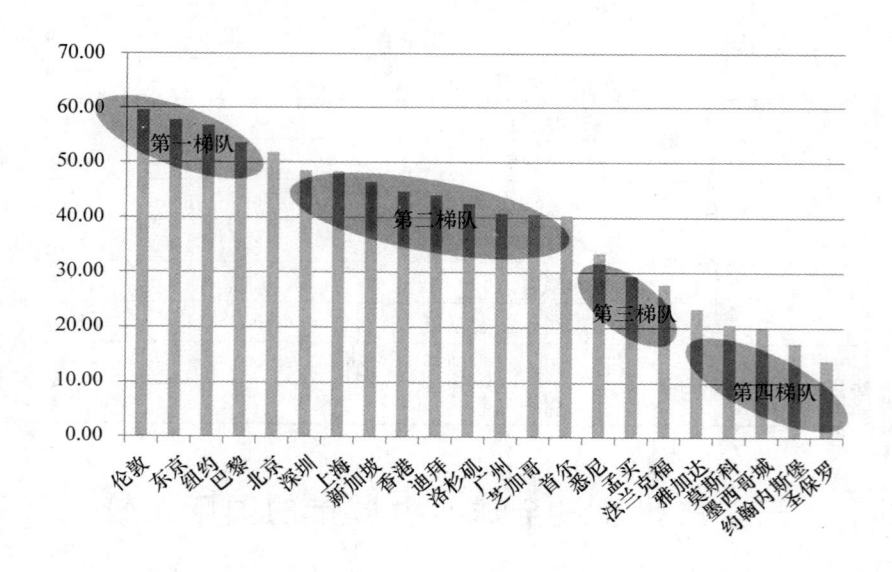

图7-1 样本城市活动指数总体排名

第七章 广州全球城市活力指数的构建与评价　173

表7-2　各城市分项指标得分及排名情况

排名	经济活力 城市	活力值	创新活力 城市	活力值	文化活力 城市	活力值	社会活力 城市	活力值
1	深圳	28.62	东京	20.00	伦敦	15.32	伦敦	11.97
2	上海	28.30	首尔	13.65	东京	14.40	迪拜	10.28
3	北京	27.84	纽约	12.35	纽约	14.33	巴黎	9.70
4	香港	25.87	伦敦	11.64	巴黎	12.93	北京	8.19
5	芝加哥	25.13	洛杉矶	11.30	香港	9.95	纽约	6.58
6	广州	24.81	深圳	11.29	新加坡	7.69	广州	6.03
7	洛杉矶	24.32	巴黎	11.18	悉尼	7.02	约翰内斯堡	5.79
8	新加坡	23.56	北京	10.33	莫斯科	6.88	上海	5.65
9	纽约	23.54	芝加哥	10.01	上海	6.17	新加坡	5.11
10	迪拜	21.43	新加坡	9.99	迪拜	6.10	深圳	3.87
11	孟买	20.70	悉尼	9.46	广州	5.61	东京	3.39
12	伦敦	20.68	上海	8.10	北京	5.47	莫斯科	3.15

续表

排名	经济活力 城市	活力值	创新活力 城市	活力值	文化活力 城市	活力值	社会活力 城市	活力值
13	首尔	20.31	香港	7.57	洛杉矶	5.46	孟买	2.80
14	东京	20.00	迪拜	6.18	首尔	4.96	圣保罗	2.77
15	巴黎	19.63	莫斯科	6.05	深圳	4.53	雅加达	2.73
16	法兰克福	17.65	法兰克福	5.60	芝加哥	3.91	墨西哥城	2.38
17	雅加达	16.16	圣保罗	4.86	法兰克福	3.12	悉尼	1.88
18	悉尼	15.21	墨西哥城	4.35	圣保罗	2.94	法兰克福	1.56
19	墨西哥城	10.87	广州	4.30	约翰内斯堡	2.67	芝加哥	1.50
20	约翰内斯堡	8.70	孟买	4.21	墨西哥城	2.24	首尔	1.45
21	莫斯科	4.50	雅加达	2.66	雅加达	1.88	香港	1.27
22	圣保罗	3.60	约翰内斯堡	0.07	孟买	1.78	洛杉矶	1.27

第二，所选的这些城市都是传统意义上富有活力的区域性经济龙头城市。这些城市在一些传统指标上表现良好，但随着经济全球化发展，产业的竞争越来越体现在全球价值链上的竞争，这些城市需要更加重视吸引、培养人才，吸引创业者，培育和保护企业家精神等举措来不断提升城市活力水平。

第三，作为排名"全球活力城市"第12位的城市，香港在全球城市格局中拥有特殊地位。香港与国内外城市紧密联系，凭借其现代服务业大量集中，以及全球一流的营商环境，不断巩固在顶级全球城市中的地位。未来，它也将在"粤港澳大湾区""一带一路"建设中发挥关键作用。

第四，深圳是国内重点关注城市之一。尽管北京长期以来处于领先地位，但深圳正在不断追赶，并具有很强的发展后劲。其鼓励企业家精神的举措，正在吸引国内外人才源源不断地流入，同时深圳在发展创新企业、鼓励创新方面的传统优势也在推动城市活力指数不断提高。

第五，同样是属于"创业型"城市的广州，位居第三梯队。广州目前在一些传统指标和部分体现未来竞争力的指标方面表现较好，正在优先发展 IAB、NEM 等产业，这将为其未来城市活力的提升提供新的动力。同时作为千年商都，如何使老城市迸发新活力，是广州新时代面临的一个重大课题。

（二）分项结果

全球活力城市各分项指标总体排名情况如表 7-2 所示。

1. 经济活力

通过聚类分析发现，在"经济活力"分项指标上，深圳、上海、北京这三个中国内地城市处于第一梯队，香港、芝加哥、广州、洛杉矶、新加坡、纽约处于第二梯队，迪拜、孟买、伦敦、首尔、东京、巴黎处于第三梯队，法兰克福、雅加达、悉

176 广州建设全球城市的评价体系与战略研判

尼处于第四梯队,墨西哥城、约翰内斯堡、莫斯科、圣保罗处于第五梯队(图7-2)。

广州在所有的22个全球城市中居第二梯队中的第三位,显示出较强的经济活力。广州在该分项指标表现较好,具体如下:(1)受益于国内良好的经济形势,广州获得全球领先的经济增长速度,在"近三年人均GDP增长率"指标上排名第四;(2)大力推行宽松和富有吸引力的招商引资政策,改善营商环境,放宽企业落户条件,增加企业登记、税收申报等方面的便利度以及一揽子财政税收优惠政策,广州在"近三年新增上市公司数"指标上较为亮眼,排名第四位,在"近三年商事主体增加数"指标上排名第九位(表7-3)。但进一步提升经济活力还是有一定的隐忧,主要体现在包括京沪深广在内的国内城市均存在"经济自由度"较低的问题,如广州居于倒数第三位。下一步需要进一步放宽市场管制,让市场更加充分地发挥决定性作用。

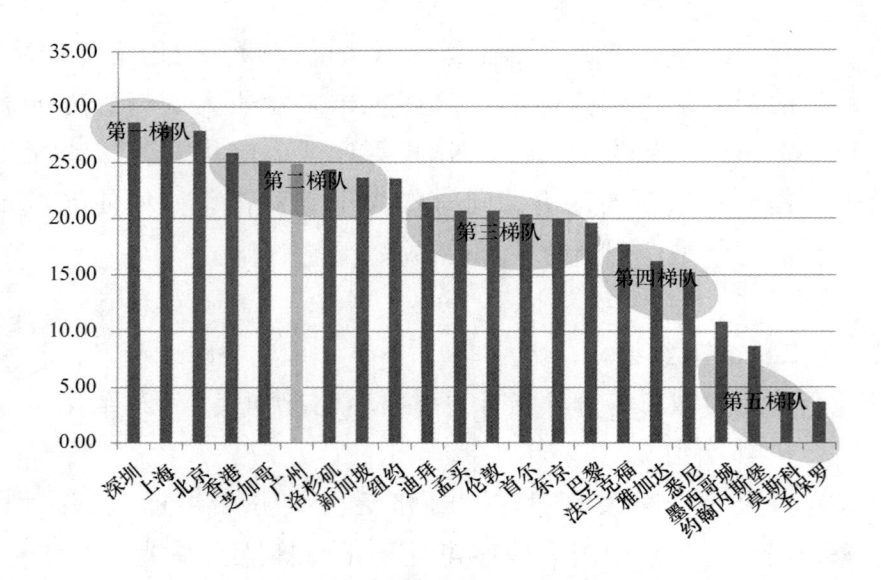

图7-2 聚类分析—经济活力

表7-3　　　　　　　　分项指标排名—经济活力

	近三年人均GDP增长率	经济自由度	近三年商事主体增加数	近三年新增上市公司数	分项汇总	排名
深圳	8.20	1.65	8.77	10.00	28.62	1
上海	10.00	1.65	7.46	9.19	28.30	2
北京	9.45	1.65	7.46	9.29	27.84	3
香港	5.70	10.00	6.04	4.13	25.87	4
芝加哥	5.86	6.26	10.00	3.01	25.13	5
广州	8.98（4）	1.65（20）	7.46（9）	6.72（4）	24.81	6
洛杉矶	6.95	6.26	6.94	4.17	24.32	7
新加坡	5.08	9.64	8.22	0.62	23.56	8
纽约	5.31	6.26	8.80	3.17	23.54	9
迪拜	6.64	6.75	7.39	0.65	21.43	10
孟买	9.92	0.80	4.26	5.72	20.70	11
伦敦	5.55	6.86	7.00	1.28	20.68	12
首尔	6.72	5.77	5.70	2.12	20.31	13
东京	5.16	5.39	7.73	1.73	20.00	14
巴黎	5.08	3.22	7.87	3.46	19.63	15
法兰克福	4.45	5.88	6.25	1.07	17.65	16
雅加达	7.97	3.30	3.53	1.37	16.16	17
悉尼	5.70	7.60	0.89	1.02	15.21	18
墨西哥城	6.88	3.45	0.00	0.54	10.87	19
约翰内斯堡	3.05	2.99	2.60	0.06	8.70	20
莫斯科	2.27	1.75	0.48	0.00	4.50	21
圣保罗	0.00	0.00	3.49	0.11	3.60	22

2. 创新活力

通过聚类分析，在"创新活力"分项指标上，东京、首尔、纽约处于第一梯队，伦敦、洛杉矶、深圳、巴黎处于第二梯队，北京、芝加哥、新加坡、悉尼处于第三梯队，上海、香港、迪拜、莫斯科、法兰克福、圣保罗、墨西哥城、广州、孟买处于第四梯队，雅加达、约翰内斯堡处于第五梯队（图7-3）。

广州在"创新活力"指标上居第19位，列于第四梯队的倒数第二名，创新活力远远不够，与全球一线城市的要求相距甚远。在"创新能力指数"分项上，广州位于第20位，不仅显著落后于"纽伦东巴"等传统创新强市，也落后于京沪深等国内其他一线城市。主要原因在于一直以来，广州以创新的应用端见长，在创新资源的推广应用、创新产品市场的建设上名列全国前茅，但是在创新的另外一端，也就是基础能力端建设较为薄弱，尤其是基础研发等方面欠账较多。下一步在继续加大对创新应用端建设的投入以外，还要更加重视基础研究工作，采取加大力度引进高科技创新团队、研发力量等措施。在"PCT专利数"分项上，广州居第14位，远远落后于深圳和北京，与上海尚有一定距离（表7-4）。下一步要进一步营造创新环境，加强专利保护，加快专利成果的生产与转化利用。

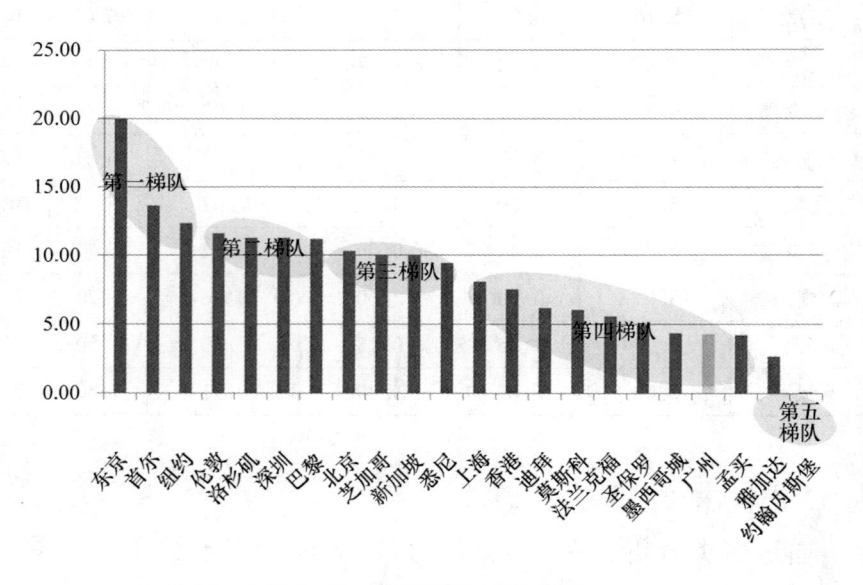

图7-3 聚类分析—创新活力

表 7-4　　　　　　　　分项指标排名—创新活力

	创新能力指数	PCT 专利数	分项汇总	排名
东京	10.00	10.00	20.00	1
首尔	8.26	5.39	13.65	2
纽约	9.57	2.79	12.35	3
伦敦	10.00	1.64	11.64	4
洛杉矶	9.57	1.74	11.30	5
深圳	6.96	4.33	11.29	6
巴黎	8.70	2.49	11.18	7
北京	6.09	4.24	10.33	8
芝加哥	8.70	1.32	10.01	9
新加坡	9.13	0.86	9.99	10
悉尼	8.70	0.77	9.46	11
上海	6.09	2.01	8.10	12
香港	6.52	1.05	7.57	13
迪拜	6.09	0.09	6.18	14
莫斯科	5.22	0.83	6.05	15
法兰克福	4.78	0.82	5.60	16
圣保罗	4.35	0.51	4.86	17
墨西哥城	4.35	0.00	4.35	18
广州	3.48（20）	0.83（14）	4.30	19
孟买	3.91	0.29	4.21	20
雅加达	2.61	0.05	2.66	21
约翰内斯堡	0.00	0.07	0.07	22

3. 文化活力

通过聚类分析发现，在"文化活力"分项指标上，伦敦、东京、纽约、巴黎处于第一梯队，香港、新加坡、悉尼、莫斯科、上海、迪拜处于第二梯队，广州、北京、洛杉矶、首尔、深圳、芝加哥、法兰克福、圣保罗、约翰内斯堡、墨西哥城、雅加达、孟买处于第三梯队（图7-4）。

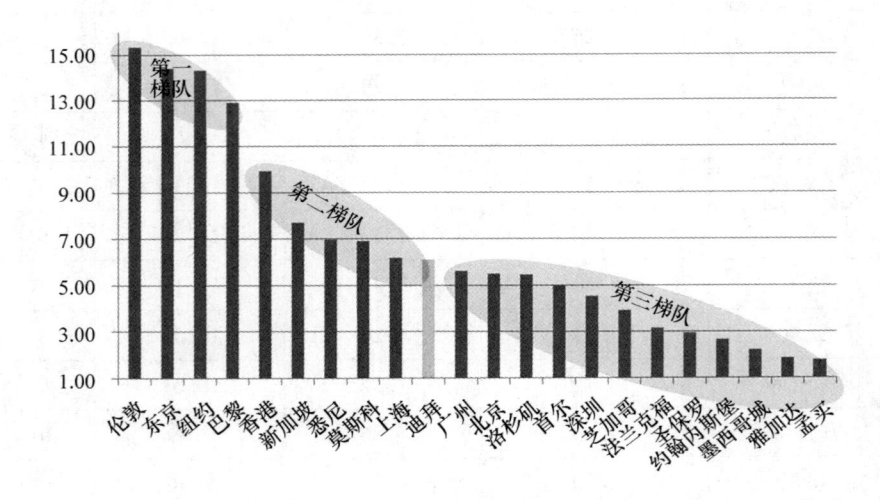

图7-4 聚类分析—文化活力

从此分项结果来看，东京、伦敦、巴黎居前三位，广州在文化活力上居于第三梯队第一位，表现尚可，总体排名位于第11名。在"全球运动影响（GSI）城市国际赛事举办数"分项上，广州排名第9位，主要由于在篮球、足球等球类运动方面长久的历史沉淀和传统优势，以及作为亚运会、篮球世界杯等国内外大型体育赛事的举办地。下一步要进一步办好篮球世界杯等大型赛事，加大场馆建设力度，巩固好广州体育名城的传统优势。在"艺术节和节庆活动"分项上，广州位列第13，主要是因为广州历来是岭南文化和广府文化的中心地，节庆活动数量众多。在"国际旅客人数"分项上，广州列第9位，主要是因为毗邻港澳等区位优势，过境旅客居多，下一步要增强旅游项目的吸引力，提高"入境旅游及入境过夜旅游人数"指标的数量。在"城市娱乐消费活跃度"分项上，广州位于第10（表7-5），主要原因是广州作为千年商都，在社会消费品零售

第七章 广州全球城市活力指数的构建与评价

总额上常年居于全国第三，传统消费乃至娱乐消费都非常活跃。下一步要推动消费升级，赋予消费更持久的生命力。

表 7-5　全球城市活力指数分项指标排名—文化活力

	全球运动影响（GSI）城市国际赛事举办数	艺术节和节庆活动	国际旅客人数	城市娱乐消费活跃度	分项汇总	排名
伦敦	4.23	2.62	3.75	4.72	15.32	1
东京	4.23	5	1.58	3.59	14.4	2
纽约	3.85	3.19	2.3	5	14.33	3
巴黎	5	1.41	2.55	3.97	12.93	4
香港	0.38	0.22	5	4.35	9.95	5
新加坡	0.77	0.31	3.27	3.34	7.69	6
悉尼	0.77	3.22	0.32	2.71	7.02	7
莫斯科	4.23	0.96	0.49	1.21	6.88	8
上海	1.92	0.34	1.04	2.86	6.17	9
迪拜	0.38	0.75	2.93	2.03	6.1	10
广州	0.77（10）	0.78（13）	1.44（9）	2.61（10）	5.61	11
北京	1.92	1.12	0.39	2.03	5.47	12
洛杉矶	0.38	0.92	0.8	3.37	5.46	13
首尔	1.15	0.84	1.14	1.83	4.96	14
深圳	0	0.28	2.27	1.98	4.53	15
芝加哥	0	1.02	0.68	2.21	3.91	16
法兰克福	0	1.18	0.03	1.91	3.12	17
圣保罗	0.38	0	0.62	1.93	2.94	18
约翰内斯堡	0.77	0.85	0.68	0.38	2.67	19
墨西哥城	0.77	0.69	0	0.78	2.24	20
雅加达	0.77	0.25	0.27	0.6	1.88	21
孟买	0.38	0	1.4	0	1.78	22

4. 社会活力

通过聚类分析发现，在"社会活力"指标上，伦敦、迪拜、巴黎、北京处于第一梯队，纽约、广州、约翰内斯堡、上海、新加坡、深圳、东京、莫斯科处于第二梯队，孟买、圣保罗、雅加达、墨西哥城、悉尼、法兰克福、芝加哥、首尔、香港、洛杉矶处于第三梯队（图7-5）。

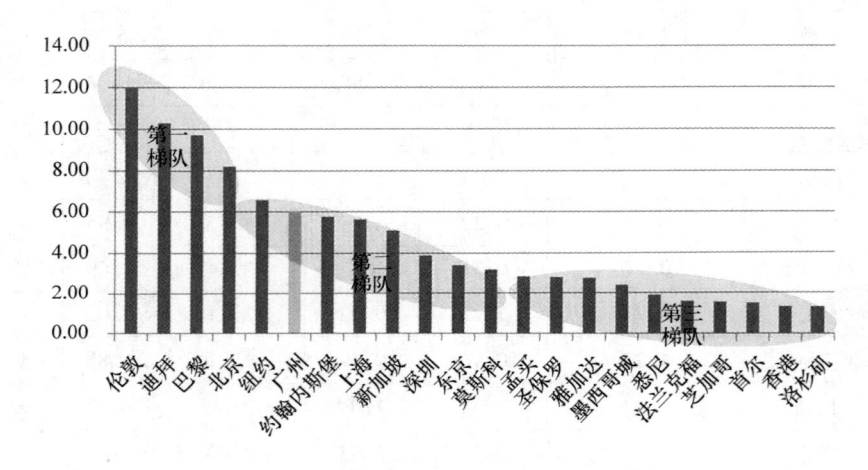

图7-5 聚类分析—社会活力

党的十九大报告提出，"我们要激发全社会创造力和发展活力"。2018年是改革开放40周年，40年书写下广州发展奇迹，一个重要原因就是激发了蕴藏于社会中的巨大活力。在全球化的今天，社会活力也是衡量一个城市活力的重要方面。作为活跃在南中国的千年商都，广州社会活力方面在22个城市中排名第6位，这要归功于较快的人口净流入速度和数量。在"近三年人口净流入量之和"分项上，广州在全部城市中居第3位，这是由于广州优厚和宽松的人才引进政策，包括设立人才引进经费、放宽人才及其家人落户政策。广州在高端人才引进上硕果累累，如广州大学引进了由"中国防火墙之父"方滨兴院士领衔的研究团队等。但在中端人才市场上，据企业调研情况反映,很多高科技企业在技术型人才上面临严重短缺,下一步广州要在引进中端人才上更加发力。在"社会组织指数"分项上,广州居第 21 位,这主要由于国内审慎的监管大环境,官方对于申报设立社会组织设置了严苛的审核程序和较高的准入门槛(表 7-6)。

表 7-6　　　　　　　分项指标排名—社会活力

	近三年人口净流入量之和	社会组织指数	分项汇总	排名
伦敦	1.97	10.00	11.97	1
迪拜	10.00	0.28	10.28	2
巴黎	1.19	8.51	9.70	3
北京	7.23	0.96	8.19	4
纽约	0.51	6.07	6.58	5
广州	5.99（3）	0.03（21）	6.03	6
约翰内斯堡	5.24	0.55	5.79	7
上海	5.44	0.21	5.65	8
新加坡	3.51	1.60	5.11	9
深圳	3.87	0.00	3.87	10
东京	1.08	2.32	3.39	11
莫斯科	1.99	1.17	3.15	12
孟买	2.57	0.22	2.80	13
圣保罗	2.25	0.52	2.77	14
雅加达	2.20	0.52	2.73	15
墨西哥城	1.40	0.98	2.38	16
悉尼	1.06	0.82	1.88	17
法兰克福	0.83	0.73	1.56	18
芝加哥	0.59	0.91	1.50	19
首尔	0.00	1.45	1.45	20
香港	0.99	0.29	1.27	21
洛杉矶	0.49	0.78	1.27	22

四 启示与思考

(一) 创新活力：以产业高端化释放创新活力

科技与创新是推动广州迈向国际大都市的重要动力，也是未来全球经济发展的主要方向。科技与创新成果在各个领域的广泛应用也夯实了新经济与新动能的发展与壮大。

提升创新活力的关键，在于着力营造适宜创新的体制机制环境，促进广州产业逐步迈向全球价值链高端，建立有利于获取与全球价值链升级相关的技能和其他要素的政策环境，规范政府服务，提高企业信用度并降低交易成本，充分释放创新活力。

一是要大力发展"四新经济"，更好地发挥广州产业迈向全球价值链高端、推动经济实现高质量发展的"载体"作用；二是扶持发展科技金融，吸引规范、正规的各层次融资平台进入，争取中国人民银行广州分行升级为人行南方总部，加快创新型期货交易所落地；三是高标准建设风投小镇，建设全球风投之都；四是讲好广州创新英雄故事，让来穗创新创业成为广州新时代活力源。

(二) 社会活力：营造开放包容的政策环境和宜居宜业的人文自然环境

中国发展研究基金会与普华永道联合发布的《机遇之城2019》报告显示，广州在全部38个观察样本城市中排名第4位，种种指标表明，广州已成为中国和世界的"机遇之城"。例如，广州包容、接纳了近10万亚非拉外籍人口来穗生活创业，在广州每天都上演着关于创富的故事。在这一个个创富神话的背后，折射出广州特有的包容性社会活力。

进一步提升"社会活力"，关键在于"人"。广州要提供更具包容性、开放式的公共服务和宜居宜业的人文社会环境，确保人才引得进、用得好、留得住。一是大力吸引港澳青年人才来穗创新创业展业。二是开展"多主题"关爱行动，增强来穗人员的身份认同感。三是统筹兼顾，解决好来穗人才随迁子女的教育、社保、家庭等诸多现实问题，对在穗重点总部企业周边医疗、子女入学困难的，有序放开、择优允许企业办医疗、办教育。推动社会治理方式向共建共治共享方向转变，人才公寓由现有的"政府评定"转为"一次性移交给企业，企业自主分配"，由审批制改为备案制，让企业拥有更多自主权，以更适合企业的多样化、更符合自身实际的评定方式。让"安居"的来穗人员更加"乐业"。四是开展形式多样的实用技能培训，提供更加人性化的服务保障。

此外，在多种人才中，文创类和科创类人才是最富活力的创新群体，要大力吸引文化创意产业人才和科技创新人才来穗创业就业，培养科技创新和文化创意复合型人才，不断完善人才激励机制，推动科研成果落地转化，打造国际人才新高地。

研究表明，第三空间是城市活力的重要载体，要大力提升博物馆、图书馆、公园等城市第三空间活力，加快推进广州公园、"四大馆"建设进度，推动南沙湿地公园成为国家湿地公园。

（三）经济活力：构建竞争中性的营商环境

据科技部《2017年中国独角兽企业发展报告》，在全部164家独角兽企业中，广州仅有3家，而北京、上海、杭州、深圳分别拥有70家、36家、17家、14家。广州民营企业展现出"星星多，月亮少"现象。解决这个问题的关键，在于创新体制机制，以竞争中性的营商环境，吸引各种所有制企业来穗展业、创业。李克强总理在2019年政府工作报告中指出，"按照竞争中性原则，在要素获取、准入许可、经营运行、政府采购和招投标等方面,对各类所有制平等对待"。要让各种所有制企业在生产经营中都能获取公平竞争的机会,积极营造"企业主导、市场导向"的营商环境,努力在国企与其他所有制形式企业同规则、同待遇上下功夫,在机会平等、规则平等上形成协同放大效应。此外,要彻底贯彻统一的底线监管原则,将法定禁区之外和监管底线以上的广阔空间全部留给市场主体自由施展。

一是要扩大各领域的高质量开放,并推动商品和要素由流动型开放向制度型开放发展,对标国际高标准的规则、惯例。二是着力推动国企改革,以改革释放动力,向市场要活力。引导国企更加注重自身的运行效率及商业项目的风险收益分析,消除投融资领域的"国企信仰",将僵尸国企占用的信贷资源释放出来。为国企施加外部预算硬约束,使国企与外企、民企一样平等使用生产要素、公平公正参与市场竞争。三是要引导商业银行等机构转变经营理念,更好地服务于中小企业的融资需求,推动中小企业发展。加强"金融科技"等手段的运用,缓解民企信用市场上的"信息不对称"问题,主动服务尾端市场。四是探索针对民企的税负适度补偿机制,建立市区街三级财税补偿返还体系,争取民企实际税负保持在合理水平(可参考深圳的15%)。

(四)文化活力:推进文化产业供给侧改革,激发广州传统文化新活力

近些年,广州文化产业有了很大的发展,但由于历史和现实等多方面的原因,广州在艺术界叫得上名字的、具有全国影响力的文艺作品较少。因此,要自觉担当起历史使命,推进广州文化产业供给侧结构性改革,充分引导和调动社会力量用心创造创作的积极性,提升文化创意产品的吸引力,扩大文化产品有效供给。

以"文化+"为抓手,充分发掘文化附加值在消费过程中

为居民带来的心理愉悦感，以文化为传统产业转型升级赋能、为居民生活增色，充分激发广州传统文化新活力。一是着力推动粤剧振兴；二是打造粤港澳大湾区影视文化节，继续办好"来广州过年，去羊城赏花"、亚洲国际美食节、文交会等重大活动；三是推动"红线女"等流派艺术传承发展，对于"木偶"等小众艺术，要确保国家级非物质文化项目的传承和发展后继有人；四是妥善解决国有文艺院团历史包袱，整合、盘活存量文化资产，明晰产权归属、创新管理模式，深入开发利用释放规模经营效应，更好发挥社会效应和市场效应；五是做优文学文艺的内容生产创作端，在保住传统客户群体的基础上，挖掘增量市场。

第八章　广州全球城市魅力指数的构建与评价

一　城市魅力的内涵构成与全球城市魅力指标体系构建

(一) 城市魅力的内涵及构成要素

1. 城市魅力的内涵

当前，国内外关于全球城市魅力指数权威研究和发布比较少。如何把带有主观性、抽象性的感性城市信息客观化、具体化，并进行有效测度和比较，是本章重点聚焦和研究的内容。

近年来，随着全球价值链分工深化和资本的加速流动，城市魅力日益成为全球城市在高端要素争夺战中突围的重要力量，是城市参与全球竞争、吸引大企业投资的新资本。一个城市的魅力，是城市精神外化而被公众感知的独特风貌和形象，具有可识别性和多样性。城市魅力不仅体现在人与自然、社会和谐相处，传统与现代融合共荣中，还体现在城市历史、文化、品牌、服务等每一个细节中。城市魅力的作用机制最终是通过城市内部公众对城市的认可以及城市对外界的影响、吸引和感召而体现出来，进而凭借这种"软力量"为城市招徕更多来自感情、时间以及物质上的投入和投资。如果把城市人格化，城市魅力就是城市在品质、性格、外形、能力等主要方面展示出的积极能量，与之对应的城市要素分别为历史遗产、精神、形象、人口吸引力与潜力，这五个要素是城市产生和释放城市魅力的主要源头，也是构成城市魅力系统的主要内涵。

2. 城市魅力的构成要素

根据对城市内涵的表述，本章以城市魅力产生和释放的直接性和间接性为导向，从城市本身成长及内外界对城市的印象和态度来阐释城市魅力的构成（图8-1）。

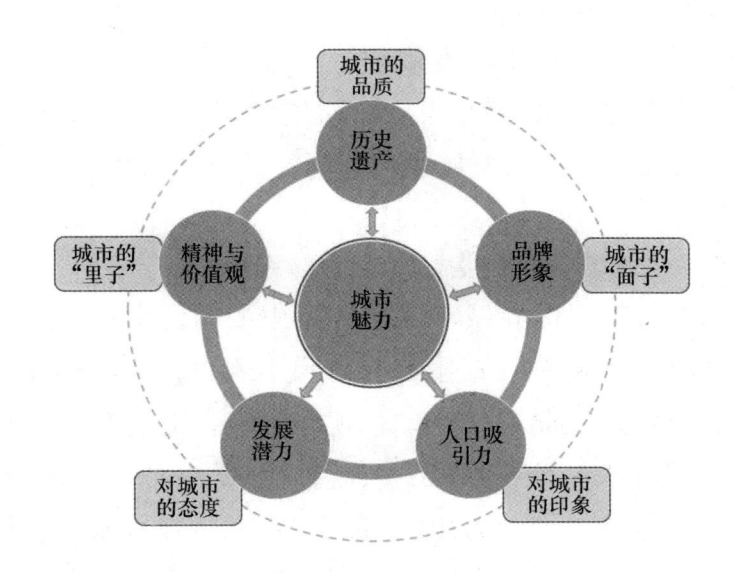

图8-1 城市魅力构成要素分析

历史遗产见证了城市成长发展的轨迹，蕴含城市过去生命力活跃的历史信息，赋予城市独特的文化底色，体现了城市的个性特征和地域价值，是涵养城市文脉、滋养城市精神与城市魅力的土壤，也是城市在时代变迁中积淀的宝贵财富，即城市的品质。

精神与价值观彰显一个城市的社会包容、文化多元、法治德治并行等城市素质的综合性，是民众认同的精神价值和意志观念的集中，是城市魅力的灵魂支柱，体现在和谐包容、愉悦安全的社会氛围中，即城市的"里子"。

品牌形象象征城市特色和时代烙印的识别符号，展示城市综合实力与城市品质及魅力，是经营城市的资产与价值，也是城市声誉和知名度可传承的重要标志，即城市的"面子"。

人口吸引力映射城市散发出来的独特风格与凝聚力和感召力，反射出外界对城市物质与文化魅力的享受感和满足感，是城市增强关注度、好感度，建立城市黏性和忠诚度的必要条件，即外界对城市的印象。

发展潜力洞悉城市的发展前景与未来，是维系城市长远发展的持续性体现，表明城市未来竞争力和魅力的动态性，凸显城市发展自信，即外界对城市的态度。

（二）全球城市魅力指数的指标体系构建

全球城市作为世界城市网络体系中的组织节点，其城市魅力对全球经济文化有着直接控制力和影响力，因而全球城市在城市魅力的塑造上应秉持全球化视野。结合上述对城市魅力系统构成的分析，本书主要从五个维度来构建全球城市魅力指数，即将全球城市魅力划分为历史遗产、城市品牌形象、城市精神与价值观、国际人口吸引力与城市发展潜力五个综合指标，其要素层由 16 个二级指标构成，其中，对一级指标采用德尔菲法，即通过邀请 20 位专家对一级指标、权重进行打分，取各专家打分的平均值确定权重，对二级指标采取一级指标框内均分法处理（表 8-1）。

在指标体系样本城市的选择上，把广州放在全球城市体系中进行考量，以五个综合指标为指引，以城市能级为选择依据。参考 GaWC 发布的世界级城市排名和科尔尼发布的全球城市指数,从世界性顶级城市、洲际性全球城市、区域性全球城市三个层级选取22个全球城市魅力评价指标体系的样本城市。

表8-1 全球城市魅力指数指标框架及权重

一级指标	权重	二级指标	权重
历史遗产	12.58	历史长度	6.29
		世界文化遗产	6.29
城市品牌形象	20.71	城市声誉分值	5.18
		媒体传播度	5.18
		生活品质排名	5.18
		城市著名品牌	5.18
城市精神与价值观	20.71	文化多样性	5.18
		社会包容度指数	5.18
		城市法治水平分值	5.18
		城市机遇分值	5.18
国际人口吸引力	30.00	境外游客量	15.00
		常住外籍人口	15.00
城市发展潜力	16.00	城市发展潜力排名	16.00

注:媒体传播度包括谷歌搜索热度、《华盛顿邮报》报道次数、《纽约时报》报道次数等子指标;文化多样性包括文化多元性及外国出生人口占比等。

二 广州全球城市魅力指数的国际比较

对全球城市魅力指标体系的计算方法采用综合加权平均法,测算结果如表8-2所示;根据总魅力值的排名,全球城市魅力水平大致呈四个梯队分布(图8-2)。

表8-2　各城市全球魅力指数指标排名与得分情况

排名	城市	总得分	历史遗产 城市	得分	城市精神与价值观 城市	得分	城市品牌形象 城市	得分	国际人口吸引力 城市	得分	城市发展潜力 城市	得分
1	纽约	68.26	北京	12.58	伦敦	17.25	纽约	12.81	纽约	21.98	纽约	16
2	伦敦	60.78	伦敦	7.61	新加坡	16.63	悉尼	10.51	伦敦	19.81	巴黎	10.57
3	巴黎	51.54	巴黎	6.97	纽约	15.91	东京	10.26	香港	16.76	伦敦	7.85
4	新加坡	42.82	首尔	6.85	悉尼	15.55	法兰克福	9.21	迪拜	15.93	莫斯科	2.96
5	香港	36.89	莫斯科	5.33	东京	14.98	巴黎	8.84	新加坡	15.5	新加坡	2.66
6	洛杉矶	35.4	广州	4.56	巴黎	14.89	伦敦	8.25	洛杉矶	14.04	悉尼	2.21
7	悉尼	35.22	法兰克福	2.47	香港	14.33	新加坡	6.79	巴黎	10.28	芝加哥	1.87
8	迪拜	34.41	孟买	2.45	首尔	13.7	北京	6.49	法兰克福	7.67	东京	1.12
9	东京	34.39	东京	1.99	洛杉矶	13.52	洛杉矶	6.41	深圳	6.92	洛杉矶	1
10	法兰克福	33.41	纽约	1.56	法兰克福	13.27	首尔	5.48	芝加哥	6.51	法兰克福	0.79
11	首尔	30.77	墨西哥城	1.36	芝加哥	12.7	香港	5.2	莫斯科	6.25	首尔	0.56
12	北京	29.67	悉尼	1.3	迪拜	12.63	迪拜	5.14	东京	6.05	北京	0.43

续表

排名	城市	总得分	历史遗产 城市	历史遗产 得分	城市精神与价值观 城市	城市精神与价值观 得分	城市品牌形象 城市	城市品牌形象 得分	国际人口吸引力 城市	国际人口吸引力 得分	城市发展潜力 城市	城市发展潜力 得分
13	芝加哥	26.32	新加坡	1.23	北京	7.62	芝加哥	4.93	悉尼	5.65	迪拜	0.41
14	莫斯科	22.71	约翰内斯堡	1.09	上海	7.58	圣保罗	3.16	广州	4.6	深圳	0.4
15	广州	18.11	雅加达	0.94	广州	7.01	深圳	3.06	孟买	4.29	香港	0.3
16	深圳	17.04	圣保罗	0.89	深圳	6.66	上海	2.93	首尔	4.18	广州	0.28
17	上海	14.67	洛杉矶	0.41	莫斯科	6.29	孟买	2.55	上海	3.64	墨西哥城	0.25
18	孟买	14.56	迪拜	0.31	雅加达	5.68	约翰内斯堡	2.44	约翰内斯堡	3.63	上海	0.24
19	约翰内斯堡	10.66	芝加哥	0.31	孟买	5.15	雅加达	1.93	北京	1.55	圣保罗	0.15
20	圣保罗	9.65	香港	0.29	圣保罗	4.09	墨西哥城	1.89	圣保罗	1.36	孟买	0.11
21	雅加达	9.5	上海	0.28	墨西哥城	3.85	莫斯科	1.88	雅加达	0.95	约翰内斯堡	0.01
22	墨西哥城	7.76	深圳	0	约翰内斯堡	3.48	广州	1.66	墨西哥城	0.41	雅加达	0

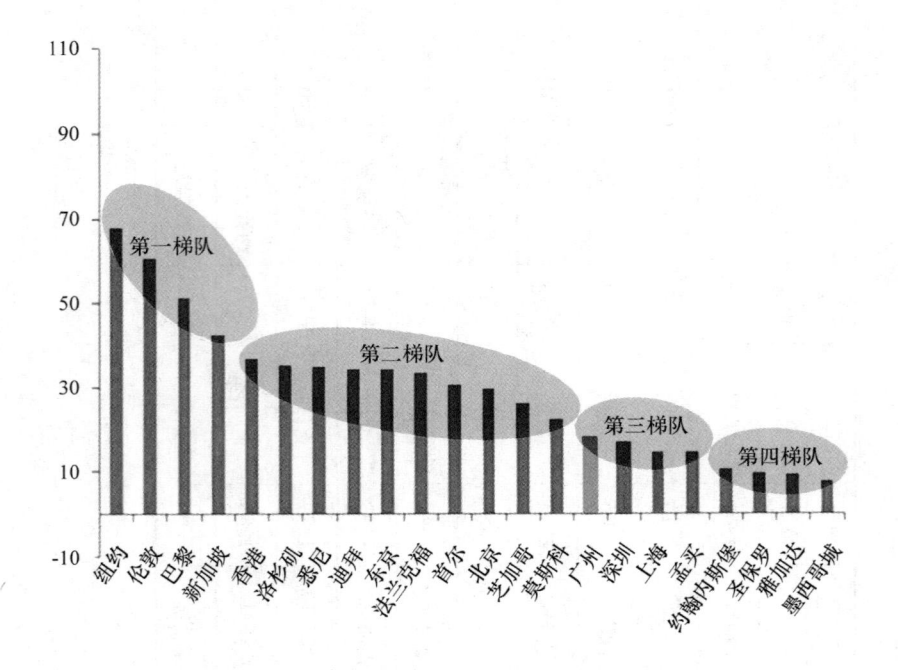

194　广州建设全球城市的评价体系与战略研判

图 8-2　全球城市魅力指数国际排名梯队

（一）总体比较

（1）在全球城市四个魅力等级中，广州处于一般魅力型队列，属于一般水平。其中，第一梯队纽约、伦敦、巴黎、新加坡总得分介于40—70分，属于高魅力型；第二梯队香港、洛杉矶、悉尼、迪拜、东京、法兰克福、首尔、北京、芝加哥、莫斯科总得分介于20—40分，属于中等魅力型；第三梯队广州、深圳、上海、孟买总得分介于20—10分，属于一般魅力型；第四梯队约翰内斯堡、圣保罗、雅加达、墨西哥城总得分在6—10分，属于低魅力型。广州总魅力值18.11分相当于第一梯队的32.43%，第二梯队的56.92%，是纽约的0.27倍，伦敦的0.30倍，巴黎的0.35倍，新加坡的0.42倍，莫斯科的0.80倍。通过以上比较可以看出，中等魅力型梯队是当前全球城市体系中的主流魅力城市群体，也是广州最接近且易于突破的层级。

（2）在全球城市魅力值的四个梯队中，广州处于第三梯队，总体排名第 15 位。比较四个梯队，第一梯队与第二梯队差距较大，相差 5.93 分，且第一梯队内各城市间的魅力值平均相差 8.48 分，呈陡然走低之势；其余梯队间平均相差 4.25 分，梯队间及梯队内部差距较平缓，梯队内各城市间的差距也大体趋于均等。第二梯队内共有 10 个城市，数量最多，其余梯队内各有 4 个城市，较为均匀。在第三梯队中，广州以 18.11 分居于首位，总分略高于深圳和上海。孟买、圣保罗、雅加达、墨西哥城在近年 GaWC 世界城市体系排名中都是排在广州之前的 Alpha 级城市，上海更是 Alpha+ 级城市，但在全球城市魅力指数排名中广州排名却领先一步，这说明广州城市软实力具有一定后发优势。

（二）分项比较

（1）广州历史遗产排名第 6 位。在历史遗产方面，广州以 4.56 分高于第一梯队纽约、新加坡，高于第二梯队香港、洛杉矶、悉尼、迪拜、东京、法兰克福、芝加哥。虽然广州尚未实现世界文化遗产零的突破，但历史遗产魅力值排名却相对靠前，这主要得益于广州 2231 年的历史长度，在样本城市中排名第二，仅低于北京的 3063 年，高于第一梯队纽约的 353 年、伦敦的 1967 年、巴黎的 1659 年、新加坡的 198 年，高于第二梯队香港的 176 年、洛杉矶的 236 年、悉尼的 229 年、迪拜的 184 年、东京的 560 年、法兰克福的 1223 年、首尔的 2034 年、芝加哥的 184 年、莫斯科的 870 年。

（2）广州城市精神与价值观排名第 15 位。在城市精神与价值观方面，广州以 7.01 分高于第二梯队的莫斯科，与上海 7.58 分的差距微小。在二级指标中，广州文化多元性排名第 12，以 72 分高于第二梯队的迪拜、法兰克福、首尔、莫斯科；广州城市法治水平排名第 11，以 0.55 分高于第二梯队的北京、莫斯科；在外国出生人口占比上，内地四个城市均不高，广州排名第19，以0.63%的比例高于北京、深圳、上海，这种情况可能与数据获取渠道有关；广州社会包容度排名第17，城市机遇排名第18，排名较为靠后，与以开放、包容著称的广州城市精神情况不太相符，这与指标的选取以及广州金融影响力和技术成熟度低相关。

（3）广州城市品牌形象排名第22位。广州在五项一级指标中，城市品牌形象排名最低，主要原因是谷歌搜索热度与国际两大知名媒体的报道次数拉低了广州城市品牌形象的分值。具体来看，内地四城在谷歌搜索热度方面得分均不高，广州排名第21，得分27分，仅高于深圳的26分，比北京低2分，比上海低1分；在《华盛顿邮报》报道方面，广州排名第22，以469次低于深圳的818次；而广州在《纽约时报》报道次数排名第21，以1111次高于孟买的913次，低于深圳的1203次，这可能与两大国际媒体的侧重点不同有关；广州在城市声誉与生活品质及城市著名品牌三项排名情况则相对稍微好一些，广州城市声誉排名第16，以54.9分高于第二梯队北京的52.8分、莫斯科的47.1分；生活品质排名第16，以0.09分与第二梯队的北京并列，高于莫斯科的0.01分；广州在全球500强城市品牌中实现零突破，在城市著名品牌中排名第10，与多个城市并列。

（4）广州国际人口吸引力方面排名第14位。广州此项指标得分4.6分，高于第二梯队首尔的4.18分和北京的1.55分，接近悉尼的5.65分。在国际人口吸引力的二级指标中，2017年境外游客量广州排名第9位，907.55万人，高于洛杉矶的607.43万人、悉尼的385.79万人、法兰克福的251.14万人、首尔的765.91万人、芝加哥的552万人、莫斯科的463.23万人，接近东京的971.35万人；而广州在常住外籍人口方面的排名较低,以 8.8 万人排名第 19 位,仅高于雅加达的 2.8 万人、深圳的 2.6 万人、孟买的 1.6 万人。广州境外游客与常住人口数量的这种明显差异,一方面可能与数据获取受限有关,另一方面与广州旅游、品牌会展、国际会议以及交通区位因素有关。

(5) 广州城市发展潜力排名第 16 位。广州城市发展潜力魅力值 0.28 分,与香港的 0.3 分差距甚微,这表明广州在经济水平维度有明显提升,是营商环境不断优化的体现。但由于在金融投资方面及创新维度上的失利,使得广州城市发展潜力魅力值略低于深圳的 0.4 分。城市发展潜力指标以科尔尼《全球潜力城市指数》(2017) 四个维度(居民幸福感、经济状况、创新、治理)为参考,该指数在指标选取上有一定的侧重性和不完全性。随着广州在新一代信息技术、人工智能、生物医药与新能源等战略性新兴产业领域的布局和进展,以及对区域性私募股权交易市场以及创新型期货交易所的谋划建设,广州金融与创新发展将会有新势头,在城市发展潜力方面也会有直接而明显的增强,届时或将比肩香港。

三 广州全球城市魅力的优势与短板

从比较结果可以看出,在当前全球城市体系中,广州城市魅力总排名处于比较适中的位置。广州在五项一级指标中优劣势并存,呈现出相互抑制的趋势。对标样本全球城市,广州在历史长度、城市生活品质、境外游客量三个方面有明显先动优势,在 22 个样本城市中入围前十名;而在世界文化遗产、谷歌搜索热度、两大国际媒体报道次数、外国出生人口占比、城市机遇及常住外籍人口六个方面是拉低广州城市魅力水平的滞后因素(表 8-3)。

表 8-3　　　　　　　　　广州提升城市魅力的优劣势

一级指标	优势	劣势
历史遗产	建城历史较长，列全球城市第二位；文化遗产资源丰富	尚未有文化遗产资源入选世界文化遗产
城市精神与价值观	文化多样性适中；区域重要性高；城市包容度较高；城市法治建设良好；政府公信力高；城市信用不断提升	城市文化内生力不足，文化活力水平不高；城市智力资本和创新、技术成熟度较低
城市品牌形象	城市人居环境较好；创业生态环境不断优化；著名品牌微信崛起成为国内外社交巨头	国际存在感和关注度比较低；城市著名品牌数量很少
国际人口吸引力	国际性人文活动频密；对境外游客的吸引力较高	对外籍人口常住地的选择吸引力较低
城市发展潜力	城市综合实力水平发展平稳；商业环境友好、便利；科教文卫资源丰富；城市市场机制稳定良好	金融影响力和科技创新能力有待提升；金融服务体系不完善

正由于一些指标的抑制，广州的城市魅力处于相对隐性状态，故而提升空间很大。根据样本城市分项指标排名情况，对广州全球城市魅力的优劣势分析如下。

（一）主要优势

1. 建城历史悠久，历史文化遗产资源丰富

2000多年来广州在海上丝绸之路上持续充当着全球贸易往来、文明互鉴的重要节点。特殊的区位优势使广州成为连接世界文明和中华文明的枢纽之地，是世界交通史上唯一2000多年长盛不衰的大港。在长期的滨海商贸历史中，广州拥有大量承载着中外连通信息的文化遗存，如南海神庙、南越国宫署、黄埔古港遗迹、怀圣寺光塔、蕃坊、十三夷馆，等等。在广州

2200多年层叠的历代文化层中，沉淀了丰富的文化遗产资源。广州历史城区20.39平方公里，历史文化街区26片，历史风貌区19片，历史建筑721处，非物质文化遗产77个，其中世界级有2项，国家级16个，全市国家A级旅游景区达到50多个。近年在对广州老城区的考古中，又相继发掘了东汉、南朝、唐代和明代砖室墓，200多处先秦两汉遗址，唐末五代包边砖墙及宋代城墙角台基址等文物遗址。

2. 中西文化荟萃，国际性人文活动频密

自秦汉以来，广州就是岭南的政治、经济、文化中心，同时作为近现代革命策源地和改革开放前沿地，广州在历史上一直是中西文化荟萃融会之地。由于远离中原，广州对外来文化的抵御和排斥力不强，长久以来岭南文化和外来文化共融互鉴，使广州成为中外多种文化碰撞、交融的前沿核心地带，同时也铸就了广州包容、开放的文化基因。作为对外交流的重要窗口，广州每年通过举办国际性会展会议等丰富的国际性人文活动，集聚全球高端资源。2017年广州对九大国际性、全国性文化会展品牌活动进行全面整合，形成覆盖演艺、影视、非遗、动漫游戏、创意设计、艺术品交易等多个板块和领域的综合性会展联合体——"广州文交会"，实现会展业从单一性向综合性的突破，也是广州文化产业跨界融合的大胆尝试。

3. 城市环境整治精细化，人居氛围愈加舒适

广州城乡绿化各项指标都位居全国各大城市前列，先后荣获"国家园林城市""国家森林城市""全国绿化模范城市"称号，被联合国评为"国际花园城市"，获联合国改善人居环境最佳范例奖。近年，广州在生态环境、生活品质、交通便捷方面取得了显著的成效。通过精准部署全市大气污染防治重点工作，2018年广州市PM 2.5平均浓度连续两年达到国家二级标准，全年未出现重污染天气，空气质量达标天数达八成，广州环境空气质量持续向好；森林覆盖率达42.32%，建成3400公里绿道；

在2018年全国城轨报告中，广州以44.1公里/小时的速度成为全国地铁最快城市，并实现了区区通地铁的目标；在2018年首版广州米其林指南榜单中，广州有63家餐厅入选；2018年广州群众安全感和治安满意度分别高达98.4%和97.8%。

4. 经商环境不断优化，"千年商都"跃升"现代商都"

广州凭借"千年商都"深厚商业底蕴和发达商业根基，以及良好的城市机遇和商业潜力得到了投资者的广泛认同。在福布斯每年发布的"中国大陆最佳商业城市排行榜"上，广州曾5年蝉联冠军，近两年也保持在全国前三的阵列内。粤港澳大湾区研究院发布的2017年中国城市营商环境指数中，广州排名全国第一。至2018年底，约有301家世界500强企业在广州投资项目达1000多个；2018年广州新登记各类市场主体41.11万户，同比增长25.47%，全市新登记企业27.97万户，同比增长35.26%。广州通过建立健全市场主体诚信档案、行业黑名单制度和市场退出机制，打造市级公共信用信息平台"信用广州网"，推进城市信用不断提升。网易、优视、微信、唯品会、欢聚时代、酷狗音乐等移动互联网新业态在全国范围内形成了一定影响力。

5. 城市法治建设特色突出，政府公信力不断提高

广州依法全面履行政府职能工作在全国处于领先地位。广州市曾连续两年被《中国法治政府评估报告》评为全国第一名，近年也一直保持在全国前三的名次，并被授予"法治政府建设典范城市"荣誉称号，2018年《广州市依法行政条例》荣获中国法治政府奖。广州全面建成广州市公共信用信息管理系统，在现代警务改革、民事诉讼与刑事诉讼制度改革、城市执法改革等多个领域形成了一系列的"广州模式"。在营造共建共治共享社会治理格局上，广州在推行司法改革、律师调查令制度、主动公开全部执法数据、电商合议庭"刷脸"庭审、开展"法治秀"评选活动等方面都是全国首创，树立了广州法治化营商

环境改革领跑者形象。

6. 旅游产业体系完善，旅游吸引力增长趋势向好

近年来，广州不断调整、优化旅游资源结构，丰富旅游产品和内容，建立完善的旅游产业体系。广州通过把文化、商业和旅游三要素有机结合，撬动北京路商圈、天河路商圈、长隆商圈等一批顶级商圈，带动文商旅融合发展；致力于打造精品旅游项目，推出生态养生游、海丝文化游、古驿道游、亲子休闲游、创意乡村游等数十条特色旅游线路，"广州过年·花城看花"春节花车大巡游系列主题活动更是成为"广州蓝"之外的又一响亮品牌，是近年来广州过年的重头戏。广州通过改善旅游公共服务，大力推动全域旅游优质发展，广州旅游趋势持续增长。2018年广州境外游客量过夜人数达900.63万人次，同比增长0.02%，旅游业总收入4008.187057亿元，同比增长10.90%。世界旅游理事会（WTTC）发布的《2018年城市旅游和旅游业影响》显示，2007—2017年，广州成为全球旅游增长最快的10个城市之一。

（二）主要短板

1. 历史文化价值有待提升

广州历史厚重、文化遗产丰富，但在城市历史文化价值提升与形象打造方面却比建城百年甚至不足百年的年轻全球城市还落后，与世界文化名城的要求相比仍不相匹配，文化遗产保护与开发利用缺乏与本土实际文化环境有关联性、整体性的规划。广州城市历史文化的应用价值没有充分显现，全球知名度不高。作为彰显城市历史文化遗产价值的一项殊荣，世界文化遗产既是城市荣誉又是城市文化软性力量，而当前作为国家历史文化名城，广州尚没有一项文化遗产入选世界文化遗产。世界文化遗产的缺失，没能助力广州提升城市历史遗产魅力值。首尔建城历史（2035年）与广州接近，但是凭借3项世界文化

遗产，使得首尔在历史遗产排名中位列第五。如果广州获评一项或以上的世界文化遗产，在历史遗产排名中将可跃入全球城市前五名。

2. 文化创造活力相对弱化

广州文化内生力不足，文化内容生产及品牌建设相对滞后，当代文化创新创造活力趋于弱化。广州曾是中国流行音乐的发祥地和桥头堡，20世纪八九十年代中国流行音乐的词曲创作者和歌手大都发迹于广州，广州乐坛创造了内地音乐界多个"中国第一"；以珠江影视为代表的广州影视也曾在全国享有很高知名度和影响力。然而近年来随着广州流行音乐的衰退和影视及综艺创作的不足，广州文化的辐射力减弱，在文化精品及文化品牌的打造方面也相对滞后，缺乏有影响力的文化产品。在文化设施与文化内容供给、文化产业增加值和文化从业人数规模方面，与伦敦、巴黎、东京、首尔等国际文化大都市也是相差甚远。文化与旅游融合度不高，商业街与商圈同质化严重，文化功能特色和文化品位塑造方面碎片化，文化旅游产品和旅游线路的开发方面吸引力不足，缺乏精品意识。

3. 国际形象传播力和影响力不足

广州国际显示度和关注度比较低，城市品牌形象国际传播力和影响力不足。在城市品牌上，除了微信外，未能形成在世界范围内具有影响力的其他城市明星级企业品牌，虽然即时通信品牌微信崛起成为国内外社交巨头，活跃用户达10.8亿，但是与北京、东京、纽约等拥有数十个品牌城市相比，由单一品牌支撑的城市品牌形象和国际存在感过于薄弱。根据谷歌热搜显示，过去十年间全球对广州的搜索热词集中在酒店、广交会、广州塔、广州机场、广州高铁、广州恒大等功能性主题上，广州美食、花城、千年商都等城市品牌并未上榜；两大国际知名媒体对广州的关注度远低于第三、第四梯队的大部分城市，从2010年亚运会以后两大媒体对广州的报道次数逐步降低。可见广州城市魅力在国际上还是处于隐形状态，城市意象较为模糊。如若广州在城市品牌形象上稍加增进，或可超越莫斯科，向第二梯队蓄力迈进。

4. 智力资本与技术创新能力发展失衡

广州虽然拥有华南地区丰富的人力资本和雄厚的科研资源，但是科学创新主体与技术创新主体之间智力资本转移和创新驱动阻滞，影响了广州城市创新系统功能的发挥。从近几年广州市发明专利授权量与科技成果累计通过量及科技成果转化来看，与高校及科研院所强劲的持续创新力相比，企业拥有的智力资本少，技术创新实力偏弱，虽然企业科技创新总量大，但科技创新续航能力低；广州高校及科研院所科技成果转化率偏低，并且在科技成果转化管理及与企业对接方面明显滞后，缺乏专业化团队运营。就创新能力来说，广州也缺乏具有全球领先创新能力的科研组织机构。近年来，广州虽然着重布局 IAB、NEM 产业，引进的思科智慧城、富士康生态产业园区、GE 国际生物园、冷泉港实验室、粤芯芯片等重大创新项目也已相继运作，但是这些战略性项目还处于预热阶段尚未形成优势，对当前改善广州科技创新水平的作用不大，与纽约、伦敦、东京等以战略性新兴产业为主导产业的全球城市相差较大。

四　经验与启示

（一）挖掘提升城市历史文化应用价值，全面提升城市文化国际影响力

历史文化作为一种内秀的力量既拉伸城市的深度又凸显成熟感，是对抗城市同质化竞争的软性资源，也是提升城市全球文化领导力的关键。在众多全球城市中，广州有着 2200 多年建城历史，仅次于北京；但由于广州在城市文化定位、标识与特性的开发和打造上过于模糊、平淡，抑制了文化生产力的释放，

以至于2000多年深厚的历史文化积淀没有为广州的商业发展带来显著增益，也未能给广州在国际上的文化影响力带来明显提升。从伦敦、巴黎、首尔等国际文化大都市提升城市历史文化生产力的发展路径来看，为顺应历史文创产品的虚拟化和IP化趋势，加强文化与旅游进一步融合，广州需要从历史文化资源的认知、挖掘和活化利用，以及合理适度将历史文化资源融入城市生活等维度上进行历史文化品牌的建设和打造。从广州的区位和资源优势来看，一方面要深度参与海丝品牌建设，推进海丝多维度合作交流，建立海丝活动线上线下并行机制；另一方面积极加强历史文化资源的活化再现，推动文化生产力的提升，挖掘、活化地方性历史遗存、风物传说等文化资源，以影视、综艺展演等路径释放广州历史文化资源的文化生产力；再一方面要系统性塑造历史文化品牌，加强湾区历史遗产资源的宣传和保护，利用好湾区内的文物古迹及民情民俗，联合湾区城市开展跨境重大物质文化遗产与非物质文化遗产的申遗及保护。

（二）振兴影乐漫文化创意产业，构建全球区域文化磁极

文化的多元化与兼容性是当前全球城市文化出口项目的核心竞争力，而文化市场繁荣的关键则离不开文化内容与产品的不断丰富与创新。就文化创意产业而言，以东京为中心的东京湾动漫内容产业带与以洛杉矶好莱坞为中心的美国西海岸影视工业中心及世界顶级的时尚娱乐产业带，代表着全球视听娱乐产业的最高水平，其共同点是都实行了多元文化创意产业的组合发展。反观广州，从内地流行音乐到动漫再到网络游戏和在线音乐，广州也曾几度是中国新文化的流行中心，但文化内生力和创造力的弱势，使广州一度活跃的文化市场逐渐趋于暗淡。在互联网、电子和数字技术的飞速发展以及给文化产业带来的挑战和机遇下，广州应借助香港、澳门在影乐漫产业上积淀的

经验和优势，鼓励影视、时尚、设计及其他文化产业和行业的发展。大力推动优势文化创意产业对城市文化活力的提升和强化，一方面吸纳粤港澳及亚洲地区的影乐漫优质资源和资本，充分发挥广州作为湾区中心城市的产业优势和区位优势，加强粤港澳视听娱乐产业合作，推进湾区与韩国、日本在视听产业的交流合作；另一方面加强影乐漫制作与发行等方面的人才培育，以粤港澳台影视艺人群体为师资力量，开设学院基地等科教场所展开系列合作交流；再一方面推动影乐漫创意产业协同发展形成区域产业链，在影视市场全球化的趋势下，推进湾区影视制作和投资的全球化。

（三）拓展城市品牌形象营销方式和渠道，提高湾区全球城市魅力显示度

在新型经济全球化浪潮中，良好的城市品牌形象已然成为促进城市经济快速发展的加速器。透过城市品牌形象，城市软实力的凝聚和辐射可以得到最大限度的释放和传播，进而有助于获取国际利益，提升城市竞争力和国际地位。近年来以城市形象及文化的软传播、城市全球化视野的宣传模式以及产业转型升级作为拉动城市形象品质提升的抓手，已成为以纽约、巴黎、北京、香港等为代表的全球城市美化城市形象，提升城市综合魅力，吸引人群、资本等要素集聚的重要策略和主要趋势。为弥补城市品牌形象这一短板，优化、提升城市国际形象和传播力，增强城市魅力显示度和国际关注度，广州应积极拓展对城市品牌形象宣传及营销的方式和渠道，择优借鉴国际大都市对城市品牌形象打造的经验，以城市形象输出、城市品质建设、城市宣传活动为切入点，一方面要在视听领域加强对城市形象的输出力，加强广州在视听领域的软传播力度，通过在影视剧及综艺节目中植入城市景观、品牌等特色性城市元素，强化对城市形象的宣传和传播；另一方面提高城市品牌形象建设的全

球参与度，注重增强全球互动氛围，借助他者视野，鼓励在穗外国人或熟悉广州的外国友人参与提升城市形象宣传活动；再一方面强化产业升级对城市颜值的提升，在布局新业态的同时对品质落后、失去经济活力的城市旧区，进行空间整合、功能置换，把产业升级与城市形象优化升级有机统一起来。

（四）推进智力资本与创新协同发展，创建综合性国家科学中心

智力资本只有在人力资本与结构资本的合力作用下，才能促进城市智力价值转变为创新，形成无形资产。推动智力资本与创新的协同发展，要在高校及科研院所与企业间建立畅通有效的智力资本传导转移机制和体系，增强企业创新创造的战略性资源，推进科技与产业的融合发展。以纽约硅巷和伦敦东城区硅环岛等为代表的创新型国际大都市，近年来十分注重加强创新主体之间的连通、互动及创新共同体的建设，其主要表现为设立创新街区，以共享办公、孵化器、加速器和公共创新中心等模式打造公共创新空间等方面。作为粤港澳大湾区中心城市，广州应立足广深科技创新走廊建设实际，注重城市创新系统功能的整体性建设和发挥。结合创新型国际大都市的发展经验和趋势，广州应打通科学创新主体与技术创新主体间的阻滞，从智力资本与科创活动的传导与联合策略、创新制度和政策环境出发，一方面增强智力资本与科创活动的连通性，推动高校、科研院所与企业及企业间的合作交流及信息共享，增强城市创新的连通性和开放性；另一方面加大创新主体科技创新活跃度和互动性，在鼓励高校及科研院所与企业联合开展国际性、前沿性项目研究的同时加大科技创新的互动性和可视化；再一方面优化区域创新环境构建协同创新共同体，着力优化创新制度和政策环境，探索湾区内有利于创新要素跨境流动和区域融通的举措。

（五）塑造国际新型人文生活环境，增强国外人群吸引力

随着广州外籍人口的增加，把外籍人口管理纳入城市全球战略谋划当中是新型全球化趋势下城市角色定位使然，也是广州建设引领型全球城市的内在要求。作为开放包容的世界窗口，广州在对外籍人口的服务管理上既有优势又有挑战。相比其他欧美城市，广州与外国人的交往史悠久，在与外籍人口共事上隔阂较小，相处较融洽；而风俗饮食上的不同，则加大了外籍人口本地化融合管理的难度。而对于在全球城市群中，塑造具有独特魅力的新型人文宜居城市，以平等互惠为原则促进外籍人口与本地居民的融合发展，增强外国人作为本地城市居民的主人翁意识，不仅将成为广州的一大亮点和特色，也将在全球化发展中创造重要意义，届时广州的国际吸引力和影响力也会得到进一步提升。对此，广州应积极引领湾区城市以全球视野思考本地居民与外籍居民的共生、共商关系，致力于构建超越文化隔阂，促进湾区与国际、传统与现代互鉴、包容、普惠、共荣、多元的新型城市人文宜居生活环境。一方面以"夷人制夷"的运作模式建立专门管理外国人的独立事务部门，搭建外籍人员参与城市服务和治理的对话平台，维护保障外籍人员的合法权益；另一方面强化外籍人员市民意识，重视在穗外国人生活和工作上的诉求并拓展解决渠道；再一方面增强外籍人员创新创业的氛围和机遇，加大外国人创新创业扶持力度。

第九章 广州城市国际传播力指数的构建与评价

一 引言

随着综合国力的大幅提高,中国参与国际事务的能力显著提升,日益走向世界舞台的中央。习近平总书记在党的十九大报告中指出,加强中外人文交流,以我为主、兼收并蓄。推进国际传播能力建设,讲好中国故事,展现真实、立体、全面的中国,提高国家文化软实力。国际传播力决定了一个城市文化信息的跨境扩散广度,决定了境外公众了解和认同这个城市文化的可能性,决定了城市在激烈的软实力竞争中能否占据有利位置。

近期,粤港澳大湾区规划纲要正式发布,规划提出要抓住建设粤港澳大湾区重大机遇,携手港澳共建"人文湾区",加快推进中外文化交流互鉴,扩大岭南文化的影响力和辐射力。而广州长期与海外世界保持着密切的商贸文化往来,拥有"千年商都"的独特美誉品牌,城市影响力持久不竭。在新的粤港澳大湾区建设规划中,广州可以发挥文化引领优势,携手湾区城市群通过参与"一带一路"提高湾区的国际传播力。在增强国际传播能力建设上,广州必须适应媒体环境和传播格局的全新变化,综合运用大众传媒、涉外活动、人际传播等多种传播方式,发挥政府、社会、企业、个人等多元主体作用,努力在国际上发出正面声音,塑造正面形象,提升在国际上的话语权。

二 全球城市国际传播力的内涵界定与评价体系构建

一般而言,在实践中要形成强大的国际传播力,首先要有话题性很强的传播内容,主要包括城市资产、声誉、品牌及其创新亮点。其次,城市能否实现有效的国际传播需要依赖强有力的传播手段与介质,其中,各种现代传媒无疑是主要手段,其他一些辅助性传播介质还包括国际展会、文化节庆、国际旅游、体育赛事等。再次,国际传播力的提升需要城市具备便捷通畅的全球性交通网络、信息网络等硬件设施作为支撑,助力人员来往、信息传播、文化交流等活动,在不断满足人民美好生活需要的同时,也提高了传播的效率和广度。最后,国际传播力的形成也需要外部受众的关注和认同,实施适当的受众策略。

基于此,从构成要素上看,城市国际传播力主要涉及传播内容、传播主介质、传播辅介质、城市交流硬件设施等四大维度,具体包括"国际传媒""城市声誉、品牌与创新力""城市文化交流""城市外交""国际会展""国际旅游""国际交通与信息网络"7个一级指标和22个二级指标,对一级指标采用德尔菲法,即通过邀请20位专家对一级指标权重进行打分,取各专家打分的平均值确定权重,对二级指标采取一级指标框内均分法处理,构建评价指标体系如表9-1所示。

表9-1 国际传播力指数指标框架及权重

一级指标	权重(%)	二级指标	权重(%)
国际传媒	20.78	新媒体发展指数	5.20
		《华盛顿邮报》报道次数	5.20
		《纽约时报》报道次数	5.20
		广告、媒体跨国公司数	5.20

续表

一级指标	权重（%）	二级指标	权重（%）
城市声誉、品牌与创新力	16.99	世界排名500强的大学数量	2.83
		世界2000强企业总部数量	2.83
		城市创新指数	2.83
		城市著名品牌	2.83
		声誉排名	2.83
		博物馆数量	2.83
城市文化交流	13.32	艺术节和节庆活动	4.44
		全球运动影响（GSI）城市国际体育赛事举办次数	4.44
		国际留学生数量	4.44
城市外交	8.21	国际组织总部数量	2.74
		外国使领馆数量	2.74
		常住外籍人口比重	2.74
国际会展	13.88	国际会议次数	13.88
国际旅游	12.67	境外游客数	12.67
国际交通与信息网络	14.15	航空客运量	3.54
		国际航线数量	3.54
		互联网用户数量	3.54
		网速	3.54

三　广州城市国际传播力的国际比较

（一）总体比较

本章最终确定22个具有代表性的全球城市，样本涉及5大洲、16个国家和地区。样本城市的选择既兼顾了覆盖面和地域性，同时也在一定程度上代表了当今世界各地域范围内城市发展的最高水平。

第一，22个样本城市总得分可以划分为四个梯队（图

9-1)。其中，伦敦、巴黎、纽约、东京这四大全球城市的总得分均在 50 分以上，远高于其他各城市，可列为第一梯队；香港、新加坡、首尔、北京和洛杉矶这五大城市的总得分为 30—50 分，属于城市国际传播力发展较好的城市，位处第二梯队；悉尼、上海、圣保罗、芝加哥、迪拜、莫斯科和法兰克福的得分为 20—30 分，处于第三梯队；而墨西哥城、广州、深圳、孟买、约翰内斯堡、雅加达这几座城市的总得分在 20 分以下，列为第四梯队（表 9-2）。

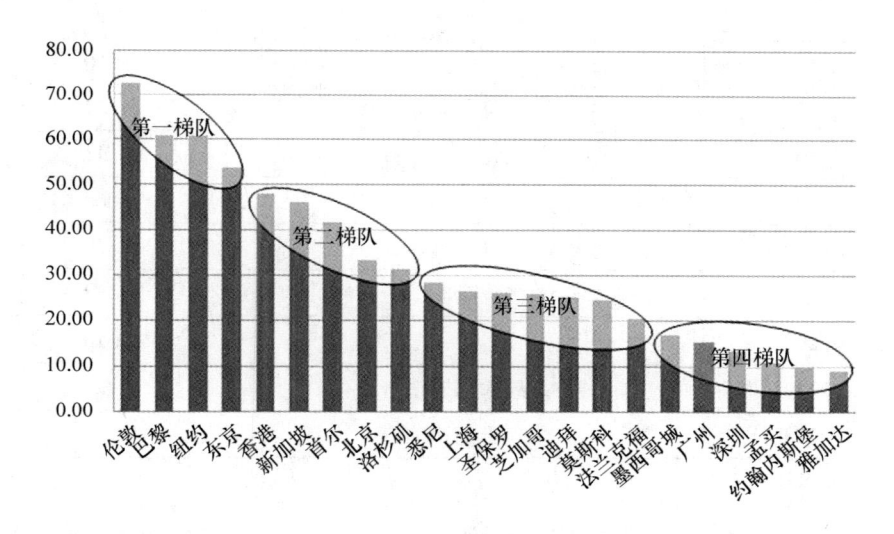

图 9-1 22 个样本城市得分情况

表 9-2 国际传播力综合得分与排名

排名	全球城市	综合得分
1	伦敦	72.82
2	巴黎	61.03
3	纽约	60.91
4	东京	53.93
5	香港	48.15
6	新加坡	46.04

续表

排名	全球城市	综合得分
7	首尔	41.50
8	北京	33.23
9	洛杉矶	31.20
10	悉尼	28.45
11	上海	26.61
12	圣保罗	26.09
13	芝加哥	25.93
14	迪拜	25.10
15	莫斯科	24.52
16	法兰克福	20.41
17	墨西哥城	16.65
18	广州	15.29
19	深圳	13.39
20	孟买	11.10
21	约翰内斯堡	9.60
22	雅加达	9.09

第二，广州总排名第十八位（表9-2），处于第四梯队前半段，位居中国内地四城第三。测评结果表明，广州国际城市传播力指数总得分为15.29分，仅相当于第一梯队城市的20%左右，与首尔、北京、圣保罗、莫斯科等第二、第三梯队城市也有一定差距。广州很多"硬实力"指标已经逐步追赶上一些全球大城市，但在文化感召力、形象传播力等"软实力"方面，与其他世界城市的差距还很大。

第三，从各构成要素的表现看，广州在国际传媒、国际旅游、国际交通与信息网络三项指标上与世界城市的差距较小，而在城市声誉、品牌与创新力，城市文化交流，城市外交，国际会展四项指标上差距较大，这将构成广州未来传播城市国际形象、建设国际传媒之都的主要短板制约。

（二）分项比较

1. 广州新媒体发展指数排名较高，但在国际媒体上的曝光率过低

国际传媒由新媒体发展指数，《华盛顿邮报》报道次数，《纽约时报》报道次数，广告、媒体跨国公司数四个维度构成，纽约各项得分均排在各大城市之首，广州排在第16位。

具体从单个指标来看，广州在国际主流媒体的曝光度明显偏低。《华盛顿邮报》在过往的十二年（2005年—2018年6月14日）中，提及上海的次数将近4500次，而报道广州仅有470次左右，差了整整10倍；《纽约时报》在过去十年（2008年6月1日—2018年6月1日）中，报道上海的有8600次左右，而提及广州的仅有1100次左右（表9-3）；与纽约、伦敦、巴黎等城市相比较更是相去甚远。由此可见，广州在国际权威媒体主动投放广告、传播城市形象、讲广州故事的强度远远不够。

表9-3　　各城市《华盛顿邮报》《纽约时报》报道次数

城市	《华盛顿邮报》报道次数 2005—2018.6.14	《纽约时报》报道次数 2008.6.1—2018.6.1
伦敦	47359	79476
纽约	225050	431014
新加坡	6231	8001
香港	7743	16020
巴黎	29203	51990
北京	15571	21377
东京	8554	11928
迪拜	3010	4959

续表

城市	《华盛顿邮报》报道次数 2005—2018.6.14	《纽约时报》报道次数 2008.6.1—2018.6.1
上海	4426	8625
悉尼	6103	7979
圣保罗	24310	11126
芝加哥	70857	56721
墨西哥城	22816	11970
孟买	1056	913
莫斯科	15850	15768
法兰克福	2920	5430
约翰内斯堡	1669	2442
首尔	4758	5522
雅加达	1201	1448
洛杉矶	63703	66668
广州	469	1111
深圳	818	1203

从门户网站到以微信为代表的移动互联网时代，广州一直是互联网企业的一片沃土。作为腾讯的拳头产品，微信就诞生在广州，微信跟各个行业结合的试点如今都还在广州。除了微信在广州的地缘优势之外，市民及政府对新事物的接受程度高，以及广州市各部门的开明态度，也是大量移动产品和服务在广州诞生后向全国推广开来的重要因素，微信的医疗、出入境、城市政务等方面服务均率先在广州推出，普及全国。因此，广州在新媒体指数的排名在22个样本城市中位居第4，与法兰克福、芝加哥、上海等城市并列，新媒体发展在国际上处于领先地位。

广州是广东的政治、经济和文化中心，也是广东三大报业集团——广州日报报业集团、羊城晚报报业集团和南方日报报业集团的所在地。三大报业集团创造出优秀的新闻产品,培养了高素质的新闻人才。对于广州传媒产业国际化问题,在目前还少有研究涉及,在国家"走出去"战略的引导下,探索广州传媒集团国际化拓展的相关理论,对于广州传媒产业国际化提供理论指导,将有利于广州传媒产业国际竞争力的提升。根据各城市统计年鉴,纽约、洛杉矶、伦敦拥有的广告媒体跨国公司数量分别是175家、122家和119家,广州是34家。因此,广州目前还缺乏具有国际影响力和创新力的大型综合传媒集团,在全球媒体界的话语权比较微弱。

总的来说,在移动互联网时代,广州所拥有的微信、YY语音、唯品会、酷狗和UC等知名企业和产品相继在各自的细分领域独领风骚,新媒体发展潜力很大,但在国际知名媒体上的显示度仍有待进一步提升。

2. 跨界交流有助于提升国际传播力,广州声誉排名对人才的吸引力持续增强

测评结果显示,伦敦(13.14分)在城市声誉、品牌与创新力方面得分第一,巴黎(11.66分)、东京(11.60分)和纽约(11.33分)紧随其后。虽然广州在传播内容方面的得分(3.83分),超越了印度"西部门户"孟买(2.65分)和南非约翰内斯堡(1.67分),但与排名前三的城市(伦敦、巴黎、东京)还有不小的差距(表9-4)。

表9-4　　各城市声誉、品牌与创新力指标得分与排名

城市	传播内容得分	排名
伦敦	13.14	1
巴黎	11.66	2
东京	11.60	3
纽约	11.33	4

续表

城市	传播内容得分	排名
北京	9.26	5
香港	7.68	6
首尔	7.62	7
悉尼	7.61	8
洛杉矶	7.54	9
芝加哥	6.96	10
新加坡	6.17	11
上海	6.13	12
法兰克福	4.78	13
深圳	4.54	14
迪拜	4.27	15
圣保罗	4.27	16
莫斯科	4.23	17
广州	3.83	18
孟买	2.65	19
墨西哥城	2.31	20
约翰内斯堡	1.67	21
雅加达	1.62	22

在全球化、信息化与区域一体化日益深入的背景下，跨区域要素流动加快，区域边界的分割功能不断弱化，跨界区域逐渐成为城市与区域发展的热点之一，对推动城市有序增长有着积极的意义。城市所拥有的世界2000强企业总部数量、世界500强大学数量、博物馆数量，以及城市著名品牌在一定程度上反映着城市跨界交流的能力与水平。

根据USNews世界大学排名，广州仅有两所大学进入世界排名500强大学榜单（表9-5），远低于伦敦（15所）、巴黎（12所）、首尔（8所）等城市，相比北京（5所）和上海（3

所）也存在一定差距。从世界 2000 强企业总部数量来看，东京全球 2000 强企业总部数量高居榜首，拥有 140 家，广州全球 2000 强企业总部数量仅有 8 家，排名第 16 位，也落后于北京、上海、深圳三座城市。再从博物馆数量来看，广州近年来一直致力于重点文化设施项目建设，推进建设"图书馆之城"和建设博物馆体系，在 22 大城市中的博物馆拥有量排名第 11 位。另外，全球领先的资产估值和市场品牌战略咨询公司（Brand Finance）发布的最新报告显示，2017 年全球 500 强品牌广州虽然仅拥有 1 家，但与香港、悉尼、墨西哥城、孟买、莫斯科、洛杉矶等城市并列第 10 位，处于样本城市中的中等水平。

表 9-5　　各城市世界 500 强的大学数量、世界 2000 强企业总部数量、博物馆数量

城市	世界排名 500 强的大学数量	世界 2000 强企业总部数量	博物馆数量
伦敦	15	58	173
纽约	7	66	131
新加坡	3	15	53
香港	6	58	109
巴黎	12	38	137
北京	5	68	120
东京	5	140	47
迪拜	1	5	43
上海	3	31	114
悉尼	5	20	60
圣保罗	2	9	111
芝加哥	4	17	115
墨西哥城	1	7	44
孟买	2	26	10

续表

城市	世界排名500强的大学数量	世界2000强企业总部数量	博物馆数量
莫斯科	4	16	101
法兰克福	4	3	49
约翰内斯堡	1	5	60
首尔	8	53	58
雅加达	0	4	38
洛杉矶	4	4	128
广州	2	8	98
深圳	0	21	42

全球私营咨询公司声誉研究所（Reputation Institute）公布的2015年全球百城声誉排行榜，排行的参考因素包括经济、环境吸引力和政府管理效率。伦敦、纽约、新加坡在22个样本城市中分别排名前三，广州处于第16位。一般来说，声誉越好的城市越受游客、外国投资者和人才的欢迎，而且出口量也较高。广州的声誉排名在国内领先，但在国际上仍然较后。

3. 亚运之城孕育国际体育名城，但城市文化交流多样性还有待进一步加强

广州在城市文化交流方面取得的成绩，主要归功于政府在积极引进各项大型国际活动上所做的努力，广州2018年的全球运动影响（GSI）城市国际体育赛事举办数量为3次，更是超越了香港（2次）、洛杉矶（2次）、芝加哥（1次）。作为现代体育运动从欧美传入中国最早登陆的地点之一，广州以高度开放、包容、务实的态度，兼收并蓄、发扬光大，起到了承前启后、继往开来的重要桥梁作用。如今，广州这座拥有2200多年历史、处于改革开放最前沿的城市焕发生机，已成为一座名副其实的"体育之城"，并大踏步向国际体育名城迈进。

然而，广州的文化活动存在过度集中于大型文化活动配置，

而存在缺乏多样性的问题。具体从艺术节和节庆活动方面来看，东京的艺术节庆举办场次几乎是广州的6.4倍，悉尼的艺术节庆举办场次是广州的4.1倍。再从留学生数量来看，伦敦、东京、巴黎、悉尼、首尔这五个城市依次排名前五位，而广州留学生数量得分仅为排名第一位的伦敦的2.6%。总的来说，广州在举办国际体育赛事方面表现较好，在艺术节庆举办方面处在国际上的中等水平，未来还需进一步加强城市文化交流的多样性。

4. 广州着力提高文化外交能力，但城市外交国际排名依然较为靠后

从城市外交的综合得分来看，伦敦、纽约、巴黎、洛杉矶、莫斯科排第一梯队，广州城市外交综合得分仅领先于深圳，排在第21位。

从具体指标来看，纽约、伦敦、巴黎、东京四大城市的国际组织数量处于第一梯队，北京、悉尼、洛杉矶处于第二梯队，广州处于第三梯队后半段，国际组织数量仅为排名第一的伦敦的0.4%。从外国领事馆数量来看，伦敦、巴黎、东京、北京、莫斯科依次排在前五名，广州作为中国华南地区的政治、文化和科教等的中心城市，吸引了57个国家和地区在此设立领事机构，数量上仅次于上海，并大幅领先国内其他城市。但在全球范围内，广州对国际组织的吸引能力仍然有限。再从常住外籍人口比重来看，纽约常住外籍人口比重高居榜首，伦敦排名第二，与其他国际都市相比，广州的常住外籍人口数还相差甚远，仅为纽约常住外籍人口比重的1.15%。

近年来，广州全方位推进文化外交，举办了多届中国（广州）国际纪录片节、广州国际设计周、世界中文媒体发展论坛、广州国际美食节等国际级活动，已经逐步形成以城市多边外交为主线，以国际城市会议为平台，全面提升城市国际形象的城市文化外交格局雏形。但在各个分项指标上的不突出，以及与领先城市之间的巨大差距，使广州国际外交的总体得分依然偏

低，其国际外交工作能力和水平有待进一步提高。

5. 广州会展行业发展迅速，但与领先城市相比仍存在较大差距

近年来，广州将会展业发展作为经济工作的重中之重，并且将建设国际会展中心提升到打造国际商贸中心首要宗旨的战略性高度，为加快发展促转型城市化发展做出了积极贡献。在这样战略规划的指导下，广州市不论在办展数量、办展规模、办展质量、会展企业数量上，还是在会展设施、手段的现代化水平上都有了大幅度的提高，会展数量、会展业主体、展馆设施的数量和现代化水平都呈现了快速增长的态势。

广州作为国际会议目的地城市，虽然每年举办大量国际会议、会展活动，但举办国际会议的层级不高，影响力不大。据国际会议协会（ICCA）发布的《国际会议市场年度报告》，2017年广州举办国际会议共22次，在比较的22个城市中排名第18（表9-6），属于中后水平。虽然排名处于中国内地第三位（仅次于中国的政治中心北京以及中国的经济中心上海两座城市），但与许多国际发达城市相比仍存在较大差距。

表9-6　　各城市国际会议次数指标得分与排名

全球城市	国际会议次数得分	排名
巴黎	13.88	1
伦敦	12.86	2
新加坡	11.53	3
首尔	10.12	4
香港	8.31	5
东京	6.90	6
北京	5.33	7
悉尼	4.94	8
墨西哥城	4.23	9

续表

全球城市	国际会议次数得分	排名
上海	3.76	10
圣保罗	3.29	11
纽约	2.67	12
芝加哥	2.59	13
迪拜	1.88	14
莫斯科	1.65	15
洛杉矶	1.25	16
约翰内斯堡	0.78	17
广州	0.71	18
孟买	0.71	19
法兰克福	0.24	20
深圳	0.16	21
雅加达	0	22

6. 广州接待境外游客数持续上升，日益成为国内外旅游重要目的地

旅游影响力是城市综合实力的体现，也是城市核心竞争力的重要组成部分。一个城市的旅游影响力越大，证明其吸引外来资本、人才和游客的能力越强。广州作为国家中心城市、国际商贸中心，其城市旅游影响力一直稳居世界前列，吸引外来资本、人才和游客的能力相当强。

从最直观的境外游客数来看，2017年接待境外游客数前五名的城市依次是香港、圣保罗、伦敦、新加坡和迪拜。广州在吸引境外游客方面拥有优势，达到908万人次，在全球城市中排名第10，不仅超过北京、上海这些国内城市，甚至超过了芝加哥、悉尼等国际发达城市接待的境外游客数。

香港有着多元化的航线布局、特色的服务体系以及亲民价格的香港航空，依托得天独厚的地理优势，一直在不断完善和优化国内外航线网络的密度和广度。近年来，出境游已然成为旅游市场新的风口，香港已成国人出境南大门。

而广州交通发达，铁路、公路、水路和航空都是中国华南地区的交通中心，地处珠江三角洲中北缘，隔海与香港、澳门相望，是中国的"南大门"。广州经济发达、百姓生活富庶，有着较好的文化传统和经济积淀。这些都为广州发展国际旅游业、提升国际传播力提供了巨大的区位优势，使广州进行对外文化传播、文化交流比较顺畅。

7. 广州综合交通功能体系不断完善，网络基础设施具有后发优势

近年来，广州城市公共交通发展体制机制不断完善，基础设施供给能力逐步提高，运营服务水平稳步提升，基本建成了立体、多元的公共交通服务网络，为广州市民日常出行提供了极大的便利。

国际交通指标由航空客运量和国际航线数量两个维度构成。从评分结果来看，广州在航空客运量、国际航线数量两个维度上的得分排名分别是第15名和第14名（表9-7）。事实上，广州国际交通的发展水平已超过墨西哥城、圣保罗、孟买及雅加达等发展中国家的主要城市，甚至已超越芝加哥、悉尼，具有明显后发优势。

城市的国际信息服务水平主要由互联网用户数量和网速两个维度构成。其中，广州的互联网用户数量得分排名第14，已超过香港、新加坡、悉尼等全球大城市。但广州的互联网用户数量得分仅为排名第一位的东京的13.28%。此外，广州的网速在22大城市中得分排在第15位，处于第三梯队后半段。值得注意的是，韩国首尔的网速力压纽约、巴黎等全球大都市，排名第4位，已达到世界一级水平，其网络性能也为世界范围内的主要城市提供了新标准。广州未来还需要大力发展和完善网速等网络基础设施。

第九章 广州城市国际传播力指数的构建与评价　223

表9-7　国际交通与信息指标得分与排名

排名	城市	航空客运量	城市	国际航线数量	城市	互联网用户数量	城市	网速
1	伦敦	1	伦敦	1	东京	1	新加坡	1
2	巴黎	0.46	巴黎	0.57	首尔	0.64	香港	0.97
3	首尔	0.44	法兰克福	0.44	纽约	0.40	东京	0.58
4	香港	0.44	莫斯科	0.35	伦敦	0.35	首尔	0.57
5	新加坡	0.36	迪拜	0.30	上海	0.33	巴黎	0.53
6	迪拜	0.32	纽约	0.29	圣保罗	0.31	洛杉矶	0.41
7	东京	0.32	香港	0.17	墨西哥城	0.31	纽约	0.37
8	纽约	0.25	首尔	0.17	北京	0.28	法兰克福	0.26
9	上海	0.21	新加坡	0.16	巴黎	0.25	莫斯科	0.25
10	法兰克福	0.19	东京	0.15	洛杉矶	0.23	北京	0.24
11	莫斯科	0.18	北京	0.12	莫斯科	0.19	伦敦	0.24
12	北京	0.14	上海	0.10	雅加达	0.17	上海	0.24
13	洛杉矶	0.09	洛杉矶	0.08	芝加哥	0.14	芝加哥	0.23

续表

排名	城市	航空客运量	城市	国际航线数量	城市	互联网用户数量	城市	网速
14	雅加达	0.07	广州	0.05	广州	0.13	深圳	0.22
15	广州	0.05	芝加哥	0.05	孟买	0.12	广州	0.19
16	悉尼	0.05	墨西哥城	0.05	香港	0.11	圣保罗	0.18
17	墨西哥城	0.04	约翰内斯堡	0.04	深圳	0.09	迪拜	0.16
18	孟买	0.03	圣保罗	0.02	新加坡	0.05	悉尼	0.11
19	芝加哥	0.02	悉尼	0.02	悉尼	0.05	墨西哥城	0.10
20	圣保罗	0.01	雅加达	0.01	法兰克福	0.04	雅加达	0.03
21	约翰内斯堡	0.01	孟买	0.01	迪拜	0.01	约翰内斯堡	0.01
22	深圳	0	深圳	0	约翰内斯堡	0	孟买	0

(三) 小结

总体而言，广州目前的国际传播力发展水平，相当于伦敦的21%、东京的25%、香港的32%、北京的46%左右。作为中国重要的中心城市、国际商贸中心和综合交通枢纽，广州的国际传播力水平，远远未达到与其硬实力相符的程度。

综合以上比较结果可以看出，广州作为粤港澳大湾区发展的核心引擎之一，充分发挥了国家中心城市和综合性门户城市引领作用，持续增强国际商贸中心、综合交通枢纽功能，培育提升科技教育文化中心功能。但是，与世界一线城市相比，广州还存在文化投入不足、国际化程度太低、缺乏有全球影响力的媒体等短板，这些都是制约广州国际传播力发展的关键因素。

四 启示与建议

通过上述比较分析，本书认为，广州要提升国际传播力，缩小与纽约、伦敦等世界级城市间的差距，还须从以下几方面做出努力。

（一）构建国际一流传播矩阵，抢占国际话语权制高点

提升国际传播力既需依靠本土媒体自身的影响力，也需要借助境外媒体的力量。美国拥有众多影响国际舆论的一流强势媒体，尚且不吝巨资、孜孜不倦地援助外国媒体，拓展自己的境外媒体力量，这深刻地启示我们：在广州现有的舆论环境和媒体能力下，只有全面挖掘、发挥境外媒体的特殊作用，才能传播我方声音，营造良好的国际舆论氛围，塑造我良好的城市形象，又好又快地提升城市的国际传播力。

1. 着力为境外媒体提供新闻服务和采访便利，加快培育国际传播领军媒体

广州的外宣部门可以为来访媒体团组织策划采访议题，积极提供新闻线索，安排他们感兴趣的采访内容，引导他们对广州进行客观正面的报道。美国CNN、NBC，英国BBC，日本NHK等境外主流媒体都曾来广州拍摄反映中国改革发展形象的专题片。广州外宣部门应逐渐建立起环境保护、节能减排、社会保障、城市历史风貌保护、人口与发展、创意文化产业发展等采访线，并印制成采访目录，提供给之后来广州的境外媒体，形成对外推介广州、树立广州良好形象的外宣平台。

积极推动南方日报、南方都市报等报业集团建设全数字化英文媒体，直接面向境外用户，以讲故事的方式呈现生动的中国、充满活力的广州。广州要运用好海外社交媒体平台来提升国际传播影响力，在Twitter、Instagram、Facebook等新媒体上主动搭建广州对外传播的声音。

2. 打通渠道、细分市场，开办海外本土化中国时段和频道

随着中国逐步走向世界舞台的中心，国际社会对中国的关注前所未有，"中国热"持续升温。近年来，中国国际电视总公司充分发挥企业优势，采用市场化、商业化模式，以开办海外本土化中国时段和频道为重点，创新"走出去"方式，拓展影视节目国际营销渠道，加快实现由"卖节目"到"开时段"再到"建频道"的模式转型升级，着力打造"China Hour"和"Hi+国家!"品牌，建立全球联播网络，对推动中华文化"走出去"有重要意义。

广州可与中国国际电视总公司合作，推出一系列展示广州城市独特魅力和风土人情的经典纪录片、电视剧，强化影视作品的本土化配音，体现对受众国语言的尊重；根据本地观众收视习惯进行编排与包装，以本土化面貌呈现，有效增强世界对广州的认知与深入了解。另外，广州可利用友城关系，推动本

土节目、电视台"走出去",与36个国际友好城市合作,在友城当地的电视台推出广州系列纪录片。

(二)培育高水准、国际化、标志性品牌活动,多维度提升文化交流力

1. 策划各类城市特色文体活动,擦亮广州城市名片

大型国际性和区域性的会议、世界级体育赛事活动、文化艺术展览涉及面广、参与人数众多、精英人才云集、传播媒介集中,十分有利于推广广州城市国际形象。目前,广州同时拥有恒大和富力两支中超俱乐部,俨然已经成为世界认识广州的一张亮丽名片。未来,广州可以将竞赛表演业作为战略重点,优先发展体育产业;开展多方面的创新实践,鼓励各类公有或非公有制企业赞助、入股、参与赛事经营,产生良好的社会效益和经济效益。让更多高端赛事活动落户广州,提升城市软实力和国际影响力;让体育产业更发达,更好满足人们的各类体育需求,推动广州体育名城建设再上新台阶。

广州还可以依托城市自身优势举办一些有独特意义和影响力的活动,以扩大本土文化的影响力。如举办中国传统的杂技表演,可以在广州的地标性建筑物上进行现场表演,也可以将表演场地设计成缩小版的广州地标性建筑,将"赛事卖点""城市地标""岭南文化"三者巧妙糅合起来,加深观众对广州的城市印象。

2. 发挥广州高校和科研机构的优势,促进广州国际教育交流

大批留学生的到来,将给广州带来更多与国际接触的契机,同时很大程度地提升广州的国际传播力。因此,广州的高校应利用好教育部、留学基金委的专项境外宣传经费,积极主动组织出国宣传。有条件的高校还可以挖掘整合一些有潜力的优势学科,根据学校办学特色推出适合留学生的课程。广州还应充

分发挥高校众多、人才荟萃的优势，实现市内高校和科研院所与知识密集型企业合作办学，同时争取更多的国际学术会议在广州举办。

3. 充分发挥外籍人口的正面传播效应

广州是一个多元包容、国际人口众多的国际化大都市，被誉为"第三世界首都"。为此，在国际传播力建设上，广州要注意把10多万外籍人口纳入全球城市的战略谋划、形象塑造和文化建构中，充分发挥这些国际人口在传播传颂广州故事、品牌、文化、宜居环境、创业机遇、美誉度、治理模式等方面的积极作用。

（三）重振"传媒之都"活力，提高广州重大议题设置力和新闻话题导向力

1. 加快制订新媒体产业发展规划

新媒体在现代传播体系中的地位日益凸显，广州也已拥有网易、微信、UC等知名新媒体传播企业。下一步，广州市应参照北京、纽约的经验和做法，制订引导新媒体产业发展的规划，鼓励发展网络媒体、移动媒体、自媒体等新业态。

2. 探索组建传媒"航母"，积极推动主流媒体"走出去"

顺应产业融合发展规律，探索推进跨行业、跨媒介资产重组，加快组建融电视、电影、出版、报刊、新媒体等多种传媒形式为一体的综合性文化传媒集团。同时，争取各方面支持，加大力度推动广州主流媒体到境外申请落地或设立分支机构，鼓励更多广州优质品牌节目"走出去"。

3. 探索建立媒体实验室

以广州日报、广州电视台为主导，借助部分社会新媒体机构的力量，加快设立真正的媒体实验室，探索互联网时代现代传媒运作规律和生产经营模式，助力传统媒体的内容与方式创新。

4. 加强谋划和设置重大国际议题

结合国际会议的策划与举办，努力围绕城市发展谋划设置相关议题或话题，提高重大议题设置力和新闻话题导向力，在全球传播体系中，努力创造新概念、新论述、新观点，大胆推出"广州论述""广州观点""广州模式"，更多地发出"广州声音"，讲好"广州故事"。

（四）完善机制，多维发力，推进广州城市形象塑造与传播

1. 完善工作组织机制

建议成立"广州城市品牌形象领导小组"，形成包括宣传、新闻、外事、旅游等部门的联合工作机制，总体协调城市品牌形象推进工作；同时设立"广州城市品牌形象管理中心"，专门负责城市品牌形象的策划、分析、塑造以及战略执行，定期开展网上调查和宣传推介，主导制定广州品牌形象年度及系列宣传计划。

2. 精心实施城市形象策划与定位

在对外文化交流中，广州主要以"千年羊城""千年商都"为主打，而近期主要围绕"美丽花城"做文章。无论"羊城""商都"还是"花城"，这些文化符号或形象，一方面，主要体现的是广州在农业时代的文化特征，缺乏与广州未来城市战略的引领性；另一方面，多种品牌形象共存，形象集聚度偏低，缺乏一个能凝聚其精髓个性、令人过目不忘的核心品牌形象。为此，建议广州面向全球招标，引入富有城市品牌形象策划设计经验的研究团队，围绕城市品牌形象的核心要素，进行准确定位、系统策划。

3. 加大对名人、名企、名节、名地、名牌的选择、培育与推广

名人、名企、名节、名地和名牌都是一个城市的重要名片，对城市国际传播力提升具有重要作用。为此，广州可以考虑实

施城市品牌选培计划，具体措施包括：采取问卷和网络调查形式，评选一批广州名人、名企、名节、名地和名牌，加大扶持、提升和推广，成功打造一批世界级景观、世界级企业、世界级名人、世界级活动；努力打造高品质"地标"，以北京路、陈家祠、荔枝湾、广州塔等为重点，通过空间重组、业态置换和功能拓展，挖掘历史文化元素，构筑"旅游符号"体系，推动文化地标或单一商圈转型为文商旅体验式的"地标"。

4. 提升外籍定居者对城市形象塑造的参与度

城市形象塑造与传播离不开外籍人口的有效参与。可以考虑以常住外籍居民为主，组建"广州魅力国际智囊团"，定期对代表广州城市文化的核心产品进行体验评测。同时，要加大政策引导，支持将更多的地方节庆活动如迎春花市、广府庙会、海丝之路等推向国际舞台，在广州举办的国际活动策划中巧妙地将本地民俗融合进去，也可邀请外籍居民深度参与这些文化活动。

第十章　广州全球城市智慧指数的构建与评价

一　引言

当今全球城市都重视智慧城市建设，新时代的广州面临新的问题和挑战。近年来，广州高度重视智慧城市建设，以智慧政务、智慧交通、智慧生活等方面为突破口，在智慧城市建设方面取得了不俗的成绩，但还面临一些问题。要解决这些问题，需要在全球范围内寻找对标城市，建立一套衡量城市发展活力的指标体系，将广州与全球先进城市进行比较，寻找其中的短板和差距，找到亟须解决的问题根源，集中关键点，重点突破，为广州智慧城市建设提供解决经验，为早日建成引领型全球城市提供基础保证。

二　全球城市与选择

本章依据全球影响力、区域代表性、文化代表性等标准，选取当今世界发展最具规模的城市为研究对象，主要包括亚洲的北京、上海、广州、深圳、首尔、东京、新加坡、香港、迪拜、孟买、雅加达，欧洲的伦敦、巴黎、莫斯科、法兰克福，美洲的纽约、芝加哥、洛杉矶、圣保罗、墨西哥城，大洋洲的悉尼，非洲的约翰内斯堡等 22 个城市。

三 衡量智慧城市发展水平的五个维度

智慧城市是以信息和通信技术为支撑，通过有效、科学的信息获取、信息传递及信息利用，进而提高城市运行和管理效率，提高城市公共服务水平。本书兼顾多方评价要素，对智慧城市的评价侧重以下五个方面。

其一是智慧城市构建中的城市智能管理，包括城市战略的前瞻性、城市战略的执行力、城市治理现代化水平等方面。

其二是智能技术基础。智能技术基础是智慧城市建设的基石，包括代表城市未来发展方向的新一代科学技术的发展水平和智能技术发展水平，以及更为一般的下载速度等维度。

其三是智慧人力资本。人才是智慧城市建设中的重要因素，包括每万人科技人员数、QS最佳学生城市等维度。

其四是创新能力。智慧城市本身就是创新经济的产物，城市创新能力高低决定了智慧城市建设水平，本书用"创新能力指数"进行衡量。

其五是智能应用服务，由智慧城市技术和发展理念可以催生出大量的新服务模式和创新技术，本书选取了智慧经济、智能交通、智慧教育、智能医疗、智慧政府等五个方面作为考察对象。

本书采取主观赋权法进行权重确定。其中，对一级指标采用德尔菲法，即通过邀请20位相关专业专家组成专家评分小组，对一级指标权重进行打分，最后取各专家打分的平均值确定权重；对二级指标采取一级指标框内的均分法处理，各指数指标的具体权重如表10-1所示。

表 10-1　　　　　　全球城市智慧指数指标框架及权重

一级指标	权重（%）	二级指标	权重（%）
城市智能管理	14.99	城市战略的前瞻性	5
		城市战略的执行力	5
		城市治理现代化水平	5
智能技术基础	14.98	新一代科学技术的发展水平	4.99
		智能技术发展水平	4.99
		下载速度	4.99
智慧人力资本	10.04	每万人科技人员数	5.02
		QS 最佳学生城市	5.02
创新能力	20.06	创新能力指数	20.06
智能应用服务	40.01	智慧经济	8
		智能交通	8
		智慧教育	8
		智能医疗	8
		智慧政府	8

四　广州智慧城市建设总体水平的国际比较

（一）总体结果

通过对比国内外主要对标城市的智慧指数（图 10-1）可以看出：

第一，伦敦、新加坡、东京、巴黎、纽约分列前五位，为第一梯队，体现了这五个城市不仅在发展信息技术和应用方面走在全球前列，而且在将技术应用到城市建设和管理方面也是佼佼者。

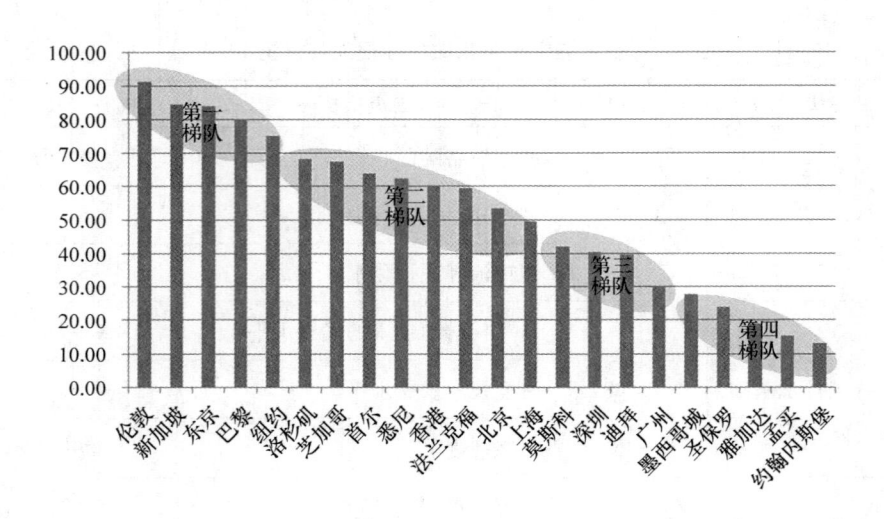

234　广州建设全球城市的评价体系与战略研判

图 10-1　聚类分析—总体排名

第二，洛杉矶、芝加哥、首尔、悉尼、香港、法兰克福、北京、上海处于第二梯队，这些城市多是公认的先进型全球资源配置中心、全球艺术创作中心、全球影音生产基地。这些城市在智慧城市建设的很多领域走在全球城市前列。

第三，莫斯科、深圳、迪拜、广州则各具特色，处于第三梯队。比如深圳和广州由于商贸业基础较好，商务服务水平较高，二者在智慧经济方面排名靠前；迪拜长期以来拥有独特的投资属性，在基础设施领域表现良好。

第四，墨西哥城、圣保罗、雅加达、孟买、约翰内斯堡等城市因为其自身宏观环境不稳定，开放型经济尚未完全形成，社会秩序不良，处于第四梯队。但这些城市在智慧城市建设方面并非毫无特色可言，如孟买的软件和信息服务业发展水平不断提升，这在将来会大大推动其智慧城市建设进程。

第五，从某种意义上说，新加坡等城市在实现以现代化技术统筹协调城市管理及建设等方面实现了超前发展。

第六，广州最终排名第 17 位，总体处在第三梯队，表现尚可，但各分项指标之间存在"参差不齐"现象（表 10-2），如

第十章 广州全球城市智慧指数的构建与评价 235

表10-2 分项指标排名—总体排名

排名	城市智能管理 城市	智慧值	智慧技术基础 城市	智慧值	智慧人力资本 城市	智慧值	创新能力 城市	智慧值	智能应用服务 城市	智慧值
1	新加坡	15.00	新加坡	13.32	首尔	9.25	伦敦	20.06	伦敦	38.82
2	巴黎	13.89	东京	10.06	巴黎	9.04	东京	20.06	东京	29.90
3	东京	13.59	首尔	9.74	纽约	8.77	纽约	19.19	巴黎	29.43
4	伦敦	13.35	法兰克福	9.28	东京	8.73	洛杉矶	19.19	新加坡	29.32
5	悉尼	12.01	洛杉矶	9.22	新加坡	8.66	新加坡	18.32	纽约	27.99
6	芝加哥	11.13	伦敦	9.11	伦敦	8.40	巴黎	17.44	香港	21.91
7	法兰克福	10.14	芝加哥	8.55	悉尼	8.05	悉尼	17.44	洛杉矶	21.69
8	上海	9.33	香港	8.16	洛杉矶	7.76	芝加哥	17.44	芝加哥	21.64
9	洛杉矶	8.84	纽约	5.73	北京	7.35	首尔	16.57	法兰克福	21.51
10	纽约	8.73	巴黎	5.21	法兰克福	7.28	香港	13.08	首尔	20.42
11	香港	8.52	悉尼	4.63	芝加哥	6.73	北京	12.21	北京	19.03
12	北京	8.39	莫斯科	4.16	莫斯科	6.29	迪拜	12.21	上海	17.35

续表

排名	城市智能管理 城市	智慧值	智慧技术基础 城市	智慧值	智慧人力资本 城市	智慧值	创新能力 城市	智慧值	智能应用服务 城市	智慧值
13	迪拜	7.87	北京	4.04	香港	6.07	上海	12.21	悉尼	16.50
14	深圳	7.62	迪拜	3.88	上海	4.42	莫斯科	10.47	莫斯科	15.11
15	首尔	6.34	上海	3.64	迪拜	3.33	法兰克福	9.59	深圳	14.55
16	约翰内斯堡	5.28	深圳	3.60	孟买	2.97	深圳	9.59	广州	12.75
17	墨西哥城	5.03	广州	3.13	深圳	2.57	圣保罗	8.72	迪拜	9.41
18	莫斯科	3.24	墨西哥城	2.62	约翰内斯堡	2.46	墨西哥城	8.72	圣保罗	9.31
19	广州	3.15	圣保罗	2.18	墨西哥城	2.03	孟买	7.85	墨西哥城	7.46
20	雅加达	2.89	雅加达	1.80	广州	1.87	广州	6.98	雅加达	6.65
21	孟买	1.38	约翰内斯堡	0.85	圣保罗	1.40	雅加达	5.23	约翰内斯堡	3.44
22	圣保罗	0.33	孟买	0.71	雅加达	0.94	约翰内斯堡	0.00	孟买	1.30

智慧人力资本和创新能力分项指标，广州排名靠后，但在智能应用服务方面表现尚可。

（二）分项结果

1. 城市智能管理

通过对主要对标城市的"城市智能管理"分项指标进行对比可以发现，新加坡、巴黎、东京、伦敦等城市位于第一梯队，悉尼、芝加哥、法兰克福位于第二梯队，上海、洛杉矶、纽约、香港、北京、迪拜、深圳位于第三梯队，首尔、约翰内斯堡、墨西哥城、莫斯科、广州、雅加达处于第四梯队，孟买、圣保罗处于第五梯队（图10-2）。

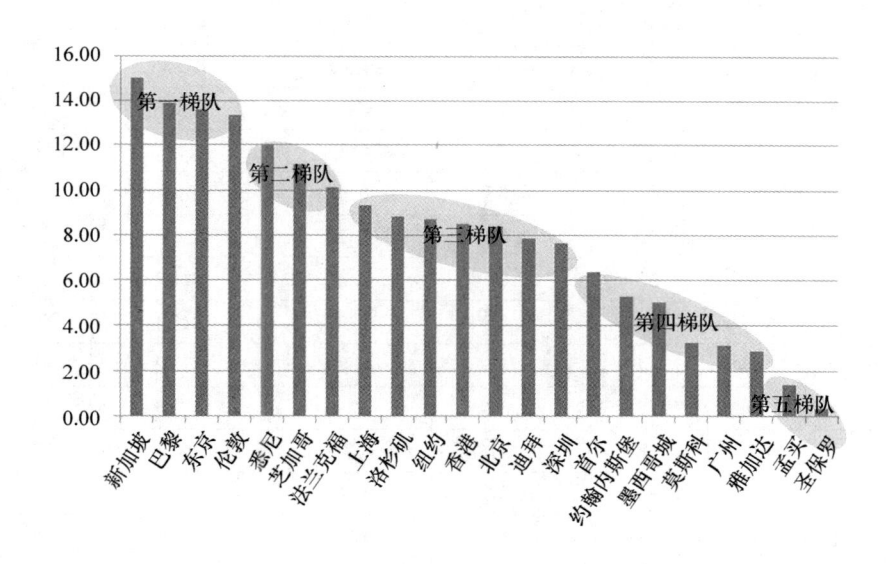

图 10-2 聚类分析—城市智能管理

广州城市智能管理处于全部城市中的第19位，列第四梯队倒数第2位。城市智能管理代表一个城市公共服务的水平，说明广州在提供公共服务上距离一流城市相距甚远：在"城市战略的前瞻性"分项上，广州居第22位，表明广州在制定城市战略时，尚欠缺一定的前瞻性，这就要求政府提高自身规划能力，引进智库力量介入城市战略的制定过程中，确保城市战略谋长远、谋未来；在"城市战略的执行力"分项上，广州居第18位，说明政策执行力度不够，规划落实不到位；在"城市治理现代化水平"分项上，广州居第16位，表明广州在政府管理社会、经济问题的现代技术应用能力方面有所欠缺（表10-3）。

表10-3　　　　　分项指标排名—城市智能管理

	城市战略的前瞻性	城市战略的执行力	城市治理现代化水平	分项汇总	排名
新加坡	5.00	5.00	5.00	15.00	1
巴黎	4.79	5.00	4.09	13.89	2
东京	4.88	4.10	4.61	13.59	3
伦敦	4.94	4.06	4.35	13.35	4
悉尼	3.73	3.96	4.31	12.01	5
芝加哥	3.87	3.03	4.22	11.13	6
法兰克福	2.63	3.03	4.48	10.14	7
上海	3.70	2.93	2.70	9.33	8
洛杉矶	2.62	2.00	4.22	8.84	9
纽约	2.43	2.07	4.22	8.73	10
香港	2.84	0.86	4.83	8.52	11
北京	2.75	3.14	2.50	8.39	12
迪拜	1.58	2.10	4.18	7.87	13
深圳	1.44	3.96	2.22	7.62	14
首尔	1.25	1.81	3.28	6.34	15
约翰内斯堡	2.38	1.13	1.77	5.28	16
墨西哥城	1.52	2.12	1.38	5.03	17
莫斯科	1.24	2.00	0.00	3.24	18
广州	0.00（22）	1.04（18）	2.11（16）	3.15	19
雅加达	1.28	0.80	0.82	2.89	20
孟买	0.07	0.14	1.16	1.38	21
圣保罗	0.02	0.00	0.30	0.33	22

2. 智能技术基础

通过对全球主要城市"智能技术基础"分项指标进行聚类分析发现，新加坡、东京处于第一梯队，首尔、法兰克福、洛杉矶、伦敦、芝加哥、香港、纽约、巴黎处于第二梯队，悉尼、莫斯科、北京、迪拜、上海、深圳、广州处于第三梯队，墨西哥城、圣保罗、雅加达、约翰内斯堡、孟买处于第四梯队（图10-3）。

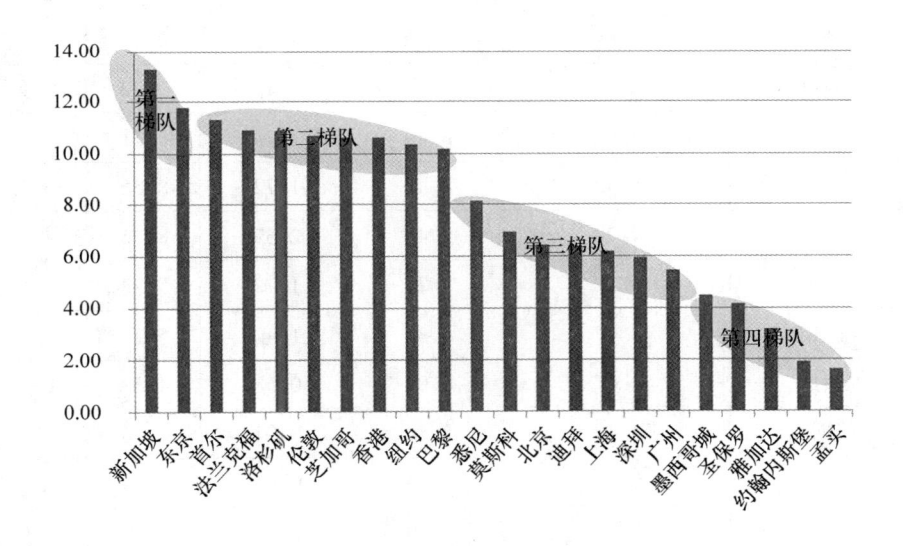

图10-3 聚类分析—智能技术基础

从该分项结果来看，广州居第17位，表明广州在智慧城市建设方面，尤其是智能技术上，任重而道远：在"新一代科学技术的发展水平"分项上，广州为第15位，排名相对靠前，归功于近几年广州对于高新技术的重视，以及采取大力度扶持"IAB""NEM"等重点产业的行动；在"智能技术发展水平"分项上，广州位居第13名。表明广州的城市信息技术的准备度不够，信息基础设施的集约水平较低；在"下载速度"分项上，广州与北京、上海、深圳并列位居第 18 名（表 10 - 4）。下一步要进一步提高带宽，提升互联网接入用户体验。

表 10 - 4　　　　　　　　分项指标排名—智能技术基础

	新一代科学技术的发展水平	智能技术发展水平	下载速度	分项汇总	排名
新加坡	4.30	3.99	4.99	13.32	1
东京	4.63	4.99	2.14	10.06	2
首尔	4.99	4.34	1.99	9.74	3
法兰克福	4.60	2.99	3.32	9.28	4
洛杉矶	4.42	4.74	1.72	9.22	5
伦敦	4.82	4.49	1.40	9.11	6
芝加哥	4.42	4.49	1.72	8.55	7
香港	4.78	3.44	2.39	8.16	8
纽约	4.42	4.24	1.72	5.73	9
巴黎	4.47	4.34	1.40	5.21	10
悉尼	4.47	3.09	0.58	4.63	11
莫斯科	3.46	2.54	0.94	4.16	12
北京	2.20	4.24	0.01	4.04	13
迪拜	3.58	2.59	0.25	3.88	14
上海	2.20	3.99	0.01	3.64	15
深圳	2.20	3.74	0.01	3.60	16
广州	2.20（15）	3.24（13）	0.01（18）	3.13	17
墨西哥城	1.83	2.10	0.57	2.62	18
圣保罗	2.65	1.50	0.00	2.18	19
雅加达	1.11	1.75	0.34	1.80	20
约翰内斯堡	1.65	0.00	0.27	0.85	21
孟买	0.00	1.60	0.05	0.71	22

3. 智慧人力资本

通过聚类分析发现，在"智慧人力资本"分项指标上，首尔、巴黎、纽约、东京、新加坡、伦敦处于第一梯队，悉尼、洛杉矶、北京、法兰克福、芝加哥、莫斯科、香港处于第二梯队，上海、迪拜、孟买、深圳、约翰内斯堡、墨西哥城、广州、圣保罗、雅加达等处于第三梯队（图10-4）。人才指数上目前表现靠后的几个城市也正在努力迎头追赶。大多数城市制定了相关政策来吸引经验丰富的专业人士、创业者、学者和毕业生。

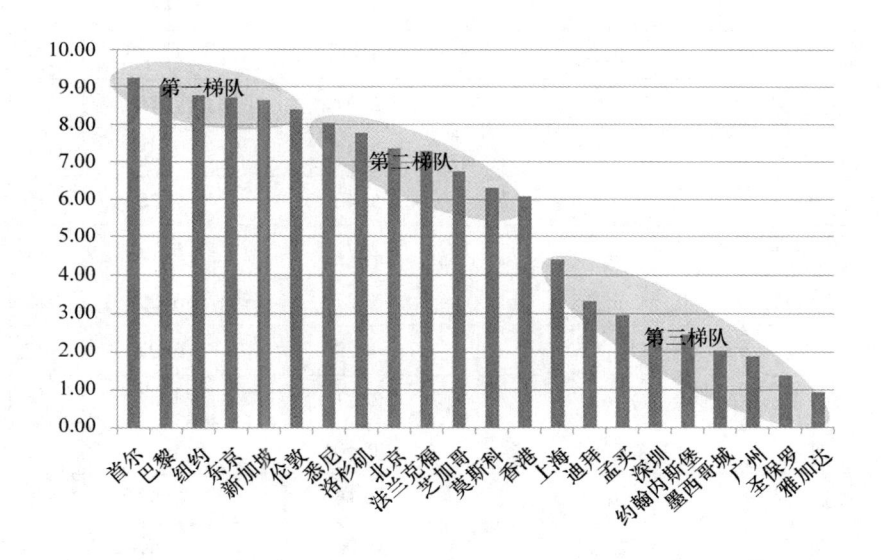

图10-4 聚类分析—智慧人力资本

智慧人力资本是智慧产业发展的基石，广州在该分项指标上表现欠佳，位居全部城市中的倒数第三位，需要进一步提升人才政策尤其是针对中高端人才的相关政策的吸引力。在"每万人科技人员数"分项上，广州位于第21名，下一步要进一步吸引中高端人才尤其是高科技人才来广州就业、落户，调整户口政策，协调解决高科技人才家属的就业、落户、入学等问题；在"QS最佳学生城市"分项上，广州居第17名，下一步要提高学生培养质量，成为热门的留学生目的地（表10-5）。

表10-5　　分项指标排名—智慧人力资本

	每万人科技人员数	QS 最佳学生城市	分项汇总	排名
首尔	4.84	4.40	9.25	1
巴黎	4.38	4.67	9.04	2
纽约	5.02	3.75	8.77	3
东京	3.76	4.96	8.73	4
新加坡	4.43	4.24	8.66	5
伦敦	3.38	5.02	8.40	6
悉尼	3.59	4.46	8.05	7
洛杉矶	4.85	2.91	7.76	8
北京	4.03	3.32	7.35	9
法兰克福	3.88	3.40	7.28	10
芝加哥	4.01	2.72	6.73	11
莫斯科	3.02	3.27	6.29	12
香港	1.77	4.29	6.07	13
上海	1.21	3.21	4.42	14
迪拜	1.72	1.60	3.33	15
孟买	2.78	0.19	2.97	16
深圳	2.57	0.00	2.57	17
约翰内斯堡	1.63	0.82	2.46	18
墨西哥城	0.00	2.03	2.03	19
广州	1.74	0.13	1.87	20
圣保罗	0.28	1.12	1.40	21
雅加达	0.60	0.60	0.94	22

4. 创新能力

通过对全球主要城市在"创新能力"分项指标的表现进行

对比，本书发现：伦敦、东京、纽约、洛杉矶处于第一梯队，新加坡、巴黎、悉尼、芝加哥、首尔处于第二梯队，香港、北京、迪拜、上海、莫斯科、法兰克福、深圳、圣保罗、墨西哥城、孟买等城市处于第三梯队，广州、雅加达、约翰内斯堡处于第四梯队（表10-6、图10-5）。

表10-6　　　　　　　　分项指标排名—创新能力

	创新能力指数	分项汇总	排名
伦敦	20.06	20.06	1
东京	20.06	20.06	2
纽约	19.19	19.19	3
洛杉矶	19.19	19.19	4
新加坡	18.32	18.32	5
巴黎	17.44	17.44	6
悉尼	17.44	17.44	7
芝加哥	17.44	17.44	8
首尔	16.57	16.57	9
香港	13.08	13.08	10
北京	12.21	12.21	11
迪拜	12.21	12.21	12
上海	12.21	12.21	13
莫斯科	10.47	10.47	14
法兰克福	9.59	9.59	15
深圳	9.59	9.59	16
圣保罗	8.72	8.72	17
墨西哥城	8.72	8.72	18
孟买	7.85	7.85	19
广州	6.98	6.98	20
雅加达	5.23	5.23	21
约翰内斯堡	0.00	0.00	22

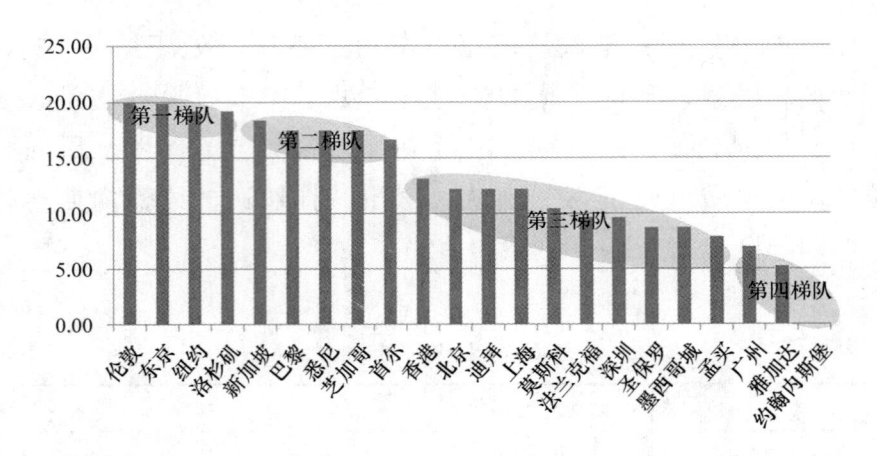

图 10-5 聚类分析—创新能力

创新能力是衡量智慧产业发展的源动力。在创新能力方面，中国的创新生态系统由北京、上海和深圳三个城市主导。这些城市是创业活动的热门地区，也是推动研发支出的主要研究机构和创新企业所在地。广州居第20名，落后于京沪深等国内其他一线城市，位于第四梯队，说明广州在创新能力建设方面还有很长的路要走。下一步广州要培植创新土壤，在全社会营造创新创业的良好氛围，真正提升城市创新能力。

5. 智能应用服务

在"智能应用服务"分项指标上，通过聚类分析，可以发现：伦敦、东京、巴黎、新加坡、纽约高居第一梯队，香港、洛杉矶、芝加哥、法兰克福、首尔、北京、上海、悉尼、莫斯科、深圳、广州处于第二梯队，迪拜、圣保罗、墨西哥城、雅加达、约翰内斯堡、孟买处于第三梯队（图10-6）。

广州在智能应用服务方面排名第16位。在"智慧经济"分项上，广州位于第18名；在"智能交通"分项上，广州位于第17名；在"智慧教育"分项上，广州位于第11名；在"智能医疗"分项上，广州位于第14名，广州医疗资源丰富，但是在智能化应用上却进展缓慢，具体体现为就医流程冗长、排队难

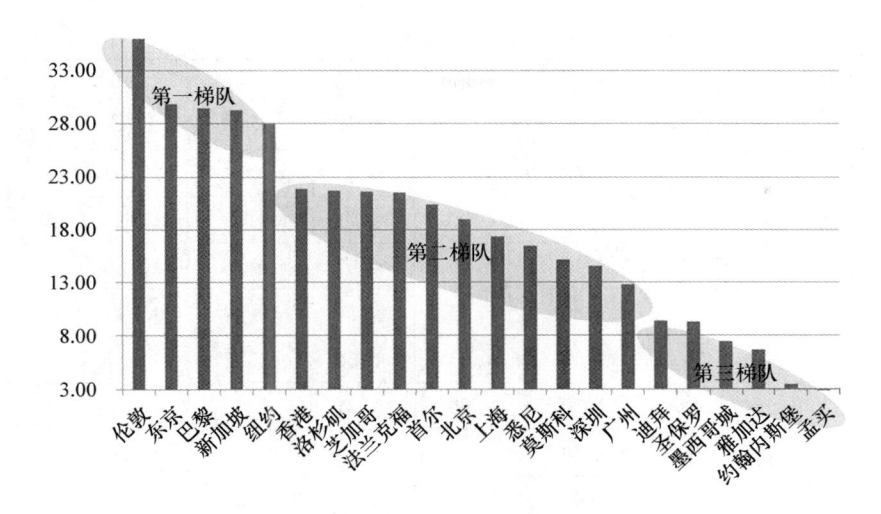

第十章　广州全球城市智慧指数的构建与评价　245

图 10-6　聚类分析—智能应用服务

等问题长期未得到有效解决；在"智慧政府"分项上，广州位于第 17 名，在国内仅次于深圳，表明广州大力推行政务服务的电子化应用方面已经初见成效（表 10-7）。

表 10-7　分项指标排名—智能应用服务

	智慧经济	智能交通	智慧教育	智能医疗	智慧政府	分项汇总	排名
伦敦	6.90	8.00	7.92	8.00	8.00	38.82	1
东京	5.92	6.80	7.80	7.97	1.41	29.90	2
巴黎	5.78	7.40	6.32	6.17	3.76	29.43	3
新加坡	6.95	4.60	8.00	4.59	5.18	29.32	4
纽约	8.00	3.80	7.75	6.49	1.95	27.99	5
香港	5.64	4.00	6.55	4.98	0.74	21.91	6
洛杉矶	3.78	3.60	7.49	5.88	0.94	21.69	7
芝加哥	5.11	2.80	6.35	6.31	1.07	21.64	8
法兰克福	3.11	6.20	6.38	5.16	0.66	21.51	9
首尔	4.03	5.80	4.62	4.76	1.22	20.42	10

续表

	智慧经济	智能交通	智慧教育	智能医疗	智慧政府	分项汇总	排名
北京	4.47	3.40	4.62	6.43	0.11	19.03	11
上海	4.87	2.80	4.90	4.71	0.08	17.35	12
悉尼	2.70	2.40	6.15	4.87	0.38	16.50	13
莫斯科	3.97	2.80	3.13	4.87	0.34	15.11	14
深圳	4.89	3.00	4.73	1.56	0.38	14.55	15
广州	2.31（18）	2.20	4.90	3.21	0.13	12.75	16
迪拜	2.75	0.20	4.78	1.49	0.18	9.41	17
圣保罗	3.63	2.40	3.07	0.00	0.21	9.31	18
墨西哥城	0.31	2.20	3.25	1.54	0.16	7.46	19
雅加达	0.00	0.60	2.97	2.99	0.09	6.65	20
约翰内斯堡	1.26	2.00	0.00	0.16	0.01	3.44	21
孟买	1.14	0.00	0.00	0.16	0.00	1.30	22

五 战略与启示

当前广州正着力打造现代化、国际化营商环境，而作为"智慧城市"重要内容的"智慧政务"则是优化营商环境的重要一招。此外，还必须对新时代全球科技革命及"四新经济"产业发展潮流做出积极回应，推进广州物联网产业发展及应用，把广州建设成为"粤港澳大湾区智慧城市群"领头羊城市，并引领国内"智慧城市"新一轮发展。力争到2020年，广州在通信和互联网环境、信息资源共享与开发、产业发展支撑和智慧应用创新建设等方面取得全面突破，逐步树立国内一流、国际先进的新型智慧城市标杆形象。

（一）从战略层面高度重视

自从美国IBM公司提出"智慧地球"战略后，西方发达国家纷纷将其上升为国家战略并提出其物联网行动计划，考虑到"智慧地球"确实代表了未来新兴产业发展的主要趋势，广州必须对这一战略趋势做出积极回应。广州在加快粤港澳大湾区建设过程中，应主动出击，把握住"智慧城市"及物联网、云计算等新兴技术带来的重大机遇，从战略层面上对"智慧城市"建设进行整体把握，将建设"智慧广州"作为广州进一步获取内生增长动力、获得进一步发展的重大举措，要建立健全体制机制，借助粤港澳大湾区历史性机遇，奋力争当全国"智慧城市"发展的排头兵，并争取在全球主要城市中占据靠前位置。

（二）完善顶层设计

进一步修定《广州市信息化发展第十三个五年发展规划（2016—2020年）》，编制涵盖智慧城市建设各个领域的《智慧广州总体规划及行动方案》等专项规划，补充高、特、新且符合时宜的智慧城市建设项目，并将其列入广州市"十四五"发展规划纲要。

借鉴相关城市经验，成立相关协调机构。如深圳成立了智慧前海办公室作为智慧城市建设的责任部门，在协调推进"智慧前海"建设落地方面起到立竿见影的作用。广州也可成立相关市级和区级议事协调机构，以加快推进"智慧广州"建设步伐。

（三）完善智慧基础设施

提高接入机房利用率，集约建设，大幅降低建设成本和商业用户宽带资费。积极引导中国电信、中国移动、中国联通等通信运营商，聚焦于服务竞争，优化广州通信营商环境。要求黄埔等区实现国际一流的"全光网城区"、"无线城市"等目标。大胆创新，采取第三方统一建设运营模式，并与通信运营商合作，推动实现"三网融合、共建共享、网运分离、公平接入",符合国家提出的集约建设、共建共享、提速降费等大方向,引导电信运营商聚焦服务竞争。

(四)尽快推出"湾区通"、"湾区卡"

借助粤港澳大湾区交通基础设施共享和一体化的契机,将现有的"岭南通"升级为"湾区通",为大湾区居民出行提供更多便利化条件。

扩大广州与港澳通讯领域合作。积极与三大通信企业及相关行业主管部门沟通,推出"湾区卡",大幅降低湾区跨境移动语音通讯资费,争取实现港澳与广州之间的语音通话资费执行普通市话标准,提高港澳与大陆同胞彼此认同感,实现广州与港澳更便捷的沟通。

(五)提高"智慧政务"发展水平

对涉及网上办事应用系统进行整合,形成窗口业务办理"一口受理、一门审批、一网服务、一枚印章"的全方位的政务服务新模式。

构建"集成、节约、统一、共享"的智慧广州政务平台,各部门提高信息共享水平,协作开发集中承载了机关、企业和园区等各类业务需求的应用系统,降低硬件准入需求,延长系统服务时间,实现各类人员"一键办理"、"远程办理"业务。

(六)实现"工程建设项目审批"智能化

长期以来,工程建设项目审批是营商环境改革的"卡脖子"关键环节,办事企业多反映工程审批环节多、涉及部门多、流程长,严重影响了企业的获得感和在当地投资展业的积极性。鉴于此,广州已经提出将政府投资项目审批时间压缩至90个工作日以内,社会投资项目压缩至50个工作日以内。要实现这个目标,除了提高办事效率、规范经办人员的"自由裁量权"等,还要从智慧平台建设方面着手。

要搭建包括多方协同工作的 BIM（建筑信息模型化）建设管理平台，创新构建集群项目"线上+线下"协同管理模式，解决工程建设过程中各参建方信息沟通不畅、信息孤岛等问题。实现工程投资、进度、质量、安全和环境等关键性控制因素的集成统一管理。

第十一章　广州加快建设引领型全球城市的对策思考

一　重视网络连接，提升全球联系

建设网络型枢纽城市既是广州基于现状的再提升，也是广州参与全球城市经济竞争的核心所在。从城市内部空间看，多中心、多轴线、多组团、网络式空间和功能结构更有利于要素快速流动与承载。从区域空间看，通过交通设施网络、企业组织网络、区域创新网络、要素流动网络的架接和建设，有利于提升中心城市资源集聚辐射能力。从全球看，广州要大力推进国际航运枢纽和航空枢纽建设，重点补齐国际地位不突出、国际通达水平不高、信息资源集聚不强等短板，不断强化城市国际联系网络。

（一）强化内部互联互通

构建"三环+十七射"的区域高快速路网络格局，畅通外围城区与中心城区的快速直连通道，解决部分入城通道与城区道路衔接不畅的问题，改变各区域交通基础设施发展不平衡不充分的现状。推进南沙、花都、增城、从化等区，以及重点功能区路网规划建设，完善次支路网微循环，因地制宜推广街区制、密路网，建成层级清晰、功能明确、方便快捷的道路体系。

落实公交优先，构建"四面八方，四通八达"的城市轨道交通网络，达成"2020年建成600公里、2023年建成800公里、2025年建成1000公里、2035年建成2000公里"的目标，建设世界管理一流、运营效率最高的地铁网络。加强轨道枢纽建设，推进交通枢纽综合开发，新建地铁站与公交站（场）同步规划建设，争取商业配套同步提供服务。积极发展BRT、电车、常规公交、水上巴士等个性化、多样化的公共交通，与轨道交通形成衔接互补关系，形成一体化服务体系。

（二）完善国际交通网络

加速国际航运、航空服务要素集聚，提高航运政策资源配置效率。加快广州港深水航道拓宽工程等港航设施建设，提升港口通过能力。建立国际航运服务集聚区，发展现代航运服务业和航运总部经济；依托国际邮轮母港，加快培育邮轮游艇产业，增强对全球航运资源的配置能力。推动广州港整合珠江西岸港口资源，开辟更多的国内外航线，拓展无水港网络，提升航运要素配置能力。加快白云国际机场及配套设施建设，完善机场集疏运体系。大力拓展国际航线，扩大空域和航权，搭建以广州为起点的"空中丝路"。高水平建设国家临空经济示范区，推动飞机维修、航空制造、飞机租赁等临空高端产业集聚发展。规划建设第二机场、南沙商务机场和从化、黄埔、增城、番禺等通用机场，构建国际化大都市的多机场支撑体系。加速南沙港铁路、广州南沙国际物流中心（北区）、大田铁路集装箱中心站及其配套站场的建设，利用白坭河、珠江西航道、白云国际机场等基础设施，强化南沙港区海铁、江海联运枢纽功能，建设具备国际中转港功能的海铁联运枢纽示范平台。统筹规划广东国际铁路产业经济区与大田铁路经济产业园区，高标准建设广州国际陆港，与珠三角主要海港实现物流、信息等资源无缝对接。申请设立广州铁路保税物流中心（B型）、多式联运海关监管中心，实现各种运输方式在口岸作业区进行换装、仓储、中转、集拼、配送。争取自贸区获得更大的改革自主权，探索建设国际高水平自由贸易港，将南沙自贸试验区建设成为高水平对外开放门户枢纽和城市副中心。

（三）构建国际信息网络

实施"互联网+"行动计划和大数据战略，提升国际信息枢纽功能。布局5G网络，建设和完善高速、移动、安全、泛在的宽带网络、大数据基础设施条件，加快光网城市和无线宽带城市建设，打造高普及、高容量、更互联的国际网络环境。大力推动移动互联网、下一代网络、云计算和物联网等新兴技术的创新和应用，在全球范围内实现人与人、人与物、物与物之间的全面互联，促进经济与文化更好沟通。借鉴新加坡经验，深化与国内外互联网巨头战略合作，建设国家大数据综合试验区和国际性大数据中心产业园，吸引世界级的互联网及媒体公司在广州设立大数据中心，提供信息存储、数据内容、数据服务、数据分享、信息安全等系统解决方案，建立全球可信赖的大数据市场。坚持正确的网络安全观，强化网络安全意识，加强关键信息基础设施安全保护，着力提升网络安全防护能力，筑牢网络安全屏障。

二 创新驱动发展，构建智慧城市

保持一座城市在全球范围内拥有持久竞争力的秘诀永远是创新。科技创新与制度创新、管理创新、商业模式创新、业态创新和文化创新相结合，推动城市发展方式向依靠持续的知识积累、技术进步和劳动力素质提升转变，促进城市经济向形态更高级、分工更精细、结构更合理的阶段演进。面向未来，广州必须始终强化创新驱动，大力培育和发展创新型产业、创新型企业、创新型平台、创新型文化和知识市场等,增强创新资源集聚能力。

(一) 力推价值创新园区

分类推进建设一批标志性、标准化、集"生产、生活、生态"于一身的价值创新园区,提升园区的全球资源配置能力、价值攀升能力、创新驱动能力,形成产业集群参与国际分工竞争。高规格建设海珠琶洲互联网价值创新园、增城新型显示价值创新园、天河软件价值创新园、番禺智慧城市价值创新园等10个价值创新园区,紧紧围绕主导产业链发展需求,以龙头企业或骨干企业为主体更加精准推动价值创新园区综合开发建设,塑造园区发展理念和品牌文化,推动产业项目招商引资和高端要素资源集聚,提高园区投资有效性和针对性。突出园区特色和功能集成,按照企业、产业、人口、资源、环境承载力合理划定园区边界,体现"产、城、人、文"四位一体和生产、生活、生态融合发展,构建"产、学、研、商、居"一体的新产业生态圈。同时,加强老旧城区、零散工业区空间再造,加快实施存量性园区的转型升级计划。通过科技创新、制度创新、管理创新、商业模式创新、业态创新和文化创新等创新引领,打造传统产业园区、批发市场、孵化器的升级版。

(二) 谋划创新街区建设

积极发挥中心城区在推动城市创新中的积极作用,高标准、高起点、高水准建设世界级中央创新区,参考借鉴收费的剑桥创新中心模式、免费的微软模式、购买第三方服务(政府提供财政补贴)与非营利运营商进行合作的波士顿街区会客厅模式等,统筹规划建设一批特色鲜明的创新街区,增强对全球高端创新资源的承载能力。因地制宜实施创新街区计划,对创新资源相对优越的区域实施示范创新街区计划,在全市范围形成街区创新发展的示范效果；对城市更新范围集中的区域，实施创新街区培育计划。促进街区功能混合，提供居住（商业公寓、人才公寓等）、办公（私人办公楼宇或共享办公等）与服务（文化、教育、餐饮、娱乐或旅馆等）以及公共服务设施等。打造公共创新空间，规划建设共享办公空间、孵化器、加速器和公共创新中心等。增加社交型公共空间，发挥其在集聚人气、促进沟通和激发创新活力方面的催化剂作用。制定政策保护街区内租金水平，增强对本地中小企业和年轻人的吸引力。

（三）融入全球创新网络

加强与港澳的科技创新合作，促进三地人才合作与交流，实现创新要素互联互通。拓展与发达国家、"一带一路"沿线地区的创新合作，重点是美国、欧洲、新加坡、以色列、乌克兰等，加快推动中以生物产业孵化基地、中以智能制造合作基地、中瑞合作基地、中欧生命科技园、美国华人生物医药科技协会等一批高端国际合作平台落地。加强引智、引技、引资，深化与国际创新平台的合作，大力引进世界高科技产业龙头、高科技项目、领军人才团队。强化战略性科技力量，鼓励高校、科研院所、企业参与国际科研项目，谋划设立新的国家实验室，加快筹建华南技术转移中心，运用好"科交会"这一重大软性平台。依托南沙粤港澳全面合作示范区，全力打造"广深港澳科技创新走廊"，高水平建好广州东部创新带。鼓励企业加强国际科技合作及加入世界技术标准组织，牵头建立国际性产业技术创新联盟。

三 增强经济控制力，激发城市活力

党的十九大报告指出，中国经济已由高速增长阶段转向高质量发展阶段，正处在转变发展方式、优化经济结构、转换增长动力的攻关期，建设现代化经济体系是跨越关口的迫切要求和中国发展的战略目标。广州近年来高度重视现代化产业发展，IAB 和 NEM 等战略性新兴产业发展迅猛，布局高端、高质、高新产业成效显著，但跟全球城市相比还存在差距和短板。广州将构建高端、高质、高新现代产业体系，继续提升制造业的规模和质量，大力发展"四新"业态。

（一）大力发展总部经济

完善总部经济政策，增加奖励补贴种类，加大奖励力度，对战略性新兴产业和现代服务业适当降低政策扶持门槛，在办公用房、人才落户、子女入学等方面提供更精准的政策支持。通过举办或参与投资年会、高精论坛等，宣传广州的优势和政策措施，展示广州招商实力，树立区域整体形象。重点引进世界500强、跨国公司到广州设立地区总部，综合运用产业发展引导基金参股、直接股权投资等方式实行配套，优先配置土地资源。在符合经济社会发展规划、土地利用总体规划、城市总体规划的前提下，对市内各国家级开发区利用外资项目所需建设用地指标予以优先保障，做到应保尽保。支持南沙打造高水平对外门户枢纽，向国家争取按照"同一平台、同一政策"的原则，赋予南沙与前海、横琴趋同的财税政策。以世界级龙头企业为核心，打造富士康、思科、GE 通用医疗、百济神州、广汽智能网联产业园、琶洲互联网创新集聚区等价值创新园区。

（二）梯度培育龙头企业

坚持"双管齐下、大小并举"的方针，以集团化、连锁化、总部化为导向，实现大企业培育上的重大突破，同时大力扶持"专、精、特、新"的中小型龙头企业。制定重点企业推荐原则和遴选标准，采取部门、园区推荐和企业自主申报相结合，分别评选出优秀龙头大企业（集团）和先进模式的创新型中小企业，重点加以扶持。引导有实力、有跨国经营需求的本土企业加快实施品牌、资本、市场、人才、技术国际化战略，实施跨地区、跨行业的收购或重组。筛选一批高精尖技术领域的中小企业，培育独角兽科技创新企业，专人跟踪服务，催生一批能够引领和支撑未来产业发展的科技创新企业。充分发挥跟踪服务、问题协调、季度信息交流等机制作用，将对重点企业的服务管理环节前移后拓，建立从招商引资、登记注册、经营发展、融资上市一直延伸到并购重组等各环节。

（三）支持企业"走出去"

支持企业开展跨国并购获得技术、品牌、市场和高端制造能力等战略性资源，鼓励企业参与"一带一路"建设，推动大型企业和制造业龙头企业建设境外合作园区，推动设计咨询、投融资、建营一体化企业联合"走出去"，加快现有海外产业园区形成规模产出效应，争取培育1—2个国家级境外经贸合作区。探索设立以为境外投资企业提供公益性服务为主、有偿定制性服务为辅的综合性一站式服务平台，增强金融服务功能，支持和引导企业充分利用开发性金融机构的资源，鼓励符合条件的项目开展境外资本市场的融资，为重大项目和重大工程提供融资服务和综合保险服务。加快对外投资单一窗口和无纸化备案管理，强化以掌握信息为重点的事中事后监管，建立国有企业境外投资风险预警机制，探索具有国际竞争力的离岸税制安排。

（四）布局战略性新兴产业

顺应工业4.0时代要求，稳步推进广州制造2025，重点布局建设中国"工业互联网"基地，加快培育一批世界先进制造业集群，实施新一代战略性新兴产业培育计划，近期主要围绕IAB，中长期聚焦新一代信息技术、高端装备制造、绿色低碳、生物医药、数字经济、新材料、海洋经济七大战略新兴产业筹划布局，打造产业发展新支柱。加快发展贸易代理、法律、咨询、精算等高端生产服务业，实现整个国民经济行业效率提升；推进垄断行业和要素市场改革，优化资源配置，重点在石油天然气、电力、铁路、电信、金融等行业引入和加强竞争。加大金融支持实体经济，支持绿色经济、海洋经济、先进制造业、战略性新兴产业、现代服务业发展，关注民营企业、"小微"、"三农"等发展的融资需求。

四 提升文化软实力，增强城市魅力

一般而言，在一个国家或城市经济"硬实力"达到一定程度后，文化"软实力"的支撑作用将更加凸显。经过40年的高速发展，广州已迈入世界一线城市的行列，突出表现在经济实力尤其是人均GDP上。但广州的综合竞争力存在着比较明显的结构性失衡，硬实力相对突出，文化软实力发展滞后。未来，提升文化软实力将成为广州迈向全球城市的必由之路。

（一）塑造城市核心价值

以习近平新时代中国特色社会主义思想和党的十九大精神为指引，系统梳理广州城市的文化基因和精神特质，提炼全体市民认同的价值观念，使其成为提升城市软实力的动力之源、方向之舵、品位之衡。一是融入传统文化，丰富和发展岭南文化精神，使之成为城市发展的灵魂，成为展示城市文明的重要标尺。二是融入城市发展和基层实践，精心打造一批主题公园、主题墙、景观造型，使之成为城市核心价值塑造的重要载体。三是融入生活情境，在社区以"从我做起，从小事做起，共建包容社区"为主题，在学校以"珍惜时代机遇，永葆奋斗精神"为主题，在企业以"砥砺奋进，圆梦南粤"为主题，塑造广州城市核心价值。四是融入媒体宣传，在市属媒体开设专题专栏，在各类宣传阵地设置公益广告，按照"一区一特色""一路一主题"的要求，创作一批接地气、有创意、润心灵、彰显核心价值的公益广告。五是融入国民教育，推动城市核心价值塑造进学校、进课堂、进学生头脑。

（二）传承城市文化遗产

一是创新历史文化遗产保护利用。推动历史文化街区保护与开发，充分利用社会资本，灵活运用PPP、PFI等多种融资模式。重点保护好长堤、六榕寺、洪德巷、龙骧大街、沙面、华林寺等历史文化街区，制定文物建筑活化利用指引，深入挖掘和整合广州特色文物古迹资源和历史文化遗产，搭建全市文物资源共享平台。推进海上丝绸之路申报世界文化遗产工作，打造海上丝绸之路旅游精品线路、近代史迹旅游线路、广州城市记忆旅游线路等专题历史文化旅游线路品牌。二是加强对非物质文化遗产开发利用。重点做好牙雕、玉雕、木雕、广彩、广绣、粤曲、岭南盆景艺术、岭南木偶戏表演艺术、西关正骨、采芝林传统中药文化、敬修堂传统中药文化等非物质文化遗产的宣传推广，发展广州非遗博物馆、广州老字号一条街、西关美食博览园、"多宝坊"、非遗创意街区及产业融合支持服务平台，扶持传统文化名人、艺术大师在特定历史街区集聚发展。三是建设历史文化保护"博物馆之城"。点线面结合进行统筹规划，包括红色纪念馆、艺术博物馆、非遗博物馆、行业博物馆、社区（学校）博物馆、民间博物馆的筹建、扩建和提升等，建设富有特色的历史文化遗产传承保护廊道，到2020年拥有一套包括综合博物馆、行业博物馆、民办博物馆等在内的博物馆和艺术馆体系。

（三）激发城市文化创意

一是发展文创产业新业态。运用"互联网+"，把文化产业在地生产、在场生产、在线生产三大形态结合起来,开发数字内容、互娱经济、跨境文化电商和文化服务贸易等新兴业态,重点在网游动漫、新媒体、广告、数字出版、广播影视、文化会展、文化旅游、舞台影院装备等重点领域实现突破。二是打造文创产业新平台。高标准建设珠江两岸文化产业经济带和文化创新创业带,依托天河中央商务区、琶洲国际会展功能区、北京路文化核心区、白鹅潭国际商业中心等平台,促进高端创新创意元素进一步积聚,形成全面感知、互联互通、业态融合的文化产业生态园区。三是促进"商旅文"融合发展。加快推进北京路文化旅游核心区、天河路商圈时尚商旅中心区建设,推动南海神庙文化旅游产业区、黄埔古港古村历史文化景区、海珠湿地、长洲岛文化旅游休闲慢岛等文化旅游休闲项目的整体开发,扶持长隆集团加快建设国际旅游休闲度假区。四是健全文化产业投融资体系。推动金融机构加大创新型文化融资品种、文化保险产品开发力度,积极引导私募股权投资基金、创业投资基金及各类投资机构投资文化产业领域。建立完善广州文化产业投资基金,健全文化产业投融资平台,建立文化企业上市的培育储备和推荐机制。

(四) 建设国际文化中心

一是实施城市文化名片工程。精心打造"海上丝路""十三行""广交会""北京路""广州花城""食在广州""粤剧粤曲""珠江景观带"等城市文化名片。推进中国音乐金钟奖、中国(广州)国际纪录片节、羊城国际粤剧节、中国国际漫画节、中国(广州)国际演艺交易会等重大文化会展品牌建设。二是促进文化双向交流。支持核心文化产品和服务走出国门,鼓励文化企业通过新设、收购、合作等方式在境外开展文化领域投资合作。推动文化产品和服务出口交易平台建设,重点培育一批外向型文化内容出口企业和产业基地,打造一批具有较强国际影响力、较高国际市场占有率的文化企业和品牌。鼓励和支持广州市内各演出团体、文化交流协会、文化组织等开展对外文化交流活动。利用广州市商贸服务业、文化旅游业融合发展的资源优势，吸引国际文化品牌入驻，支持国际知名文化传播公司、中介服务机构在穗设立分支机构。三是借助高端会议平台。以筹办世界航线发展大会、国际财经媒体论坛、财富全球科技论坛、全球未来城市峰会等重大活动为契机，积极运用国内外主流传播平台，开辟宣传广州的新窗口。发挥世界大都市协会、世界城市和地方政府联盟（UCLG）等国际组织作用，推动多方面的交流与合作。

五 对标全球一流，打造宜商宜居环境

营商环境是一个城市经济软实力的重要体现，是提高国际竞争力的重要保障。广州着力打造市场化、国际化的营商环境，一直处在国内领先地位，但与国际一流城市仍存在一定差距，存在对高端经济要素吸引力不足、创新服务管理较弱、制度性成本仍较高等问题。为贯彻落实习近平总书记在中央财经领导小组会议上要求广州等特大城市率先加大营商环境改革力度的重要指示精神，当好"四个走在全国前列"排头兵，广州应不断深化营商环境的体制机制创新，强化要素自由流通和有序供给，重点解决市场主体"准入不准营"问题。

（一）优化市场准入方式

借鉴先进国家和地区的经验做法，着眼于市场准入、经营许可、退出市场以及事中事后监管全链条各环节，加强制度供给、服务供给、要素供给。深化"放管服"改革，贯彻"六个一"要求，完善商事登记前置、后置审批事项目录管理，实行动态调整机制，推动"准入"和"准营"同步提速，继续深化

名称、住所、经营场所、经营范围改革，提高全程电子化登记"网办率"。完善与国际通行规则相衔接的投资管理制度，深入推进"证照分离2.0""一照一码走天下"、商事登记确认制、"企业合格假定监管示范区"等商事制度改革，最大限度放宽准入、放开准营。大力推行分类审批、流程再造、多评合一、多审合一、多图联审、同步审批等审批模式，提升施工许可审批效率。加快"互联网+"政务服务建设，推动线上业务发展，实现应上尽上、全程在线。加强企业经营异常名录、严重违法失信企业名单管理和失信联合惩戒，建立健全以信用监管为核心的新型市场监管模式。

（二）提升贸易便利水平

优化口岸营商环境，推动缩减大通关时间和成本，进一步清理口岸不合理收费，降低集装箱进出口环节合规成本。深入推进国际贸易"单一窗口"建设，推动建成涵盖口岸各主体的统一信息化平台，从顶层设计上解决现"单一窗口"兼容性和开放性不够的问题。加快在南沙机场打造"智慧港口"示范性工程。推动港口作业自动化、智能化，引入自动化机械设备及配套的控制系统、指挥调度系统，广泛应用射频识别（RFID）、红外感应器、环境传感器等技术设备，在南沙港区外贸码头、机场空港货站同步实施自动化作业。加大对国际直航航线的开拓力度，提升港口的贸易枢纽作用和辐射带动能力。提升空运口岸贸易便利化水平，加快探索设立中国航空货运指数，探索建立空运贸易便利化指标体系。

（三）做好涉企服务保障

建立最严格的知识产权保护体系，加快推动"中新广州知识城"开展知识产权运用和保护综合改革试验取得实质性突破，建立重点产业、重点专业市场和重点企业知识产权保护机制。

严格规范涉企行政执法行为，分类制定实施行政裁量权基准制度，建立执法行为全记录与监督问责机制。提升事中、事后招商服务水平，事中强化招商团队贴身服务、全程代办，事后发挥属地主动跟踪项目落地发展。在政府门户网站设立"产业促进政策信息平台"，通过该平台统一公布政策文件、申报通知、结果公示等，为企业在政策获取、政策申报等方面提供"一站式"服务。完善招商政策兑现程序，实现优惠政策兑现机制化、定期化、公开化。加大暖企服务力度，健全强化各级政府与企业的联系制度，完善定期走访机制，将企业对政务服务满意度列入考核指标。

（四）营造和谐宜居环境

促进教育更高质量、更有效率、更加公平、更可持续发展，高标准普及15年基本公共教育，提升教育国际化水平，积极打造世界知名高等学府。推进健康广州、卫生强市建设，发展智慧医疗、精准医疗，提升重大疫情防控治和应急处置能力，鼓励社会资本发展高端医疗。发挥市场配置养老服务资源的决定性作用，鼓励企业、社会组织、个人和其他社会力量积极参与养老服务运营和管理。完善就业政策体系和服务体系，推进就业创业服务规范化、标准化、信息化发展。构建多层次、高水平协商民主体系，强化社会协商，在社会领域与政治系统之间建立对接渠道，推进有序公民协商，倡导公民和社会组织通过基层自治或其他创新模式开展协商。

六 扩大对外交往，探索国际传播新路

提升广州国际化品牌形象不仅仅是GDP或者政治层面的考量，更重要的是立足于城市的战略发展，降低广州融入全球城市网络的成本，有效提升广州在全球城市体系中的能级和知名

度。广州在国际化领域尚未达到纽约、巴黎、伦敦等城市的标准，具体表现为：在国际交往机构方面，缺乏国际组织的进驻；在国际交往人口方面，外国游客数和外国出生市民比重均较低；在国际交往活动方面，国际展会少，举办的国际会议层级不高、影响力不大。

（一）提升国际传播能力

树立一体化发展理念，加快媒体数字化建设，推动建成拥有强大实力和传播力、公信力、影响力的新型媒体集团。构造现代媒介传播方式，遵循新闻传播规律和新媒体发展规律，强化互联网思维，推动传统媒体和新媒体在内容、渠道、平台、经营、管理等方面深度融合，把传统媒体的内容原创、权威报道、深度解读等优势通过网络、手机报、客户端、微博、微信等各类传播形态和终端广泛延伸，做到新闻信息内容一次性采集、多媒体呈现、多渠道发布，建设"内容＋平台＋终端"的新型传播体系。推进国际传播能力建设，树立"大传播"理念，从单向度的传播变为双向度的沟通，寻找利益交汇点、话语共同点、情感共鸣点，运用海外受众乐于接受的方式、易于理解的语言，构建起既有岭南特色又有国际气派的话语体系。深化与中央媒体、国际主流媒体和海外华文媒体合作，拓展与YouTube、Facebook、Twitter等海外社交媒体合作。重视重大议题议程设置，积极创造新概念、新论述、新观点，大胆推出"广州论述""广州观点""广州模式"，更多地发出"广州声音"，全力讲好"广州故事"，引导国际社会更加客观全面地认识和理解广州。

（二）吸引国际组织进驻

成立由市领导牵头，具体设在市外办的"吸引国际组织入驻广州办公室"，保障人员和经费，统筹研究拟订吸引国际组织入驻的具体实施计划。加强与中央各部委办的沟通联系，及时全面掌握重要国际组织在华发展策略及布局需求。采取统一部署、分口负责的办法，加强与国际组织或商业机构的合作与交流，推动国际经济、文化、科技等组织各层次总部入驻广州，支持已经在华的国际组织在广州设立分支机构，吸引外国商协会等外国机构入驻广州。充分发挥广州在对外经贸、港口物流、人缘地缘方面的优势，利用策划举办国际活动的机会，发起设立新的国际组织。研究制定吸引国际组织及其分支机构的税收减免、准入落地、户籍管理、出入境和优先办理护照等政策措施。加强对国际组织入驻后的管理和跟踪服务，及时发现管理环节的漏洞和空白点，推动有关法律法规的完善，更有针对性地对国际组织实施管理和服务。

（三）健全城市外交网络

协调好城市外交的经济社会建设和历史文化建设两个发展维度，通过"城市外交"提升城市的经济、文化与社会活力。充分利用加入世界大都市协会和世界城市和地方政府组织（UCLG）的契机，争取成为更多国际组织的联合主席城市。深度拓展国际友城网络，完善友城工作系统。注重友城经济的互补性，加强友城工作的主动性和协调性，深化与欧美、日韩、东南亚国家的友城关系，拓展与非洲、拉美、南亚、东南欧国家的友城关系，加强政策研究和政府指导。拓展城市外交领域，既包括保障居民生活的城市规划、环境治理、医疗服务等方面，也包括学术研究、新闻出版、教育文化等软性事业。突出广州的千年商都特色、岭南文化特色，充分运用城市首脑外访机制开展城市外交，市领导以熟练的外语与外国民众、媒体、学者进行面对面的交流互动，开展"魅力攻势"。研究设立国际交往发展基金，专项支持在广州举办更多有世界影响力的国际交流活动。

(四）建设国际会展之都

成立专门促进机构，长远规划会展产业发展，在合并后的文化旅游局下面成立会议展览处，专门负责全市会展产业的规划、协调和发展，条件成熟时可单独成立会议展览局。推动会展向高端、专业方向发展，打造国际化会展品牌，以展带会，以会带展。将会展与广州在旅游、餐饮、医疗、教育等领域的优势相结合，提高会展行业的综合竞争力和服务产品的差异性。继续办好"广交会"，在传统商贸会展模式上探索新的办展方式，更好适应互联网时代的发展和挑战，巩固提升"中国第一展"的地位。抓好国际高端会议这一"引擎"，积极争取在未来申办或承办上合组织国家领导人峰会、APEC领导人非正式会议、中非合作论坛、中日韩领导人峰会等，加强与国际组织、商协会、跨国公司合作，争取在贸易投资、金融、交通、生物科技等领域多承办高端国际会议，进一步吸引优质资源集聚，推动会展业向高端、国际化发展。

七 加快区域协同，发挥核心增长极作用

在区域城市网络中，通过专业化分工形成功能互补，促进制造、金融、科技、服务和社会等功能链、网分工合作，由此产生的网络正外部性极大地提升了中心城市的资源承载能力和吸引力。在依托区域支撑的基础上，中心城市实行更加开放的政治、经济政策，积极嵌入全球分工合作体系促进产业链延伸、价值链提升和供应链优化，将能极大地激发城市自身的潜能以及增强其吸纳和控制全球其他城市或地区主要创新流、信息流、资金流、贸易流的能力。

（一）促进湾区要素流动

一是大力推进交通便利化。加快与港澳相关专业部门与公

共机构协商，在逐步构建三地公交"大数据中心"和清分网络的基础上，尽快推动"岭南通"拓展为"湾区通"，渐进式推进三地车、牌、证管理一体化，实施车、牌、证年审结果三地互认。二是大力推进货物通关便利化。在粤港澳大湾区建设领导小组统一指导下，发挥广州地方积极作用，带头协商推进三地"信息互换、监管互认、执法互助"大通关建设，积极探索推行"一地两检""一地三检"或"两地一检""三地一检"等。三是尽快构建统一支付平台和标准。拓展基于多币种金融IC卡为载体的移动金融在湾区内公共服务、旅游酒店、物业管理等领域的应用，发行统一标准的金融IC卡（电子钱包）。统一湾区居民个人跨境消费电子支付平台标准，便利港澳居民在境内使用二维码、电子钱包等移动支付工具。四是加快构建一体化医疗服务体系。率先协商推进医疗资格的三地互认和诊疗检测结果的异地互认。率先探索在南沙设立"粤港澳医疗卫生合作试验区"，争取上级政策支持，允许在试验区内同时使用和流通经内地、港澳及先进医疗国家通过权威认证的药物和技术，包括药物、疫苗、检验试剂、医疗器械、抗癌药物等。五是逐步推行广州地区科研项目申请向港澳开放。领头实施粤港澳大湾区科技合作试点，争取省内科研院所能够向港澳科技部门申请科研项目。率先推行广州市级财政科研项目向港澳机构开放申请，科研项目资金允许过境港澳。

（二）建设湾区优质生活区

着力提升生态宜居宜业水平，打造美好生活之城。推进绿色发展，持续加强具有岭南特色的生态城市建设，加快形成节约资源和保护环境的空间格局、产业结构、生产方式、生活方式，还自然以宁静、和谐、美丽，不断增强生态环境国际竞争力。以北部山区为重点实施乡村振兴战略，推动优质公共服务均等化布局，促进城乡居民收入与经济同步增长。以老城区为重点实施城市更新战略，以土地管理制度改革创新为依托，以存量土地空间开发再利用为重点，下大力气加快推动城市更新步伐，实现更高层次的经济发展、社会进步和城市品位提升，为广州全球城市建设源源不断注入新活力。全面建成覆盖全民、城乡统筹、权责清晰、保障适度、可持续的多层次社会保障体系，实现更高质量和更充分就业，市民健康水平和生活品质不断提高。推动城市治理能力现代化，提高运用新技术、新工具、新方法治理管理城市的能力，深化建设更干净、更整洁、更平安、更有序城市环境，建设安全城市和韧性城市。

（三）提升城市管理权限

围绕湾区战略实施和建设国际大都市的战略目标，积极争取扩大城市管理权限，以国家新一轮机构改革为契机，利用放管服改革，争取省里将更多的经济管理、审批权限下放，同时争取更多的改革先行先试权。另外，围绕强化区域资源配置枢纽地位，并贯彻党的十九大提出推动资源向优质企业和优势区域集中的精神，在科技创新资源、公共服务资源、区域交通网络、医疗卫生资源等的配置与布局方面，争取国家相关部委及广东省继续向广州倾斜，确立和巩固广州关键资源配置枢纽地位，以提升广州对腹地经济社会发展的辐射带动力。

参考文献

查君：《以营造城市活力为导向的城市设计——南京市南部新城核心开发区重点地段城市设计》，《城市建筑》2011年第10期。

广州市发展和改革委员会：《基于现代化建设的广州与全球城市对标研究》，2018年。

国家发展和改革委员会发展规划司、云河都市研究院：《中国城市综合发展指标2016——大都市群发展战略》，2016年。

胡伏湘、胡希军：《城市宜居性评价指标体系构建》，《生态经济》2014年第30卷第8期。

蒋涤非：《城市形态活力论》，东南大学出版社2007年版。

金延杰：《中国城市经济活力评价》，《地理科学》2007年第1期。

刘江华、张强等：《国家中心城市功能比较与广州发展转型之路》，中国经济出版社2016年版。

刘江华、张强等：《整合与超越：广州大都市圈发展研究》，商务印书馆2010年版。

刘江华、张强等：《中国副省级城市竞争力比较研究》，中国经济出版社2009年版。

卢济威、王一：《特色活力区建设——城市更新的一个重要策略》，《城市规划学刊》2016年第6期。

倪鹏飞等：《全球城市竞争力报告》，社会科学文献出版社

2010—2018 年版。

上海社会科学院城市综合竞争力比较研究中心：《国内若干大城市综合竞争力比较研究》，《上海经济研究》2001 年第 1 期。

田晓、张红娜：《我国宜居城市的居民满意度状况及改进策略——以郑州市为例》，《现代城市研究》2017 年第 4 期。

屠启宇：《谋划中国的世界城市——面向 21 世纪中叶的上海发展战略研究》，上海三联书店 2008 年版。

王里克：《基于相关—鉴别力分析的区域科技创新能力评价指标体系构建》，《生产力研究》2013 年第 1 期。

王佩良、蔡梅良、彭培根：《中小城市会展产业发展路径研究——以郴州为例》，《湖南社会科学》2018 年第 4 期。

魏宗财、甄峰等：《全球化、柔性化、复合化、差异化：信息时代城市功能演变研究》，《经济地理》2013 年第 6 期。

肖林：《卓越的全球城市——不确定未来中的战略与治理》，格致出版社、上海人民出版社 2017 年版。

杨达源、李升峰、黄贤金：《南京江北新区湿地保护与宜居新城建设》，《现代城市研究》2016 年第 5 期。

杨倩倩、杨柳、谭紫微、江恺强：《城市设计视角下公共空间社会活力研究》，载《规划 60 年：成就与挑战——2016 中国城市规划年会论文集（06 城市设计与详细规划）》，中国城市规划协会编，中国建筑工业出版社 2016 年版。

袁坤、韩骥、孟醒等：《宜居城市研究进展》，《中国人口·资源与环境》2016 年第 26 卷第 11 期。

张文忠：《"宜居北京"评价的实证》，《北京规划建设》2007 年第 1 期。

张文忠：《宜居城市的内涵及评价指标体系探讨》，《城市规划学刊》2007 年第 3 期。

张文忠：《宜居城市建设的核心框架》，《地理研究》2016 年第 35 卷第 2 期。

张文忠、湛东升:《"国际一流的和谐宜居之都"的内涵及评价指标》,《城市发展研究》2017年第24卷第6期。

赵勇:《国内"宜居城市"概念研究综述》,《城市问题》2007年第10期。

赵之枫、巩冉冉:《老旧小区室外公共空间适老化改造研究——以北京松榆里社区为例》,载《规划60年:成就与挑战——2016中国城市规划年会论文集(06城市设计与详细规划)》,中国城市规划协会编,中国建筑工业出版社2016年版。

周波、龚蓉:《从城市活力的视角谈旧城商业街更新》,《湖南城市学院学报》(自然科学版)2010年第2期。

周大鸣:《移民与城市活力——一个都市人类学研究的新视角》,《学术研究》2018年第1期。

周天豹、杨安勤:《城市活力浅议》,《南方经济》1985年第5期。

周振华等:《上海城市嬗变及展望》,格致出版社、上海人民出版社2010年版。

A. Stewart Fotheringham, F. Benjamin Zhan, "A Comparison of Three Exploratory Methods for Cluster Detection in Spatial Point Patterns", *Geographical Analysis*, No. 3, 1996.

Beaverstock, J. V. and R. G. Smith, et al., "World-city network: a new metageography?", *Annals of the Association of American Geographer*, Vol. 90, No. 1, 2000.

Bouteligier, S., "Global cities and global environmental NGOs: emerging transnational urban networks?", in M. Amen, N. J. Toly, P. L. McCarney and K. Segbers, *Cities and Global Governance: A New Site for International Relations*, Burlington VT, Ashgate, 2009.

Cohen, R. B. and M. Dear, et al., *The new international division of labor, multinational corporations and urban hierarchy*, London and

New York, Methuen, 1981.

David R. Bowes, Keith R. Ihlanfeldt, "Identifying the Impacts of Rail Transit Stations on Residential Property Values", *Journal of Urban Economics*, No. 1, 2001.

Derudder, B. and F. Witlox, "An appraisal of the use of airline data in assessing the world city network: A research note on data", *Urban Studies*, Vol. 42, No. 13, 2005.

Derudder, B. and F. Witlox, et al., "Airline networks and urban systems", *GeoJournal*, Vol. 71, No. 1, 2008.

Ducruet, C. and D. Letri, et al., "Cities in worldwide air and sea flows: A multiple networks analysis", *European Journal of Geography*, 2011.

Friedmann, J., "The world city hypothesis", *Development and Change*, Vol. 17, No. 1, 1986.

Miguel Nogueira Lopes, Ana S. Camanho, "Public Green Space Use and Consequences on Urban Vitality: An Assessment of European Cities", *Social Indicators Research*, No. 3, 2013.

Miriam Chion, "Producing Urban Vitality: The Case of Dance in San Francisco", *Urban Geography*, No. 4, 2009.

Peter F. Colwell, Carolyn A. Dehring, Geoffrey K. Turnbull, "Recreation Demand and Residential Location", *Journal of Urban Economics*, No. 3, 2002.

Roels, J. and B. Derudder, et al., "International sport federations in the world city network", *Journal of Sport & Social Issues*, Vol. 37, No. 2, 2013.

Sanderson, M. R. and B. Derudder, et al., "Are world cities also world immigrant cities? An international, cross-city analysis of global centrality and immigration", *International Journal of Comparative Sociology*, Vol. 56, No. 3-4, 2015.

Sassen, S., *The Global City: New York, London, Tokyo*, Princeton, Princeton University Press, 1991.

Siavash Jalaladdini, Derya Oktay, "Urban Public Spaces and Vitality: A Socio-Spatial Analysis in the Streets of Cypriot Towns", *Procedia-Social and Behavioral Sciences*, 2012.

Smith, D. A. and M. Timberlake, "Cities in global matrices: toward mapping the world-system's city-system", in P. L. Knox and P. J. Taylor, *World Cities in a World System*, New York, Cambridge University Press, 1995.

Takhteyev, Y. and A. Gruzd, et al., "Geography of Twitter networks", *Social Networks*, Vol. 34, No. 1, 2012.

Taylor, P. J. and B. Derudder, *World City Network: A Global Urban Analysis* (the 2nd edition), London, Routledge, 2015.

Taylor, P. J. and G. Catalano, et al., "Measurement of the world city network", *Urban Studies*, Vol. 39, No. 13, 2002.

Taylor, P. J., "Specification of the world city network", *Geographical Analysis*, Vol. 33, No. 2, 2001.

Taylor, P. J., "The new geography of global civil society: NGOs in the world city network", *Globalization*, Vol. 1, No. 2, 2004.

Townsend, A. M., "Network cities and the global structure of the Internet", *American Behavioral Scientist*, Vol. 44, No. 10, 2001.

Zhen, F. and B. Wang, et al., "The rise of the internet city in China: Production and consumption of internet information", *Urban Studies*, Vol. 52, No. 13, 2015.